W0065319

SCHUBART

KURT HONOLKA

SCHUBART

Dichter und Musiker, Journalist und Rebell
Sein Leben, sein Werk

Deutsche Verlags-Anstalt
Stuttgart

CIP-Kurztitelaufnahme der Deutschen Bibliothek

HONOLKA, KURT:
Schubart: Dichter u. Musiker, Journalist u. Rebell;
sein Leben, sein Werk / Kurt Honolka. –
Stuttgart: Deutsche Verlags-Anstalt, 1985.
ISBN 3-421-06247-1

© 1985 Deutsche Verlags-Anstalt GmbH, Stuttgart
Lektorat: Ursula Locke-Groß
Typographische Gestaltung: Brigitte Müller
Gesamtherstellung: Hieronymus Mühlberger, Augsburg
Printed in Germany

INHALT

7

EIN MENSCH
MIT SEINEM WIDERSPRUCH

Er war ein jähzorniger Kerl, der seine Frau prügelte und ohr-
feigte, wenn ihm danach war, der seinen Buben wütend übers
Geländer hinunterstieß, weil der Kleine um Mitternacht im
Wirtshaus eingeschlafen war; und er war ein zärtlicher Gatte und
Vater, der sich liebevoll um seine Familie kümmerte, der einmal,
obwohl er nicht schwimmen konnte, in die Donau sprang, um
den Sohn zu retten. Er hurte und soff nach Herzenslust, steckte
seine Frau mit einer Geschlechtskrankheit an, trieb sich am liebsten in Schenken herum, bramarbasierte als Bänkelsänger,
machte sich mit Hinz und Kunz gemein, wenn sie ihm nur
zuklatschten; und er sog aus Bierdunst und schweißigem
Gestank die reinste Poesie von Liedern, die wahre Volkslieder
wurden. Er stolzierte als Lackaffe im bunten Frack, mit dem
vornehmen Degen zur Seite, auf dem Parkett der höfischen
Luxusresidenz; und er suchte, wann er nur konnte, die Geselligkeit der kleinen Leute, der Bauern, Handwerker und Soldaten,
denen er aufs Maul schaute, wie kein deutscher Schriftsteller seit
Luther, deren Nöte und Freuden er in den populärsten Liederrei-
men seiner Zeit sangbar machte.

Er war ein geborener und überzeugter Protestant, der deftig
gegen die katholischen Pfaffen wetterte; und er war nahe daran,
um einer Hofstelle wegen zum Katholiken zu konvertieren. Er
war ein Ketzer, der sich eine eigene Religion zusammenbasteln
wollte; und blieb doch im Grunde ein tief religiöser Mensch, der
an einen persönlichen Gottvater, an Himmel und Hölle glaubte.
Er hatte seinen Spaß an erotischen Gedichten, und sein hundert-

fach auf hohem Kothurn nachgeahmter Abgott war der erhabene Klopstock. Er sah aus wie ein Misch-Phantombild aus Danton und Falstaff; für einen Danton hatte er das Überredungstalent eines Demagogen und Volkstribunen und ermangelte er ganz der menschenverachtenden Härte des Politikers (denn er war zeitlebens ein gütiger, rasch verzeihender, sentimentaler Menschenfreund); zum Falstaff fehlte ihm viel weniger, schon gar nicht die Grandezza von Humor und Ironie. Er war ein literarischer Frechdachs, der mit seiner journalistischen Feder mehr wagte als die späteren Größen des Metiers, von Heine bis Tucholsky; und er fabrizierte die jämmerlichsten Devotionalien an seine Unterjocher. Er war ein Rebell gegen Tyrannenwillkür, der noch im Gefängnis seine Empörung (»Die Fürstengruft«) herausschleuderte; und er endete, rückgratgebrochen und domestiziert, als Lobhudler seines kalt berechnenden herzoglichen Umerziehers, als braver Untertan – der sich dann doch wieder allerhöchste Ungnade zuzog, indem er zu freisinnig die Freiheiten der Grande Révolution pries.

Er war ein Aufklärer, der klerikalen Obskurantismus tapfer verhöhnte und dennoch zum Reaktionär wurde, wenn Aufklärer seinen lieben Gott in Frage stellten (aber ganz am Lebensende bekannte er sich doch wieder rühmend zu Voltaire, diesem glänzendsten Stern der Aufklärerepoche, den er wegen seiner Gottlosigkeit haßliebend verdammt hatte). Er war ein Nachdrechsler von barocken Versen religiöser Büßer-Lyrik und rokokohafter Anakreontik mit dem formelhaften Inventar von verliebten Schäfern und antiken Göttern, insofern ein literarisch Gestriger; und er war ein deutscher Dichter des poetischen Morgens, der in die Glorie der Klassik und Romantik führte – die Blaue Blume ahnte er voraus, in Wort und Ton. Immerhin ein paar Jahre, ehe Goethe die revolutionär neuen Naturverse der Sesenheimer Liebesgedichte zu Papier brachte, sang Schubart in solchem Liederton. Schillers In-Tyrannos-Drama »Die Räuber« wäre nicht so geschrieben worden, hätte der Autor nicht die Vorlage des Bruder-Konfliktes aus Schubarts Erzählung kennengelernt.

Ein Mensch mit seinem Widerspruch, um ein Wort Goethes zu gebrauchen. Dieser Goethe, der Schubart fern und unnahbar blieb, und den er scharfsichtig schon als Genie erkannte, als der um zehn Jahre jüngere erst ein Sturm-und-Drang-Talent unter mehreren war. Schubart, der Vorläufer von vielem Zukunftweisenden in Versen und Musik, das Spätere erst vollendeten und in Form brachten, reichte auch als halb chaotischer, halb epochal schöpferischer Journalist mit ahnender Erkenntnis weit über seine Zeit hinaus. Manchmal, keineswegs immer. Die weltpolitischen Perspektiven des Chronik-Schreibers visieren die damaligen Randstaaten Amerika und Rußland als kommende Weltmächte an – mehr als ein Halbjahrhundert später noch erregte Tocqueville damit kauziges Aufsehen –, und die Lanzen, die Schubart für staatsbürgerliche Freiheiten, für soziale Underdogs wie ausgebeutete Soldaten und Negersklaven, für die verachteten, von zähen Vorurteilen gehandicapten Juden unentwegt einlegte, machen ihn zu einem Gründervater des politischen Journalismus in Deutschland.

Dieser so zwiespältige, so unvollkommene Dichter, Journalist, Klaviervirtuose, Komponist, Rhapsode und Rezitator, der feurige Rebell und der gebrochene Hofdichter, kurzum: das nachbarocke, vorromantische, ganz und gar unklassische Vielfachtalent Schubart legt bis heute Rätsel vor, die, wenn man sich den Widerspruch zwischen künstlerischer Potenz und Vorwärtsweisendem vor Augen hält, Versuche der Entschlüsselung geradezu provozieren.

Haben die bisherigen Schubart-Interpreten dies geleistet? Haben sie den frechen, blasphemischen und zerknirscht winselnden, gütigen und brutalen, versoffenen und hellsichtigen Mann, den geknickten Rebellen, den Dichterkomponisten und komponierenden Dichter, in seiner persönlichen, unverwechselbaren Eigenart dargestellt? Wäre die Antwort positiv, unser Buch wäre überflüssig. Aber Schubart, der so unschulmäßig aus allen Schubladen ausbrechende Mensch und Künstler, geriet in die Obhut schreibender Pastoren. Sein »unmoralischer Lebenswandel« wurde schon 1812 in einem literarischen Lexikon angeprangert, Stichwort für über hundert Jahre biographischen Moralisierens. Die helle, verständnisvolle Sicht des aufmüpfig-aufgeklärten Theologen David Friedrich Strauß, der den frühesten psychologisch, nicht pastoral gefärbten Lebensabriß schrieb, wurde später verdunkelt. Der schwäbische Pfarrer Hauff, dem die erste gründliche Darstellung von Leben und Werk zu danken ist, ging so weit, daß er die musikalische Begabung Schubarts überhaupt als schädlich zensierte, seinen Helden also nur mit einer Hälfte seiner künstlerischen Persönlichkeit gelten ließ. Der Österreicher Klob wiederum, der kurz nach 1900 eine Gesamtdarstellung vorlegte, trübte sie durch eine absurde, alldeutschnationalistische Tendenz. Seither gibt es, außer vielen wertvollen Einzelbeiträgen von Heimat- und Sprachforschern, von Literaten und Musikern, nur noch das 1929 erschienene Schubart-Buch von Gaiser; es bringt nur den halben Schubart, der Musiker wird ignoriert.

Bezeichnend, daß mehr belletristische als sachliche Schubart-Darstellungen vorliegen. Der Märtyrer vom Hohenasperg, den ein Despot über zehn Jahre lang in Kerker- und Festungshaft gefangenhielt, was für ein Romanstoff! Was für ein Vorwurf auch für die jüngere Dichtergeneration von heute, um Schubart aus der in der monarchischen Zeit unterdrückten republikanischen, freiheitlichen Perspektive anzuvisieren. Obwohl Schubart weder ein Republikaner war (sondern Monarchist), noch ein Freiheitskämpfer: weil er nämlich überhaupt zum Kämpfen untauglich war, und weil ihm auch sein Rebellentum durch Gehirnwäsche und Kerker gründlich ausgetrieben wurde.

Ein republikanischer Vorgänger der an Schubart neu interessierten Literaten von heute, Hermann Hesse, lenkte schon in den zwanziger Jahren den Blick auf den vernachlässigten, halb unbekannten Schubart: auf den epochalen Journalisten und auf den Musiker. Schade, daß es der weltberühmte Mann bei einem kurzen 6-Seiten-Nachwort beließ. Er wäre der berufene literarische Schubart-Darsteller gewesen.

Dieses Buch maßt sich nicht an nachzuholen, was Hesse nicht geleistet hat. Aber es nimmt in Anspruch, als erstes das Gesamtphänomen Schubart in möglichst vielen seiner Dimensionen lebendig machen zu wollen. Ohne moralisierende Tabus, ohne irgendwelche politische Parteilichkeit; mit den Zickzackwegen seines turbulenten Lebens und den Tag- und Nachtseiten seines

Charakters, mit den verwirrend zwiespältigen Produkten seiner Begabung. Da Schubart rund 800 Gedichte, dazu mehrere Erzählungen, aus dem Ärmel schüttelte, haben ihn alle bisherigen Monographen vorwiegend als Dichter dargestellt; für Theologen und Germanisten ist Journalistik eben ein dubioser Zweig der Literatur, Musik ganz fremd. Heute, nachdem die einst so populären, in allen Schullesebüchern enthaltenen Schubart-Gedichte verklungen, die vielen Bände seiner »Chronik« hingegen durch Reprints der Archivverstaubung entrissen sind, beginnt man den kühnen, wegweisenden, sprachgewaltigen Journalisten Schubart neu zu entdecken – und so soll er auch hier gewürdigt werden.

Der Musiker Schubart, einst zu den besten deutschen Klaviervirtuosen gezählt, mit einigen Liedkompositionen in ganz Deutschland populär (und in der Heimat historisch wichtiger Begründer der ersten schwäbischen Liederschule), geriet noch schneller in Kleinmeister-Vergessenheit als der Dichter. Alle bisherigen Biographen haben den Musiker verdrängt, wenn nicht verfemt. Hier wird zum erstenmal in einer Gesamtdarstellung der Versuch gemacht, die Hervorbringungen des Musikers Schubart als integrale Komponente seiner Persönlichkeit ernst zu nehmen, kritisch zu beschreiben und zu werten. Ohne sie nun überbewerten zu wollen. Aber ohne Musik ging bei Schubart nichts. Ohne sie ist sein Ingenium, das nie zum Genie ausreifte, unverständlich – während das Beste seiner Lyrik voller sinnenhafter Musikalität klingt.

KINDHEIT, STURM UND DRANG

Im Dorf Obersontheim, nahe Schwäbisch Gmünd im heutigen Land Baden-Württemberg, erinnert eine Gedenktafel am Geburtshaus an Christian Friedrich Daniel Schubart, der dort am 24. März 1739 zur Welt kam. Mit Schubarts bewußtem Leben hat das kleine Nest jedoch nichts zu tun. Denn schon ein Jahr später wurde sein Vater, Kantor, Präceptor – so nannte man Lehrer, die studiert hatten – und Pfarrvikar, in die Stadt Aalen versetzt. In größere Verhältnisse also, vom Dorf in die Freie Reichsstadt, wo er auch bald zum Diakon aufstieg. Doch diese relativ größeren Verhältnisse waren bescheiden genug.

Aalen, reizvoll am Flüßchen Kocher und unter den buchenwaldigen Hängen der Ostalb gelegen, war damals ein Städtchen von nicht viel mehr als 1000 Einwohnern. Eine Chronik nach der Jahrhundertmitte nennt gar nur 345 Bürger und 70 Witwen, aber da zählten die vielen Knechte und Dienstmägde ohne Bürgerrecht nicht mit. Nur drei schwäbische Reichsstädte waren noch kleiner; mit den stattlichsten, wie Ulm, Esslingen oder Heilbronn, die je vier- bis sechstausend Einwohner beherbergten und über weite Ländereien verfügten, konnte sich Aalen nicht im entferntesten messen. Zwar umgaben ein doppelter Wassergraben und geschlossene Mauern das winzige Stadtrechteck, aber drinnen sah es recht ärmlich aus. Eine einzige Kirche, ein fast schmuckloses kleines Rathaus, die Fachwerkgiebelhäuser der Bürger denkbar bescheiden. Kein Wunder: Im Dreißigjährigen Krieg hatte ein Brand das mittelalterliche Städtchen fast bis auf die letzte Mauer verwüstet, die Pest ging verheerend um, der

Wiederaufbau in einem Jahrhundert kriegerischer Wirren und wirtschaftlicher Armut konnte nur bauliche Dürftigkeit zeitigen.

Mit der legendären alten Reichsstadtherrlichkeit war es ohnehin längst vorbei. Wo waren die Zeiten, als ein Fugger, ein »königlicher Kaufmann«, die Wahl des Kaisers oder die erste Weltumseglung durch Magellan finanzierte, als Augsburg und Nürnberg an Reichtum mit den vornehmsten Fürsten wetteiferten! Der Aufstieg der autokratischen Landesfürsten seit dem Dreißigjährigen Krieg hatte die Reichsstädte allenthalben politisch entmachtet. Undenkbar, daß sie sich, wie einst in den Bauernkriegen geschehen, mit der Reichsritterschaft zu militärisch erfolgreichen Bündnissen gegen den Landesherrn zusammenschlossen! Sie mußten froh sein, wenn sie ihre Unabhängigkeit ihm gegenüber bewahren konnten. Das gelang in Schubarts Zeit sogar solchen Winzlingen wie Aalen. Aber der Schutzherr, der Kaiser, war weit; wenn er seine Forderungen von so armen Städten eintreiben mußte, so bediente er sich, bei passenden

Schubarts Geburtshaus in Obersontheim

15

politischen Konstellationen, öfter auch der kommissarischen Hilfe von Landestruppen. Mit dem württembergischen Herzog, je mächtiger und despotischer er damals wurde, mußte sich ein Städtchen wie Aalen auf jeden Fall gut stellen; der Schriftverkehr mit Karl Eugens Kanzlei mutet mit seinen verschnörkelten Formeln der Ergebenheit vor Allerhöchstdemselben kaum weniger devot an als die schriftlichen Rückgratverrenkungen der wirklichen Untertanen.

Immerhin, ein wenig freier lebten die freien Reichsstädter schon. Zwar war die Stadtverfassung in Aalen so wenig demokratisch wie sonstwo. Das regierende Kollegium, bestehend aus Bürgermeister und Stadtamtmann nebst Ratsherren, befand sich praktisch in der Erbpacht weniger Handwerker- und Kaufmannsfamilien, die im Laufe der Generationen die sprichwörtliche Vetterleswirtschaft zur Virtuosität ausgebildet hatten. Da kam so leicht kein Rei'gschmeckter an die Krippe! Schubart, der in seiner Autobiographie die Aalener als »bieder, geschäftig, wild und stark wie ihre Eichen, Verächter des Auslandes, trotzige Vertheidiger ihres Kittels, ihrer Misthäufen und ihrer donnernden Mundart« verklärt, äußerte sich ein andermal viel despektierlicher über seine Stadtregierung: Er mochte nicht »einem hochedlen und wohlweisen Magistrate dienen, der aus zwölf Bauernkerlen besteht, die, mit Mistgabeln in den Händen, über das jetzige europäische Staatssystem urteilen«. Aber so komisch die Mistgabelregierung sich in Schubarts kritischen Augen ausnahm, gewalttätig war sie jedenfalls nicht. Man konnte dort leben, wenn man bereit war, so bescheiden zu leben wie der schwäbische Pfarrer und Schulmeister Johann Jacob Schubart (1711–1774).

Der schwäbische? Das traf nur für den Wirkungsbereich zu, denn die Reichsstadt Aalen war, wenn sie auch nicht zum Herzogtum Württemberg gehörte, urschwäbisch. Aber Vater Schubart stammte aus dem Fränkischen, aus dem ansbachischen Altdorf, das später als Universitätsstadt Erlangen hieß. Die männliche Linie der Schubarts war einst aus der Lausitz nach dem Süden zugewandert. Seinen Urgroßvater rühmt Christian als »Doktor der heiligen Schrift« und namhaften Schul- und Kir-

chenmann in Magdeburg. Mütterlicherseits führt die Herkunft
ins Schwäbische. Die Mutter Helene, um drei Jahre jünger als
ihr Gatte, kam aus Sulzbach am Kocher, Tochter eines Forstmei-
sters namens Hörner, der hochbetagt, »gesegnet von sieben Kindern, zweiundsiebzig Enkeln und acht Urenkeln« starb. Für
Schubart gab es überhaupt keinen Zweifel: Er fühlte sich,
obwohl der fränkische Vater einen ungleich stärkeren Einfluß
auf die Entwicklung seiner Persönlichkeit ausübte, zeitlebens als
Schwabe. Er schrieb viele Gedichte über die Schwaben, über
schwäbische Mädchen im besonderen, aber kein einziges über
Franken.

Stammesheimat bedeutete damals nicht zugleich wirklich
habhafte Heimat. Als reifer Mann drückte Schubart seine staatsbürgerliche Heimatlosigkeit so aus: ». . . ich bin in Deutschland
geboren, und bin doch in Deutschland ein Fremdling – ich bin
in Schwaben erzogen, und ich bin doch in Schwaben ein
Fremdling – ich bin ein Reichsstädter und keine einzige Reichsstadt erkennt mich für ihren Bürger. Können Sie dies Räthsel
errathen? – Tausendmal denk' ich nun, welch ein Glük es sey, in
einem gewiesen Staate ein Bürger zu seyn, ein Vaterland zu
haben, wo man doch dem Vieh sein Futter giebt, und dem Ochsen der da drischt, nicht das Maul verbindet« (Brief an den
Schwager Böckh vom 18. April 1767).

Was der Patriot Schubart, ein in seinem politischen Engagement wahrhaft mündiger Bürger, als so bitter empfand, war die
Zerstückelung seines ideellen Vaterlandes – des deutschen wie
des schwäbischen – in eine Unzahl Miniaturstaaten, von denen
die meisten von absoluten Despoten beherrscht wurden. Das
Heilige Römische Reich Deutscher Nation siechte um die Mitte
des 18. Jahrhunderts seinem unausweichlichen Ende entgegen.
Der Westfälische Friede nach dem Dreißigjährigen Krieg hatte es
in rund dreihundert Territorien zerklüftet. Die politische Land-
karte, im ganzen schon ein bunter Flickenteppich, sieht nirgends, außer vielleicht im Thüringischen oder im Mittelrheini-
schen, so abenteuerlich gescheckt und verzahnt aus wie im deutschen Südwesten. Vom Stammesgebiet der Schwaben, dem einstigen, bis gegen München reichenden Reichskreis, nahm das

Herzogtum Württemberg nur eine kleine Inselposition ein, etwa zwischen Heilbronn und Reutlingen – Reichsstädte, die außerhalb blieben –, in der Fläche nicht sehr viel größer als der heutige industrielle Ballungsraum Stuttgart. Der oberschwäbische Süden gehörte zu Habsburg, an den Rändern wimmelte es von Reichsstädten, Grafschaften und geistlichen Herrschaften; so lag Schubarts Geburtsdorf Obersontheim in der Grafschaft Limpurg.

Diese Dutzende Landesherren, Grafen, Bischöfe, Äbte, Stadtregenten, die eifersüchtig auf ihre Unabhängigkeit pochten und sich da und dort mit Zöllen abriegelten, ließen sich gelegentlich von größeren Staaten bestechen; das Beispiel gab ja der mächtigste Despot der Region, der Herzog von Württemberg, der Subsidien vom Reichsfeind Frankreich bezog und ihm dafür Truppen stellte. Das einigende Band zwischen den Autokraten bildete das gemeinsame Bewußtsein, daß Untertanen vor allem dafür von Gott geschaffen seien, den Herrschern von Gottes Gnaden zu dienen und ihren Hofstaat zu finanzieren. In den Reichsstädten hielt man die kleinen Leute, die Dienstboten und Angestellten, durch Zunftbarrieren fern. In den vorwiegend landwirtschaftlichen Miniaturstaaten stellten die Bauern die Masse. Sie waren die willenlosen Melkkühe: Auch viele Wenig geben ein Viel.

Um die soziale Unterschicht niederzuhalten, hatte sich seit Jahrzehnten ein ungeschriebenes Bündnis zwischen Thron und Altar bewährt. Im Schwäbischen war der Altar überwiegend evangelisch geblieben, die Gegenreformation beschränkte sich auf den oberschwäbischen Süden. So dürftig die Gehälter der evangelischen Pastoren, so unerschütterlich deren Treue zum lutherischen Glauben, der nun einmal die Treue zur Obrigkeit einschloß und, wenn sich soziales Gewissen regte, seufzend auf die ausgleichende Gerechtigkeit in einer besseren, jenseitigen Welt verwies. Die evangelische Einsicht in die Sündhaftigkeit der Welt, im gotteslästerlich unsittlichen Treiben der Herrscher – Karl Eugen an der Spitze – unübersehbar praktiziert, fand nicht zu Widerstand, nicht einmal zu geistlich fundiertem. Da flüchtete man sich lieber in innerliche, reinere Seelenbereiche. Der schwäbische Pietismus der Pfarrer Bengel, Flattich oder Hahn lehnte sich zwar gegen die starre Orthodoxie der Thron-Altar-Verbündeten auf, nicht aber gegen soziale Mißstände und geistige Unterdrückung. Die fromme Bibelgläubigkeit, in der die Pietisten das einzige Heil der armen Menschheit sahen, führte zu einer absurden Wissenschaftsfremdheit. Jener Pfarrer Johann Albrecht Bengel, ein gütiger Mann und eine geistliche Autorität unter Schwabens Pietisten, prophezeite allen Ernstes aus der Apokalypse den Weltuntergang präzise für das Jahr 1836, und ein so tüchtiger Physiker wie der Pfarrer Matthäus Hahn – wir werden ihm als Schubarts mildem Seelenwäscher auf dem Hohenasperg wiederbegegnen – scheute sich nicht, seine berühmte Konstruktion einer Weltenuhr auf Bengels Bibelberechnungen einzujustieren.

Bei soviel Ferne von exakter Wissenschaft selbst bei Hochgebildeten kann es nicht mehr verwundern, daß die Zeit Voltaires und Lessings außerhalb der Zentren der Aufklärung immer noch eine Zeit der Dunkelheit war. Aberglaube grassierte nicht nur als harmloser Volksbrauch. Er forderte grausame Menschenopfer. In Schubarts Jugend wurden in Süddeutschland immer noch Hexen verbrannt. 1749 in Würzburg eine siebzigjährige Nonne; sieben Jahre später köpfte man, gnädig genug, ein vierzehnjähriges Mädchen, weil es »mit dem Teufel gewettet« hatte, 1775 verbrannte man in Biberach die letzte schwäbische Hexe, und den traurigen Rekord des dauerhaftesten mörderischen Hexenwahnes hält die liberale Schweiz, wo noch 1782 im Kanton Glarus eine Magd als Hexe hingerichtet wurde.

Die Schubarts wohnten seit 1745 in der Roßstraße Nr. 4, einem Seitengäßchen, von dem aus der Kantor und spätere Diakon nur wenige Schritte bis zur Stadtkirche St. Nicolai hatte.* Vater Schubart, der den Titel eines Musikdirektors führte, hielt seinen Erstgeborenen – man rief ihn kurz Christian – frühzeitig

---

* Auch hier erinnert eine Gedenktafel an Schubarts Aufenthalt. Außerdem hat die Stadt Aalen in einem nahen, stattlichen Haus ein Heimat- und Schubartmuseum eingerichtet, mit Bildern und Dokumenten aus des Dichters gesamter Lebenszeit, und das Schubart-Archiv im neuen Rathaus ist besonders an seltenen Schubart-Noten reich.

*Das Wohnhaus
der Familie Schubart in Aalen, Roßstraße 4
(Foto Peter Kruppa, Aalen)*

zum Musizieren an. Dankbar gedenkt der Sohn dieser Förderung, wie auch der christlichen Erziehung, die er durch den Vater und durch den Stadtpfarrer Koch genoß. Schubart senior war ein Hüne von Mann, temperamentvoll bis zu jähen Zornesausbrüchen, aber im Grunde gutmütig, ein »eifriger Jesusjünger«, wie Christian betont, und eindrucksvoller Kanzelredner. Ein sinnenfroher Mann, der in seinen jungen Jahren hinter Mädchen her war, später ein recht autoritärer Pater familias. Viel hat der Sohn von ihm geerbt: am meisten das Temperament und die musikalische Begabung, am wenigsten die Lebensklugheit und Willensstärke. Im Hause Schubart wurde lebhaft musiziert. Man sang, fiedelte und spielte Klavier. »Im achten Jahre übertraf ich meinen Vater schon im Clavier, sang mit Gefühl, spielte die Violin, unterwies meine Brüder in der Musik, und setzte im neunten und zehnten Jahre Galanterie- und Kirchenstücke auf, ohne in allen diesen Stücken mehr, als eine flüchtige Anweisung genossen zu haben.« Ob er wirklich so ein musikalisches Wunderkind war, wie es der Autobiograph darstellt, ist schwer zu beurteilen, andere Zeugnisse gibt es nicht dafür. Und wenn er, der als Erstkläßler nach seinen eigenen Worten dumm, trocken und schlafmützig war, später plötzlich alle seine Mitschüler übertraf, so fragt man sich, wieso sein Sohn Ludwig (in seiner aufschlußreichen Schrift »Schubarts Karackter«) beklagen konnte, daß dem Vater »keine bessere Erziehung zu Theil« geworden sei; auch des Dichters Frau Helene erwähnt einmal die Mängel seiner Erziehung. Was mag da gemeint sein? Vielleicht, da es am überdurchschnittlich förderlichen Klima im Vaterhaus nicht gelegen haben kann, waren die Aalener Schulen so unzulänglich. Schubart gedenkt zwar seines Latein- und Griechisch-Präceptors Rieder »mit dankbaren Thränen«, aber möglicherweise liegt in den Tränen ein dunkler kindheitspsychologischer Schlüssel.

Dieser Rieder, den »Ausschweifungen der Wollust« später an den Bettelstab brachten, soll die kindliche Seele mit der Übersetzung von Ovids und Suetons Frivolitäten vergiftet haben – sollte das mit der angeblich schlechten Erziehung gemeint sein? »Der Präceptor Rieder hat einen Charakter, wie Adramelech im Klop-

stock [Anm.: damit war die Satansgestalt im ›Messias‹ gemeint.]
Alle Christenmenschen mögen sich vor ihm hüten.« So urteilte
der reife Schubart ein andermal. Man muß sich immer vor
Augen halten, wieviele Sexual-Tabus damals herrschten und
dazu zwangen, um den heißen Brei herumzureden und zu
schreiben.

Schubart wuchs gesellig, mit mehreren Geschwistern auf.
Zwei Brüder und zwei Schwestern kamen im Laufe der Jahre
nach. Als Zehnjähriger hätte er fast sein Brüderchen unwillent-
lich getötet. Der Großvater Hörner, der in Aalen zu Besuch war,
hatte seine Pistole auf dem Klavier liegenlassen; die Buben spielten damit, ein Schuß ging aus Christians Hand los und durch des
kleinen Bruders Tasche, ohne ihn zu verletzen. Der Unglücks-
schütze rannte in Panik vor die Stadtmauern und versteckte sich
einen Tag lang im Heu.

Mutter Schubart bleibt eine Schattengestalt. Der Biograph
widmet ihr nur ein paar konventionelle Worte: »Einfalt und
Mütterlichkeit zeichnet meine Mutter in einem hohen Grade
aus. – Segne sie, Gott, denn sie ist es werth!« Immerhin, während Schubart dies, im zweiten Jahr seiner Einkerkerung auf
dem Hohenasperg, schrieb, ergänzte er seine dürftigen Prosa-
Memoiren durch drei poetische Strophen. Sie erheben sich über
den Durchschnitt seiner lyrischen Ergüsse, und da deren Qualität bei Schubart stets von der Intensität des persönlichen Erle-
bens bedingt ist, läßt das Gedicht »Das Mutterherz« auf innerliche Wahrhaftigkeit schließen.

Mutterherz, o Mutterherz!
    Ach! wer senkte diese Regung,
    Diese fluthende Bewegung,
Diese Wonne, diesen Schmerz,
    Süss und schauervoll in dich!

Gott, der Herzenbilder,
    Sprach zur rothen Fluth
In den Adern: Milder
    Fliesse, still und gut!

Und da strömten Flammen
Alle himmelwärts
In der Brust zusammen
Und es ward ein Mutterherz.

Mutterherz, o Mutterherz!
Diese liebevolle Regung,
Diese fluthende Bewegung,
Diese Wonne, diesen Schmerz,
Senkte Gott, nur Gott in dich!

Wer ein solches Gedicht heute liest, darf sich nicht an den ausgeleierten Herz-Schmerz-Reimen stoßen – damals, und auch bei Goethe, waren sie eben noch nicht ausgeleiert. Und da hier der Name des um genau ein Jahrzehnt jüngeren, um unermeßliche Grade größeren Dichterkollegen gefallen ist: Wäre es so vermessen, den Rangabstand nie vergessend, in Regung-Bewegung-Reimen wie im formalen und emotionalen Klima des ganzen Gedichtes ein wenig Goethe-Vorahnung zu erkennen?

Ungleich stärker als die Mutter, die sich nach den damaligen patriarchalischen Familienverhältnissen in Liebe, Sorge und Wirtschaftlichkeit zu erschöpfen hatte, wirkte der Vater auf den Knaben und Jüngling ein. Außer dem gar nicht zu unterschätzenden Musikalischen auch dadurch, daß er dem erstgeborenen Sohn eine Verehrung für den Preußenkönig Friedrich II. einpflanzte, die lebenslänglich weiterwirkte. Dergleichen war gar nicht selbstverständlich. Daß der benachbarte Herzog von Württemberg auf seiten der Gegner Friedrichs stand, später sogar Krieg gegen ihn führte; daß eine so bedeutende zeitgenössische Feder wie Lessing Friedrichs Preußen das »sklavischeste Land von Europa« nannte oder Winckelmann im Preußenkönig einen »Schinder der Völker« sah, brauchte im fernen Aalen nicht zu stören – dort hatte der wackere Pastor Schubart von beiden wahrscheinlich noch nie etwas gehört.

Für freiheitlich gesinnte Schwaben verklärte sich das Bild des Preußenkönigs um so mehr, je ferner er war und je näher und drastischer der Anschauungsunterricht des Willkürdespoten Karl

Eugen vor Augen stand. Der konfessionelle Widerstreit trat hinzu. In der Reichsstadt Biberach prügelten sich evangelische und katholische Bürger unter den Kampfrufen hie Friedrich, hie Maria Theresia. Für viele süddeutsche protestantische Patrioten verkörperte der Preußenkönig die einzige Hoffnung auf eine Änderung der tristen politischen Verhältnisse. Seine militärische Aggressivität wurde bei weitem nicht als so bedenklich empfunden wie seine glanzvollen Siege, seine Unbeugsamkeit und Tapferkeit in Zeiten der Niederlagen als heroisch. Besonders, wenn er ausländische Truppen in die Flucht trieb, was unter den wechselnden Koalitionen der schlesischen Feldzüge und des Siebenjährigen Krieges öfter der Fall war, schlugen deutsche vaterländische Herzen allenthalben höher. Seit Jahrhunderten war das Reich durch die Franzosen gedemütigt worden. Bei Roßbach nahmen französische Soldaten Reißaus vor denen eines deutschen Fürsten; wann hatte man dergleichen zuletzt erlebt? Die Paradoxie, daß dieser Fürst ein Reichsfeind war, wurde von der patriotischen Begeisterung verdeckt.

Vater Schubart schrieb als alter Mann dem Sohn nach Augsburg: »Es freut mich, daß Du mit solcher Wärme von Friedrich sprichst, und Sinn genug hast, seine Größe zu fassen. Das hast Du von mir; denn ich war von jeher sein feurigster Bewunderer, und habe Deiner weichen Seele sein gigantisches Bild tief einzudrücken gesucht . . . wenn der göttliche Funken einmal höher in Dir aufglimmt für Heldengröße und Vaterland; so greife zur Harfe und singe Deinen Germanen mit Tönen des Donners: Friedrichs Lob.«* Christian hat dieses Lob allzeit begeistert gesungen, auf dem Hohenasperg schließlich mit schicksalhafter Wirkung: seinem Hymnus auf Friedrich verdankt er die Befreiung aus dem Gefängnis.

War König Friedrich der politische Abgott seines Lebens, so Klopstock der literarische. Der ihn in die erhabene Welt des Dichters einführte, war ein preußischer Offizier namens von Maltitz, der damals in der Gegend mit der Anwerbung von

* Zitiert nach Konrad Gaiser, *Christan Friedrich Daniel Schubart*, Stuttgart 1929, S. 370.

Truppen beschäftigt war. Er fand Gefallen an dem Zwölfjährigen und machte ihn mit den ersten fünf Gesängen des Klopstock-Epos »Der Messias« bekannt. »Von diesem Augenblick wandelte mich die größte Ehrfurcht an, wenn man den Namen Klopstock nur nannte. Ich glaubte, ein Engel hätte sich auf unsre Welt verirrt und nenne sich so. Den Messias lernt' ich fast auswendig, und weinte, zitterte, schauerte vor Freuden, wenn ich Stellen daraus deklamirte.«

Schwer vorzustellen, daß ein zwölfjähriger Bub, der bis dahin Erhabenheit nur aus Luthers »derbem Ton«, Literatur nur aus Ritterromanen erfahren hatte, viel von der Messias-Gedanklichkeit begreifen konnte. Aber darauf kam es nicht an. Die Brücke von dem leichtfertigen Anti-Klassiker Schubart zu dem würdigen Klassiker-Monument Klopstock war nicht intellektuell, sondern emotional gebaut, und sie trug lebenslang; denn der Baustoff entstammte Schubarts innerlichstem Wesen. Ein »Zerrissener«, Labiler, von Gefühlen hin und her Geworfener war er schon in seinen Kindheitstagen. Er konnte als zärtlicher Bruder Märchen zur Belustigung der jüngeren Geschwister erfinden, im nächsten Augenblick hatte er »schauerliche Anwandlungen« – Schubart berichtet das bezeichnenderweise im selben Satz –, und er besuchte dann heimlich die Gräber toter Freunde und Bekannter auf dem Friedhof. Pathologisch müssen solche makabre Gefühlsumschläge durchaus nicht erscheinen, wenn man sich vor Augen hält, daß sie wahrscheinlich in Schubarts Zeit der Pubertät fielen. Er war vierzehn, als ihn sein Vater an das Lyzeum in Nördlingen schickte.

»Von tausend süßen Ahnungen durchzittert und voll edler Anlagen, ... beinahe gleich fähig, ein Engel oder ein Teufel zu werden« kam er 1753 in die freie Reichsstadt. Die moralische Himmel-Hölle-Dramatisierung ist nur aus der Gefühlssphäre eines tief Erschütterten, innerlich schon Gebrochenen, zur Buße gefolterten Memoirenschreibers zu verstehen. Nüchterner gesehen reduziert sich die erste Abnabelung Schubarts von seinem Elternhaus auf eine ziemlich normale Pubertätssituation.

Auch in der Berufsrichtung eine normale. Verwandte drängten Vater Schubart dazu, das musikalische Talent in Stuttgart oder Berlin weiter ausbilden zu lassen, aber der praktische, beamtete Mann zog es vor, wie noch hunderte Väter hochbegabter Söhne, das Kind auf die Bahn des Soliden, des Gehaltsempfängers zu schicken. Er sollte einen anständigen Beruf erlernen, der seinen Mann und die Familie ernähren konnte – auch wenn er so kümmerlich dotiert war wie der eines Pfarrers oder Schulmeisters. Nach Nördlingen also. Das war eine viel größere Reichsstadt, und Schubarts wichtigster Lehrer, der Lyzeums-Rektor Thilo, ein offenbar überdurchschnittlicher Pädagoge.

Schubart nennt ihn einen »Mann von ungemeinen Gaben, und weitkreisender Gelehrsamkeit. Er war Philolog, Theolog, Weltweiser, Aesthetiker . . . er liebte mich, weil er die Gaben an mir bemerkte, und seinem ermunternden Unterrichte, sonderlich seiner feurigen Neigung für die Wissenschaften, dank ich das meiste, was ich gelernt habe«. Zunächst tüchtiges Latein; denn in der Klasse mußte lateinisch gesprochen werden, auch wenn es mit Ohrfeigen eingepaukt wurde. »Thilos Geschmack war derb und wahrhaft. Homer und Plato, Horaz und Cicero waren seine Lieblinge unter den Alten; und Klopstock, Bodmer, Haller, und der damals aufstrebende Wieland unter den Neuern, die er mir und meinen Mitschülern täglich empfahl.«

Viel weniger befriedigte den jungen Schubart die religiöse Erziehung. »Religion – ich beklag' es, daß ich's sagen muß, wurde damals so kalt auf der Schule behandelt, daß mich und meine Mitschüler Ekel anwandelte, so oft wir eine todte Antwort auf eine lebendige Frage aus Hutters Compendium geben mußten . . . Die Seele des Christenthums, seine herzbessernde Kraft blieb mir unbekannt.« Die drei Nördlinger Jahre schwanden »wie eben so viel Rosenmonde weg«, womit der Memoirenschreiber eine unbeschwerte Schulzeit als »luftiger, gedankenloser Jüngling« kennzeichnet.

Seine sogenannte Gedankenlosigkeit hinderte ihn nicht an musikalischen und dichterischen Versuchen. Er brachte einige Klaviersonaten und fugierte Choräle zu Papier, dichtete eine Nänie auf das gräßliche Lissaboner Erdbeben von 1755 und einige »Volkslieder«, die er selber höher einschätzte. Eines davon ist erhalten geblieben, wenn auch in mehreren umstritte-

nen, sozusagen zersungenen Fassungen (was immer für volks-
liedhafte Popularität spricht). Da es sich um eine der frühesten
Dokumentationen von Schubarts Gedichten handelt, sei hier ein
wenig näher darauf eingegangen. »Der Schneider auf Reisen«
handelt von einem Schneider, der nicht auf Gesellenwander-
schaft gehen will und sich statt dessen von seiner Mutter zu
Hause in den Taubenschlag einsperren und füttern läßt.

> Hier gieng er, welch ein' Wanderschaft,
> Im Schlage auf und ab,
> Und wartete, bis ihm zur Kraft
> Die Mutter Nudeln gab.

Die Schlußstrophe bringt die Pointe:
> Einst hatte seine Schwester Streit
> Nicht weit von seinem Haus,
> Er hört, wie die Bekämpfte schreit,
> Und guckt zum Schlag hinaus.
> Mein Schneiderlein ergrimmte
> Macht eine Faust und droht:
> »Wär ich nicht in der Fremde,
> Ich schlüge dich zu todt.«

Ein Scherzchen für schlichte Gemüter, gewiß, aber so war eben
damals der Geschmack, und das Gedichtchen wurde äußerst
populär. Es zeigt den Musenjüngling – Schubart dichtete es mit
etwa 14, 16 Jahren – auf den Spuren von Hans Sachsens volkstümlichen Schwänken. Solche Knittelverserzählungen schrieb
Schubart später noch öfter, und was sich hier ganz harmlos gibt,
wurde später bisweilen scharf polemisch, antipfäffisch zuge-
spitzt. Schubarts leichte Hand im Reimen, sein Gefühl für volkstümliche Eingängigkeit verrät schon der frühe Versuch.

Nach drei Jahren schickte ihn der Vater zum Weiterstudium
nach Nürnberg. Es ist nicht ganz klar, warum. Sollte der Schüler am Lyzeum am Ende doch nicht gut getan haben? Ein Brief,
den der Rektor 1755 an Vater Schubart schrieb, lobt seine Lern-
fortschritte, tadelt jedoch sein Benehmen: Er mache vom Kathe-

der »comödiantenweis Personen nach«, halte »unzüchtige Reden, selbst in der Kirche«, und pflege »zu starken Umgang mit Handwerksburschen«. Schubart berichtet selber von »liederlichen Fiedlers«, mit denen er musiziert habe, und sicher war er in Nördlingens Spelunken ein amüsanter Gast und Spaßmacher – sein ganzes Leben lang fühlte er sich in Wirtshäusern wohl, wo er dem Volk aufs Maul schauen und lernen konnte, wie es denkt und singt.

Die altberühmte Reichsstadt Nürnberg, an der Vater Schubart mit verklärten Jugenderinnerungen hing, fand der Sohn »tief herabgesunken«. Die Stadtverwaltung nennt er verdorben, der Reichtum habe sich unter einzelne Familien versteckt, »die Handlung stockte in ihrem Laufe«, den öffentlichen Schulunterricht – er besuchte die Schule zum Heiligen Geist – empfand er als so schlecht, besonders in der literarischen Unterweisung, daß er froh war, beim Griechischlehrer Schwebel Privatunterricht nehmen zu können. Seinen wichtigsten Lehrer in der Schule, den Rektor Rahn, nennt er einen edlen und tüchtigen Mann, stellt ihn aber unter den Nördlinger Thilo. Den literarischen Geschmack empfand er in Nürnberg insgesamt als hinterwäldlerisch. Dort verehrte man ja noch den nüchternen Gottsched, den Klopstock-Verächter; seinen Abgott mußte der feurige Studiosus »wonnentrunken« verteidigen.

Schubart resümierte später die zwei Nürnberger Jahre als »die seligsten Tage meines Lebens«. Vor allem wohl, weil er zum erstenmale verliebt war. »Mädchenreiz war mir unter allen Reizen, womit der Schöpfer das Antlitz der Natur schmückte, der unwiderstehlichste.« Zwar nennt er seine junge Liebe unschuldig, warnt aber in diesem, in der Kerkerhaft geschriebenen, Rückblick zugleich so eindringlich vor dem Verlust der Keuschheit und Unschuld, daß man annehmen kann, er habe wohl seinen Grund dafür gehabt. Er führte ein geselliges Leben. Mit »Busenbrüdern« tauschte er Gefühlsergüsse und Kunsterfahrungen aus. Die alte Stadt mit ihren kostbaren Baudenkmälern, mit ihren Erinnerungen an Dürer und Hans Sachs begeisterte ihn. Kaum weniger ihr Musikleben. Er rühmt die Stadtmusik des Kapellmeisters Gruber und ihre »Beinahvirtuosen«, in der Kirche lernte er – durch angebliche Bach-Schüler – zum erstenmal das Orgelwerk des Thomaskantors kennen und bewundern, was dazumal durchaus nicht selbstverständlich war. Er selber bildete sich musikalisch weiter und wurde Aushilfsorganist bei Frühmessen.

Wenige Wochen, nachdem Schubart in Nürnberg eingetroffen war, brach der Siebenjährige Krieg aus. Er ließ auch die Reichsstadt nicht unberührt. Draußen streiften preußische Husaren umher, denen Schubart aus seiner Dachkammer begeistert zusah und die ihn zu hymnischen Gedichten auf König Friedrich anregten. Einige wurden auch gedruckt; ein Soldat von der salzburgischen, also dem Reichsheer angehörigen, Besatzung der Stadt war darüber so wütend, daß er den jungen Autor mit der Muskete niederschlug.

Rückblickend meinte Schubart, er hätte sich in Nürnberg seßhaft machen sollen, wo Freunde, Beifall, Berufschancen eine gute Zukunft versprachen. Aber er »schmachtete nach dem tosenden Universitätsleben«, und Vater Schubart gab dem Drängen nach. Ein kurzes Zwischenspiel, der Heimkehr nach Aalen im Jahre 1758 folgend, bei dem Pfarrer und Gelehrten Schülen (oder Schülin) im nahen Lauterbach. Der Unterricht durch den angesehenen Mann, der Leibniz und Christian Wolff mit eigenen philosophischen Ideen interpretierte, beeindruckte Schubart tief. Er rühmt ihn als »Weltweisen« und »gefühlvollen Priester der Natur«, der von einem Waldhügel aus Astronomie betrieb und Schubart zu »heiligem Staunen über die Werke Gottes« begeisterte. Wie er den Schüler auch als Vorleser moderner Dichter enthusiasmierte. Der Schweizer Arzt und Naturforscher Albrecht von Haller, mit seinen pathetischen Gedankendichtungen ein Klopstock-Verwandter, war Schülens Liebling. Seine plastische, auch mimische Art des Versevortrags vergaß Schubart nie: Darin lag später ja auch *seine* Stärke.

Eigentlich sollte der junge Mann nun an der berühmten Universitätsstadt Jena Theologie studieren, und er machte sich auch im Oktober 1758 auf die Reise. In Erlangen blieb er hängen; ob wegen der Wegeunsicherheit im Krieg, ob wegen der lustigen Kumpanei, die er bei seiner Zwischenstation vorfand. Dem künftigen Studiosus wird es einfach dort gefallen haben, und daß Erlangen damals eine sehr junge, gegenüber Jena zweitrangige Universität war, störte ihn kaum. Wie er selber schreibt: »Ich war hier in meinem Elemente. Frei, ungebunden durchstreift' ich tobender Wildfang Hörsäle, Wirthshäuser, Konzertsäle, Saufgelage – studirte, rumorte, ritt, tanzte, liebte und schlug mich herum.«

Das Rumoren und Lieben ging sicher übers Studieren. Er hatte eine Menge Fächer inskribiert: Theologie – weshalb er sogar Hebräisch lernte –, Logik, Metaphysik, Moral, schöne Wissenschaften, Naturrecht, »Weltweisheit«. Allein, der »trockne Ton, mit dem man Theologie lehrte«, stieß ihn ab, die miserabel besoldete Lehrerschaft der erst seit wenigen Jahren bestehenden Hochschule erschien ihm unzulänglich, und die anfängliche Begeisterung fürs Studium ließ bald nach. Mehr als alle graue Theorie lockte ihn – wer denkt da nicht an Goethes suchenden Wissenschafts-Schüler im »Faust« – des Lebens goldener Baum. Es bedurfte keiner mephistophelischer Ratschläge. Die Sitten an den Universitäten des 18. Jahrhunderts waren, davon zeugen viele Berichte, locker und leichtfertig, »burschikos« im rüpelhaftesten Sinne des Wortes. Schubart, von seinem Naturell her gesellig und lebenslustig, paßte sich ihnen zwanglos an. Daß er ein überdurchschnittlicher Klavierspieler, dazu ein flotter Reimer von Gelegenheitsgedichten war, kurzum: ein überall willkommener Gesellschafter, erklärt sein, wie er es selbst nennt, »tumultuarisches« Studium.

Er wußte, wie entsagend sich der Vater die Kosten von seinem kümmerlichen Gehalt abknapsen mußte, er machte dennoch Schulden über Schulden. Es kam soweit, daß man ihn ins Schuldgefängnis warf. Doch die vier Wochen, die er dort verbringen mußte, scheinen recht munter verlaufen zu sein. Freunde durften ihn besuchen, auch sein Mädchen (sie soll Giovanetta geheißen haben). Sogar ein Klavier wurde in das fidele Gefängnis gestellt, und daß die Kumpane etwas zum Trinken mitbrachten, war selbstverständlich. Der leichtsinnige Delinquent vertrieb sich die Zeit mit Liebelei, Musizieren und Dichten; die meisten seiner Lieder seien »erotischen und bacchantischen Inhalts« gewesen, »leider«, wie der reuige Memoirenschreiber hinzufügt.

Schubarts Vermieter, namens Groß, löste ihn aus, obwohl er bei ihm schon tief in der Kreide stand. Schließlich mußte Vater Schubart in die Tasche greifen. 71 Gulden zahlte er dem Groß, gar 210 dem Gastwirt Glaser, wo der Studiosus ausgiebig pokulierte. Stattliche Summen für einen Pastor, der vier Kinder durchzubringen hatte. Noch zwölf Jahre später erschien bei ihm eine Frau aus Erlangen, die sich als alte Gläubigerin ausgab und 199 Gulden einzuklagen versuchte. Man wüßte gerne genauer, um was für eine »tödtliche Krankheit« es sich gehandelt haben mag, die den flotten Studiosus nach seiner Entlassung aus dem Karzer niederwarf; der moralisierende Autobiograph schweigt sich darüber aus, deutet bloß an, seine Gesundheit habe durch »Ausschweifungen« sehr gelitten.

Der Musikus Schubart erinnert sich des lebendigen musikalischen Klimas in Erlangen, wo er als Klavier- und Violinspieler, als Sänger, als Vertoner von Gedichten Ludwig Gleims, des Preußen-Verherrlichers, Beifall fand. Einmal reiste er nach der Residenzstadt Bayreuth, um einen Freund seines Vaters zu besuchen. Dort hörte er zum erstenmal überhaupt »ein sehr gebildetes Orchester, und einige welsche Sänger und Sängerinnen, die mich gen Himmel rissen«. Der im neapolitanischen Stil schreibende Opernkomponist Johann Adolf Hasse und König Friedrichs Hofkompositeur Karl Heinrich Graun beherrschten die musikalische Szene im Schloß der regierenden Markgräfin von Bayreuth, des Preußenkönigs geliebter Schwester. Für den jungen Schubart ein Schlüsselerlebnis.

Es erscheint bemerkenswert, daß für ihn die beiden genannten Meister »deutsche Gründlichkeit mit welschem Gesange trefflich zu verbinden wußten«. Für einen Pastorensohn und angehenden Theologen offenbar ein rechter Herzenstrost. Denn in fromm protestantischen, gar pietistischen Bürgerhäusern wurde schlicht deutsch musiziert, vom Choral allenfalls bis zu Liedern aus weltlichen Singspielen; welscher Belcanto, virtuose Berufsorchester, das Blendwerk höfischer Opera erschienen völlig außerhalb kleinbürgerlicher Zugänglichkeit, so entrückt wie die opulente Pracht, die Sittenlosigkeit der Residenzen, die man als christlicher Untertan der Gottesgnaden-Fürsten seufzend zur Kenntnis nahm, aber mitnichten moralisch billigte. Der zwanzigjährige Student Schubart hatte jedoch ein weites, offenes Herz. Es konnte sich an der strengen Orgelkunst Bachs erheben; er empfand zugleich zum erstenmal im Leben die Sinnenlust der schönen Stimme nicht als Teufelsblendwerk, sondern als musikalische Offenbarung. Für seine spätere Entscheidung, sich aus der dürftigen Sicherheit des Schulmeisters ins Abenteuer des höfischen Musikers zu stürzen, hatte der kurze Abstecher in die Bayreuther Residenz sicher nachträgliche Wirkung.

Als Adept auf eine solide Pastorenkarriere war Schubart in Erlangen freilich total gescheitert. Ein verlorener Sohn, so kehrte er im Frühjahr 1760 ins Vaterhaus nach Aalen zurück. Den grollenden Alten versöhnte er einigermaßen, indem er zu Aushilfspredigten einsprang – »Ich hatte wirklich Anlage zum geistlichen Redner; – Feuer, Ton, Stellung und eine in meiner Gegend damals äußerst seltene Fertigkeit in der ausgebildetern deutschen Sprache«. Aber er wurde »statt eines kraftvollen Kanzelredners ein süßer Schwätzer«, zu sehr Poet, um als guter Prediger anerkannt zu werden, auch wohl, weil ihn seine Reimbegabung dazu verführte, eine ganze Predigt in Versen zu halten. Den Vater überzeugte er mehr als Musikus, durch einige neue Klaviersonaten. Er schulte sich damals am großen Bach, auch an dessen Sohn Emanuel, er lernte Partiturspielen und Transponieren und die deutschen Klavierkomponisten viel höher schätzen als die Ausländer. Alles, wie er später erkannte, zu oberflächlich.

Um die knappe väterliche Kasse zu entlasten, ging er als Hauslehrer zu dem Grundbesitzer Blezinger im nahen Königsbronn. Der vermögende »Ökonom«, ein fortschrittlicher Mann, behandelte den gescheiterten Studiosus wie seinesgleichen, Schubart selber beurteilt seine pädagogischen Fähigkeiten als ziemlich katastrophal, sein musikalisches Unterhaltungstalent hingegen als nützlich. Für die spätere Laufbahn wurde ein Ausflug nach dem nahen Stotzingen wichtig. Dort wirkte der Pfarrer Balthasar Haug, der noch vielfach in Schubarts Schicksal eingriff. Haug, um sieben Jahre älter als Schubart, war ein umtriebiger Literat, der als Verfasser der Schrift »Zustand der schönen Wissenschaften in Schwaben« für die dichterische Entwicklungsfähigkeit seiner Heimat warb und später als Herausgeber von Zeitschriften, so bieder und untertanenfromm sie sein mochten, von Stuttgart aus einflußreich wurde. Schubart muß damals ein recht Zerrissener gewesen sein. Er hatte ernste Anwandlungen von Andacht und Frömmigkeit, »lag oft auf den Knien und weinte zu Gott«. In Erkenntnis seiner pädagogischen Mangelhaftigkeit als Hauslehrer übergab er diesen Posten seinem jüngeren Bruder Jakob.

Wie sollte es nun weitergehen? Von des Vaters kümmerlichem Gehalt mitzuzehren kam nicht in Frage. Das Beispiel des Schulmannes und Predigers Gottfried Böckh, der gerade erst sein

Christian Friedrich Daniel Schubart
Kreidezeichnung eines unbekannten Künstlers

33

Schwager geworden war und den er an seinem Wirkungsort Esslingen 1760 besuchte, war sicher mitbestimmend für seine Berufswahl. Er bewunderte den Älteren, ihm an literarischem Talent weit Unterlegenen, als gereiften, lebenstüchtigen Menschen; Böckh wurde später sein wahrer Briefbeichtvater. Nach einer kurzen Reise in die Grafschaft Limpurg, wo er in der Obersontheimer Kirche seiner Taufe predigte, und in die Heimat der mütterlichen Ahnen, nach Sulzbach, versuchte er zunächst einen Mäzen für sein Musikantentum zu finden. Er schrieb einen devoten Brief, nebst einer Huldigungsode, an den Fürstprobst in Ellwangen, einen Grafen Fugger-Glött, der ein katholischer Kirchenfürst war, aber kurioserweise auch über die Besetzung protestantischer Ämter zu entscheiden hatte. Schubart erhoffte sich eine Kantorenstelle im heimatlichen Aalen. Daraus wurde aber nichts, obwohl ihm der Probst vier Taler schenkte (wofür sich der junge Poet einen warmen Anzug kaufte) und auch künftig gewogen blieb. Nach all den Jahren des abgebrochenen Studierens und tastenden Suchens mußte er nun endlich auf einen sicheren Broterwerb bedacht sein. Er hatte zu nehmen, was sich bot – und mehr als der Posten eines Dorfschulmeisters hoch auf der Rauhen Alb, in Geislingen, bot sich eben nicht.

Als er sich im Oktober 1763 »mit dem schwersten Herzen« auf die Reise machte, hinterließ er in seiner Heimatstadt nicht nur berufliche, sondern auch amouröse Hoffnungen. Katharina Darm, Tochter aus einem wohlhabenden Aalener Bürgerhaus, war ebenso verliebt in ihn wie er in sie. Für die Eltern kam jedoch ein Hungerleider von Lehrer, noch dazu in einem weltabgelegenen Winkel, als Schwiegersohn nicht in Frage. Das muß Schubart schon bei seiner Abreise gewußt haben. Anders als aus einer Mischung von Trotz und Panik ist seine überstürzte Heirat in Geislingen kaum zu erklären. Jahre später konnte er die einstige Liebste ganz unbefangen beim Hochzeitsfest abbusseln: als Schwager, denn sie hatte seinen Bruder Konrad geheiratet. Der war wohlbestallter Stadtschreiber in Aalen – in den Augen standesbewußter Bürger einer wenn auch noch so winzigen Freien Reichsstadt eine viel bessere Partie als der windige Prediger und Musikus Schubart.

SCHULMEISTER IN GEISLINGEN

Weiter ab von aller Welt konnte es einen ehrgeizigen jungen Mann, der sich mehr als Musensohn denn als Lehrer fühlte, kaum verschlagen. Heute ist Geislingen, am höchsten Punkt der Schnellzugstrecke Stuttgart–München gelegen, eine kleine, aber reiche Industriestadt. Damals war es ein unbedeutendes, zum Herrschaftsgebiet der Reichsstadt Ulm gehöriges Städtchen, von einem Obervogt verwaltet. Obwohl es innerhalb seiner lükkenlosen, vieltürmigen Stadtmauern mehr Einwohner beherbergte als etwa Aalen, nämlich 1500, lebte man hier ziemlich im Abseits. Schubart empfand frühzeitig den Widerspruch zwischen einer erquickenden Natur mit waldigen Bergen, romantischen Burgruinen und der Enge einer kleinen Handwerkersiedlung, die sich damals im wirtschaftlichen Niedergang befand. »Geißlingen, ein durch seine Künstler im Beindrechseln sonst weit berühmter Ort, versinkt allmählig in traurige, dumpfe Armuth. Viele Einwohner verlassen den Ort ganz und gar . . .« So sein Zeugnis. Den Geislingern – zwanzig Schustern, einundzwanzig Bäckern, dreißig Schmieden, nicht weniger als siebzehn Wirten (welche Verführung!) darunter –, sagte er ein »verdrüsslich steifes Aussehen« nach, auch Fleiß und Biederkeit »von altschwäbischem Zuschnitte«.

Aber selbst der Memoirenschreiber, der vieles verklärt, findet für seine Arbeitsstätte keine guten Worte: »Meine Schule . . . sah einem Stalle ähnlicher, als einem Erziehungshause für Christenkinder. Ueber hundert Schüler, roh und wild wie unbändige Stiere, wurden mir an die Seele gebunden.« Täglich hatte er eine

35

Geislingen a. d. Steige
Lithographie von J. Wölffle

Bande von »Tartaren«, wie er sie nannte, neun Stunden lang zu unterrichten. Die niederen Klassen im Lesen und Schreiben, ein bißchen Geschichte, Geographie, Naturlehre und Musik kamen dazu, die höheren auch in Latein und Griechisch. Außerdem hatte er an der Stadtkirche Orgeldienst zu tun und zu predigen, was ihm Freude machte, während ihm die übrigen geistlich-musikalischen Verpflichtungen ein wahrer Greuel waren.

In einem Brief vom Weihnachtstag 1764 schilderte er sich drastisch als einen bemitleidenswerten Menschen, »der vor dem Sarge einer alten Spitalfrau mit acht geflikten Mänteln wie unsinnig ein Totenlied schreien muß« (womit das Leichenaussingen gemeint war), der »an des Herrn Ruhetag mit neun Furien, die anstatt brennender Fakeln Fiedelbögen tragen, gemartert wird; der die heil. Christfeiertage mit zwei und vierzig Eseln und einem Maulthier, das auf lateinisch Cantor heißt, von Haus zu Haus betteln gehen muß« (so erlebte er das, was heutzutage als »Currende-Singen« bachisch verklärt erscheint). Für all diese

Mühen erhielt der junge Präceptor, Organist und Prediger einen »kümmerlichen Lohn«, von dem er später auch noch einen Teil als Altersversorgung für die Witwe seines Vorgängers abzugeben hatte. »An Geld habe ich iährlich 159 fl.«, dazu Frucht, Holz und Wein, berichtete Schubart seinem Vater kurz vor der Übersiedlung nach Ludwigsburg*. Es reichte gerade fürs Leben, für ein dürftiges Leben als Familienvater in der Vierzimmerwohnung in der Schloßstraße. Eine Glosse Schubarts in der Ulmer Deutschen Chronik von 1775 schildert die Lage eines schwäbischen Schulmeisters satirisch, aber wohl nicht weit von der Wirklichkeit entfernt: »Welcher Magister hat Lust Schulmann in . . . zu werden? . . . Seine Besoldung besteht aus 100 Gulden an Geld, etwas Naturalien, freie Wohnung, 6 Ellen Krautland, freie Eichelmast und eine Miststätte vor dem Haus. Den Rang hat er gleich nach dem Burgerstädtmeister, der gegenwärtig ein Gerber ist; außer dem solls den Buben nicht erlaubt sein, ihn mit Erbsen zu schießen. Es wäre dem Magistrat sehr lieb, wenn der Kandidat ledig wäre.«

Das aber war dem in Geislingen nicht vergönnt. Denn keine drei Monate nach seiner Ankunft in Geislingen war der junge Präceptor Schubart schon ein junger Ehemann. Bei einem Antrittsbesuch rings in den Häusern der ortsansässigen Notablen, hier bei dem »Oberzoller« Bühler, gab der Gast zu verstehen, daß er, ungeachtet der geringen Mitgift, die Tochter Helene freien wolle, und am nächsten Morgen erhielt er die elterliche Zustimmung. Es war eine überstürzte Ehe, es wurde eine auf Jahre hinaus miserable.

Schubart kannte seine Braut kaum. Deren Schwester, verheiratete Weißroßwirtin in Aalen, hatte dort auf einer Tanzerei die beiden in Verbindung gebracht, Helene bestellte einem Musiker Grüße an den neuen Schulmeister in Geislingen. Das war alles. Große Liebe sicher nicht; eher eine Trotzreaktion des von der Aalener Patrizierfamilie Darm abgeblitzten Schulmeisterleins.

* Eugen Nägele, der gründlichste Erforscher von Schubarts Geislinger Zeit (Aus Schubarts Leben und Wirken. Stuttgart 1888. S. 22) gibt 200 Gulden jährlich, dazu Naturalien und Mieteentschädigung an, was wohl, da offenbar das Gehalt ohne Abzüge gemeint ist, aufs selbe herauskommt.

Am 10. Januar 1764 heiratete der vierundzwanzigjährige Schubart die um zwei Jahre jüngere Helene (eigentlich Helena) Bühler. Ein ungleiches Paar: ein ungebärdiger junger Mann, der sein präzeptoriales Amt als lästige, zufällige Fessel empfand, eine junge Frau, die nie andere Ideale kennengelernt hatte als bescheidene, wenn auch noch so kümmerliche Beamtenversorgung. Das konnte kaum gut gehen und ging auch nicht gut.

Helene war, ganz und gar gehorsame Tochter, in den engen Traditionen ihres Vaterhauses aufgewachsen. Der sogenannte Oberzoller Bühler war ein pedantischer Ziffernschreiber, dem jedwede Phantasie unverständlich war – also auch die Natur seines Schwiegersohnes. Der haßte ihn, begreiflicherweise, und machte ihn lächerlich, indem er ihn einen »in stercore natus et in trivio educatus«, also: einen »auf dem Mist geborenen und mangelhaft gebildeten« Mann nannte. Tatsächlich brauchte ein Oberzoller keinerlei Bildung, um seine Gelder für den Ulmer Magistrat einzutreiben, und Bühler erniedrigte sich auch noch, als die Ehe seiner Tochter erstmals kriselte, zum Denunzianten, indem er den Schwiegersohn bei dessen Vorgesetzten madig machte. Aber so verächtlich, wie er scheint, war der alte Bühler letztlich gar nicht. Hinter der Berufsmaske des Pedanten schlug ein erstaunlich freiheitliches Herz. Als der ungeliebte Schwiegersohn gegen jedwedes Recht eingekerkert wurde, empörte er sich, wie wirkungslos immer, und am Ende versöhnten sich beide gerührt.

Helene Bühler war eine unscheinbare Frau, ohne alle Bildung, streng und fromm erzogen, von Jugend an gewöhnt, den Kreuzer dreimal umzudrehen, ehe sie ihn ausgab. Ihr Unverständnis gegenüber den musischen Ambitionen ihres Mannes, ihre Nörgelei, wenn der wieder einmal – was sicher nicht selten geschah – betrunken aus dem Wirtshaus kam, ihre Bigotterie und dauernden Hauspredigten, man kann sich schon vorstellen, wie all das dem lebenslustigen Schubart auf die Nerven fiel. In Briefen an den Schwager Böckh beklagte er sich, wenn es Ehekrisen gegeben hatte, öfter darüber. »Es war die Verbindung des Sturms mit der Stille, der feurigen Thorheit mit der abgekühlten Vernunft, der Anarchie mit der Ordnung.« So resümierte der Eingekerkerte seine Ehe, aus der psychischen Situation des reuigen Sünders sich selbst die Schuld gebend und das Bild der Ehefrau freundlich retouchierend: »Sie ist ein Weib geraden und einfältigen Herzens, zur Demuth und Niedrigkeit gewöhnt, häuslich, geschickt zu allen Verrichtungen der Hausmutter; sie liebt nach Grundsätzen und nicht nach vorüberrauschenden sinnlichen Eindrücken; daher hat ihre Liebe Dauer und immer gleiche

Schubarts Frau Helene
geb. Bühler, nach einem Miniaturporträt
auf einer Elfenbeindose

Wärme, sie hatte nie die leichten Reize der Buhlerin, aber die tiefer liegende Anmuth des treuen Weibes und der zärtlichen Mutter . . .«

Solange die beiden zusammenlebten, gab es oft Streit, Vorwürfe, auch Ohrfeigen, wenn den jungen Ehemann die Wut packte, und mehrfach verließ sie ihn samt den Kindern. Als er ins Elend kam, bewährte sie die starken Seiten ihres Charakters; sie wurde nicht müde, seine Freilassung zu betreiben und erzog die verwaisten Kinder zu tüchtigen Menschen. Die pastorale Schubart-Literatur des 19. Jahrhunderts verklärte die brave

Helene schier zur Mustergefährtin eines, leider Gottes, ungebärdigen Genies. Aber selbst der Sohn Ludwig gibt in seiner, natürlich den Eltern gegenüber sehr taktvollen, Erinnerungsschrift zu, daß die Mutter erst im Laufe der Jahre, durch den Einfluß des geistig überlegenen, ihr im Grunde fremden Gatten, über die Enge ihrer Geislinger Kleinbürgerlichkeit hinauswuchs.

Daß sie ihn heiratete, bedarf keiner Erklärung. Unter so patriarchalischer Fuchtel aufgewachsene Mädchen wurden gar nicht gefragt; für sie war es ohnehin ein Glück, mit dreiundzwanzig Jahren, und ohne jede respektable Mitgift, noch unter die Haube zu kommen. Aber warum stürzte sich Schubart so Hals über Kopf in die Ehe? Vermutlich, und mehr als vermuten kann man nicht, sah er, der notgedrungen, aber doch guten Willens in das Nest gekommen war, in der Solidität einer gut evangelischen Ehe die beste Möglichkeit, sich zu arrangieren. »Einzuheiraten«, auch in Amtsstellungen, war damals allgemeiner Brauch. Und er hatte es ja auch nötig, etwas für seine bürgerliche Reputation zu tun.

Denn der Ruf, der ihm vorauseilte, war so bedenklich, daß das Ulmer Religionsamt Nachforschungen über »außgekommene Fama« anstellte, die Moral des jungen Präceptors betreffend. Es verhielt sich abwartend, aber die Schwierigkeiten rissen fortan nicht ab. Immer wieder hatte Schubart sich zu rechtfertigen. Er fühlte sich geschurigelt unterm »Joch zweier Baalspfaffen« (womit er den Pfarrer und einen Diakon meinte), und in seinem eigenen Heim vom Schwiegervater, der ihn nicht nur bei der Obrigkeit anschwärzte, sondern auch Helene gegen ihn aufhetzte. Böckh gegenüber beklagte sich Schubart, daß er »mit Auflauern, mit List, Haß und Verfolgung umgeben« sei, wenn er in der Schule sei, »stürmten« die Schwiegereltern in sein Haus, erbrächen seine Briefe, schickten Bücher wieder an die Buchhändler zurück – sich Bücher zu kaufen, gar noch schöngeistige, bedeutete eben für einen puritanischen Schwaben schiere Verschwendung. Die Bibel hatte zu genügen.

Bücher aber waren für Schubart fast der einzige Trost. Die junge Ehe bot ihm ja wenig Freuden, schon gar keine sinnlichen. Wohl gab es, neben den ständigen Keifereien und Krächen, auch freudige Stunden. Daß er 1765 Vater eines Buben wurde, Ludwig getauft, erfüllte ihn mit Stolz und Glück. Die zwei Jahre später folgende Tochter Julie liebte er noch zärtlicher, er fand sie sich selbst ähnlicher. Der frühe Tod des zweitgeborenen Söhnchens Johann Jakob, dann eine Fehlgeburt gegen Ende der Geislinger Zeit, betrübten ihn aufrichtig und nährten nur seinen Überdruß an der Tristesse seines Schulmeisterlebens. Es ließen sich Dutzende Briefbekenntnisse dafür anführen, wie unbefriedigt er sich in seiner Ehe, wie einsam er sich fühlte.

Dabei war er doch gerade erst in seinen poetischen Bestrebungen bestärkt worden – von außen her freilich. Eine nach Wien geschickte Trauerode auf den Tod des Kaisers Franz von Lothringen brachte ihm, im höfisch gedrechselten Antwortschreiben, den brotlosen und leeren Titel eines Poeta laureatus ein, der ihm aber, so selbstkritisch war er schon, viel weniger wert war als ein Satz aus einem Brief Christoph Martin Wielands von 1766: »Sie sind zum Dichter geboren . . .« Das klang immerhin wie ein geistiger Ritterschlag. Wobei nicht zu vergessen ist, daß Wieland damals noch keinesfalls der Weimarer Klassiker der Aufklärung und des verspäteten Rokoko-Charmes war, sondern Stadtschreiber in Biberach; ein um sechs Jahre älterer Landsmann und Kollege, von dem ein kleiner Schulmeister etwas lernen konnte, weil er schon als arrivierter Poet galt (namentlich durch seinen Bildungsroman »Agathon«), der aber noch nicht so erhaben über der zurückgebliebenen literarischen Landschaft Schwaben schwebte, als daß er nicht, höflich und verbindlich wie immer, einen »lieben Bruder im Apollo« und jüngeren Kollegen mit ein paar freundlichen Worten ermuntert hätte.

Verdiente sich Schubart damals schon das Dichterlob? Er hatte die Korrespondenz mit Wieland auf gut Glück begonnen, aber was er an Poesie zu bieten hatte, war dürftig: jenes ebenso langatmige wie phrasenhafte Trauerpoem auf Kaiser Franciscus hatte er Wieland vorgelegt, und die Nichtigkeit dieser pathetischen Reimereien entwertet Wielands Urteil darüber. Doch bedeutet es für den so vielfach enttäuschten jungen Schubart eine wirkliche, höchst produktive Ermutigung. Auch lud Wieland ihn in einem Brief ein, »eine Wochenschrift mit Ihnen in Gesellschaft zu schreiben«. Daraus wurde nichts, aber zu der von Wieland gegründeten Wochenzeitung »Der Rechtschaffene« steuerte Schubart mehrere Aufsätze bei, und er trug sich auch mit dem Gedanken, selber eine Zeitschrift zu gründen. Frühe Regungen des engagierten Journalisten Schubart, tastende Fluchtwege aus der geistigen Enge der Schulmeisterfron.

Nie zuvor las er, studierte er so viel. Den letzten Kreuzer, auch ganze, sauer verdiente Gulden, opferte er für Bücher. Aber darüber diskutieren? Mit wem denn? Mit seinen geistlichen Vorgesetzten stand er auf permanentem Kriegsfuß. Der Ulmer Obervogt von Baldinger war ihm hingegen wohlgesonnen und ließ ihn an seiner Bibliothek und Kupferstichsammlung teilnehmen, der Stadtarzt Dr. Rau scheint ein halbwegs gebildeter Mann gewesen zu sein, ähnlich das Ehepaar Graf und Gräfin von Degenfeld, das ihn öfter nach dem nahen Eybach einlud. Trost fand er auch im Umgang mit dem Bruder Johann Jakob, der als Privatlehrer nach Geislingen zog. Vor allem wurde der junge Karl Schneider, Malerssohn und selber Maler, sein Freund. Er war zugleich »Tonkünstler, las die Dichter mit Empfindung, schrieb und sprach gut in mehr als einer Sprache« (laut Schubart), illustrierte den gemeinsam verehrten »Messias« Klopstocks. Ein wahrer Herzensbruder und pokulierfreudiger Teilhaber an Gefühlsergießungen. Er ging bald von Geislingen weg, ließ sich als Soldat zu den Kaiserlichen anwerben, zog sich eine Geschlechtskrankheit zu und »verweste bei lebendem Leibe«. Gleich zwei poetische Liederjane also in den Augen der Geislinger Spießer.

Wie hätten sie begreifen können, was den frustrierten Ehemann und Schulmeister umtrieb! Wenn er denn wirklich zum Dichten geboren war, so wollte er es nun endlich beweisen. Zunächst mit zwei Arbeiten, für die er auch in einem Ulmer Buchhändler den Verleger fand. »Die Baadcur« ist ein Gedicht, das die Heilung seines um einige Jahre älteren »Freundes und Wohltäters«, des Ulmer Juristen Ludwig Albrecht Häckhel im nahen Mineralbad Ueberkingen besingt. So vielstrophig wie unbedeutend, prangt es mit antikischem Bildungsinventar von Göttern, Genien und Nymphen. Etwas beachtlicher erscheint die im selben Jahr 1766 folgende Dichtung »Zaubereien«. Neun Prosastücke, von gleich zwei gereimten Vorworten eingeleitet. Nach Art von Ovids »Metamorphosen« werden da in satirischen Geschichten Menschen verwandelt, meist zur Strafe. Die Form der Satire konnte Schubart bei dem Hamburger Hagedorn lernen, die angestrebte Eleganz der »poetischen Fiktion« auch bei seinem Brieffreund Wieland, der ihn dazu überhaupt angeregt hatte. Es bleibt beim Wollen, was den geistreich-leichten Ton betrifft, aber des jungen Poeten Sprache ist kräftig, farbenreich und phantasievoll, so daß man sich wünschte, er hätte fortan weniger Reime gedrechselt und lieber mehr Prosa geschrieben.

Am lebendigsten wirken die antik-vermummten »Zaubereien« dort, wo reale Beteiligung die Feder führt. Der Zauberhain, dessen dümmliche, barbarische, von »Götzendienern« aufgewiegelten Bürger vom Gott Apoll in starre Klötze verwandelt werden, ist nichts anderes als Geislingen. Der in den Hades verbannte Ixion wird durch Jupiters Gnade als Schulmeister auf die Erde zurückgerufen, läßt sich aber, so die Schlußpointe, lieber wieder ans höllische Rad flechten. Denn: »Anderthalb hundert Knaben, die ihm, wie ebensoviel Furien, zischende Geißeln auf den blutigen Rücken hielten, cloakmäßiger Gestank, vor dem sich die Sinnlichkeit empörte, junge Tiger in halbmenschlicher Bildung, die Klauen der Eltern, welche sie, wie Löwen, hervorreckten, so oft ihre Kinder die verdiente Rute der Zucht fühlten, Vorurteile der Erziehung, die wie stygisches Dunkel auf dem Staate lagen, ein rang- und titelloses Leben, der Hunger, der aus einer Wolke von Schulstaub hündisch die leeren Zähne blökte, die Schmähsucht, die in Schlangengestalt seinen Tritten nachkroch, herkulische Arbeit bei teuflischem Undank erfüllten nun die Tage, durch die Ixion wie von einem eisernen Rad umhergetrieben wurde.« Schubart brauchte den Namen Ixion nicht zu enttarnen, jeder Leser wußte Bescheid, wie er über sein Amt dachte – was ihn bei der Obrigkeit nicht beliebter machte.

Viel umfangreicher ist die im nächsten Jahre folgende Sammlung »Todesgesänge«. Nicht weniger als 80 Gedichte; nur einen

Teil übernahm Schubart später in seine erste Gedichtausgabe, zuviel geistliche Gebrauchslyrik – praktisch: gereimte Predigten zu den Kirchensonntagen – befand sich darunter. Den Anlaß gab eine schwere Krankheit, die sich Schubart bei einem Besuch in Aalen zuzog, und an der er im Herbst 1766 zu Hause wochenlang darniederlag (wie er schreibt, auf den Tod). Geistliche Besinnung, religiöse Einkehr also. Die Folge der Gedichte leitet von Naturbetrachtung über die biblischen Ereignisse des Kirchenjahres zum Tod, zur Eitelkeit der Welt, zu den letzten Dingen hin. Schubart war selber ein strenger Kritiker dieser Sammlung. In seiner Lebensbeschreibung spricht er von »leidiger Eilfertigkeit« und bemängelt fehlende »Einfalt und Salbung«, in der Vorrede von

Titelseite
der »Todesgesänge«
von Schubart
Ulm 1767

1785 macht er die »brausende Jugend« der Entstehungszeit dafür verantwortlich, daß »die sanften, himmelahnenden Christengefühle unter einer Lava poetischer Floskeln nicht selten erstikken«. Ackert man sich heute durch die vielhunderte Strophen, so wird man schon gar nicht widersprechen. Vorbilder sind deutlich, Gellert eher als der geliebte Klopstock, dessen Oden-Ausgabe damals noch gar nicht erschienen war und in ihren reimlosen freien Rhythmen hier nicht nachgeahmt wurde; es bleibt bei herkömmlichen Reimstrophen. (Mit manchmal mise-

rablen Reimen: verloffen-offen, Donner*er*-da*her*, Sterbend*e*-
Gethseman*e* etwa). Sicher gehören die »Todesgesänge« nicht zu
Schubarts Stärkstem. An ihrer Aufrichtigkeit, an der inneren
Beteiligung des Dichters ist jedoch nicht zu zweifeln.

Schubart war ein religiöser Mensch, auch wenn sein Chri-
stenglaube sehr persönlich, widersprüchlich in verschiedenen
Lebenszeiten, und keinesfalls unangefochten war. Daß er, wie
sein Sohn berichtet, von Jugend an »streng zum altchristlichen
Dogma angehalten« wurde, verhinderte nicht die spätere Entfer-
nung von der trockenen Orthodoxie, die damals in der Amtskir-
che herrschte. In diesem Sinn war er nicht rechtgläubig – aber
auch kein verschwärmter Pietist. Die ungebrochene Gläubigkeit
an Himmel und Hölle, an Gnade und Strafe in den »Todesgesängen« deutet nicht an, wie schwer er mit sich selber rang. Konnte
es auch gar nicht andeuten: das wäre für einen Lehrer und Prediger schiere Blasphemie gewesen.

Wie es Schubart im Herzen zumute war, vertraute er seinem
Schwager und Freund Böckh an. »Ich kann Ihnen sagen, daß ich
wirklich in einem Sturme von Zweifeln arbeite, die mir angst
und bange machen«, heißt es in einem Brief vom 14. Mai 1767,
und gar: »Wirklich bin ich in meinen Grundsätzen so schwankend und ungewiß, als wenn ich der Stifter einer neuen Religion
werden müßte.«

In den »Todesgesängen« wird man kaum etwas von solchen
Anfechtungen spüren. Eher von spätbarocker Drastik, wie in
dem in Erlöserzuversicht mündenden Hiob-Gedicht:

> Wo ist ein Balsam, mich zu heilen?
> Wo ist der Arzt, dem es nicht graut?
> Mein Körper starrt vor Eiterbeulen,
> Und Würmer nisten in der Haut.
> Gott, was umdämmst du mich so sehr,
> Wie einen Walfisch, wie ein Meer?

Viel seltener gelingt ihm, worin das Beste seiner Lyrik liegt,
nämlich die Musikalität einfacher Verse. In »Der Hirten Lied am
Kripplein« schwingt solcher Volksliedton:

Maria hat mit Mutterblick
Dich leise zugedeckt;
Und Joseph hält den Hauch zurück,
Daß er dich nicht erweckt.
Die Schäflein, die im Stalle sind,
Verstummen vor dir, Himmelskind!
Schlafe!
Himmelssöhnchen, schlafe!

Einige Todesgesänge sind thematisch beachtlich. »Trost eines Gefangenen« versetzt sich in die Qualen eines Eingekerkerten, eine seltsame Vorwegnahme des eigenen Schicksales. »Auf die Leiche eines Regenten« mutet wie der Vorentwurf eines der berühmtesten Gedichte Schubarts an, der im Gefängnis herausgeschleuderten »Fürstengruft«. Milder im Ton, wenn da die Großen der Welt aufgerufen werden, des ewigen Richters zu gedenken, aber in einigen Versen doch voller kühner Respektlosigkeit:

Habt ihr, wenn der junge Waise
Vor euch klagte, auch gehört?
Und den fetten Bauch vom Schweiße
Einer Wittwe nie genährt?
Seid ihr willig, reiche Sklaven
Schwarzer Laster zu bestrafen?
Helft ihr auch dem Tugendfreund,
Wann er hülflos vor euch weint?

Wie zeitgebunden diese ersten veröffentlichten poetischen Produkte Schubarts immer waren, sie wurden vielfach rezensiert (eine gleichzeitige Ode auf den Tod des gebürtigen Ulmer Schriftstellers Thomas Abbt sogar von Herder und sie wurde verrissen).

Schwaben war damals eine so zurückgebliebene literarische Landschaft, daß man die bescheidenste dichterische Stimme hoffnungsvoll hörte. Der Patriot Schubart beklagte im Jahr 1767 selber, daß »die schwäbischen Dichter jetzt alle verstummt seien«; daß ihm der Briefadressat Balthasar Haug, ein unbedeutender, professoraler Schreiber und Herausgeber erbaulicher Zeitschriften, als literarische Autorität erschien, beleuchtet die Situation. Und auch die Verstummten waren nur Lokalgrößen gewesen: Fr. Phil. Hiller, Eberhard von Gemmingen, Ludwig Huber, Georg Jakob Duttenhofer, Sebastian Sailer (diesen originellen Pfarrer hat man immerhin mit seiner köstlichen schwäbischen Schöpfungsgeschichte zurecht wieder ausgegraben), auch die jüngere Generation der Gotthold Friedrich Stäudlin und Martin Miller – heute alles nur noch tote Namen; der einzig lebendige jener Zeit, der Wielands, gehört ja allenfalls der schwäbischen Emigration an.

Aber auch das, was damals als große deutsche Dichtung modern war, blieb noch lange fremd in süddeutschen Pastoren- und Bürgerstuben (die höfischen Paläste interessierten sich ohnehin kaum dafür). Nicht dem lesehungrigen Präceptor: Er, der sich noch Jahrzehnte später darüber beklagte, daß er mit seiner Klopstock-Begeisterung ahnungslosen Ohren predigte, er kannte sie fast alle: Breitinger, Bodmer und Albrecht von Haller, die von der Schweiz her mit pathetischen Alexandrinern »Unruhe und Bewegung der Gemütsleidenschaften«, die Poesie der reinen Natur gegenüber der nüchternen Prosa des Leipziger Literaturpapstes Gottsched priesen; die empfindsamen geistlichen Lieder und witzig-anzüglichen Fabeln Gellerts; die lebensfreudigen Gedichte der Hagedorn und Johann Peter Uz, die man Anakreontiker nannte, die Idyllik des junggestorbenen Preußenoffiziers Ewald von Kleist, die Oden seines Kompatrioten Karl Friedrich Ramler; vor allem aber den erhabenen Meister Klopstock.

Als die ersten drei Gesänge von dessen Epos »Der Messias« erschienen, kurz vor der Jahrhundertmitte, schrieb Bodmer: »Wir stehen vorne an dem goldenen Alter«. So früher Beginn eines Goldenen Zeitalters der deutschen Literatur ist heute schwer nachzuvollziehen; man datiert ihn viel später, ab Lessing, Schiller und Goethe. Die Dauererhabenheit von Klopstocks frommen Hexametern, auch der hohe Kothurn, von dem die freien Rhythmen seiner Oden nicht herabsteigen wollen, sind modernem Empfinden fremd geworden. Um die Mitte des 18.

Jahrhunderts jedoch wurde der »Messias« als ungeheuer erregende Moderne empfunden. Jedenfalls von denen, die in Gottscheds Vernunftstheorie Plattheit sahen, in der von Frankreich dominierten Aufklärungsliteratur Wärme vermißten, die den wilden Shakespeare gegen die Pariser Dramenklassiker ausspielten, und die auf die verschüttete, gute alte deutsche Art schworen.

Zu ihnen gehörte der junge Schubart. Desto begeisterter, je mehr Autoren, neue und alte, er bei seinem hingebenden Lesen in Geislingen kennenlernte. Als seine Lieblinge, »die ich fast niemals weglegte«, hebt er hervor: Klopstock, Bodmer, Ossian, Shakespeare, Young, Gerstenberg, Gleim, Uz, die Karschin. Eine bunte Reihe, die von den Alten ergänzt wurde, Homer, Virgil, Lukian, Horaz.

Auch wissenschaftlich bildete sich Schubart. Winckelmann, Moses Mendelssohn, Lessing, Herder, Hume nannte er seine »Prosamuster und Kunstrichter«, Kant und wiederum Mendelssohn verehrte er als Philosophen, von Tacitus, Thukidides, Xenophon und Hume lernte er Geschichte. Man sieht daraus, daß Schubarts geistige Bildung nicht ganz so unzulänglich gewesen sein kann, wie ihm dies manche nachsagen. Auch wenn man das Lückenhafte solch autodidaktischen, wie er es selber nennt: »tumultuarischen«, Lesens berücksichtigt. Daß seine nicht realisierten Pläne der sechziger Jahre sich außer mit einem epischen Roman auch mit einer theoretischen Abhandlung über Deklamation befaßten, spricht ebenfalls für wissenschaftliche Interessen.

Sein umfangreicher Briefwechsel mit geistig Gleichstrebenden – der mit Wieland versandete nach dessen Weggang von Biberach – ließ ihn die Enge in Geislingen als desto bedrückender empfinden. Im März 1767 bewarb er sich in Ulm um eine Stelle am dortigen Gymnasium. Bei der Vorstellungsprüfung fiel er durch, verzweifelt besoff er sich, krakeelte im Wirtshaus und beschimpfte die Ulmer Honoratioren; fortan stand er unter noch mißtrauischerer Aufsicht.

Auch aus anderen Plänen, sich zu verändern, wurde nichts. Die geistliche Obrigkeit hatte er längst schon gegen sich aufge-

Der Messias.

LABORVM DVLCE LENIMEN

Erster Band.

Zweyte, verbesserte Auflage.

Mit Königl. Pohln. und Churf. Sächs. Königl. Preußischen
und Churf. Brandenburgischen allergnädigsten Privilegien.

Halle, im Magdeburgischen.
Verlegt von Carl Herrmann Hemmerde,
1 7 6 0.

Titelblatt »Der Messias« von Klopstock

bracht. Durch seine lose Zunge mehr als durch Schriften. Im Wirtshaus »Zur Sonne« forderte man ihn in einer Runde von Geistlichen und Offizieren einmal auf, aus dem Stegreif etwas über das Predigt-Thema vom Hauptmann von Kapernaum zu dichten. Schubart legte los:

> Du Hauptmann von Kapernaum,
> Schlag diese Pfaffen lahm und krumm.
> Und schlägst du ihnen d' Rippen ein,
> So sollst du Oberstleutnant sein.

Nur ein derber Stammtischspaß, aber er sprach sich herum und machte böses Blut.

Der Musiker Schubart stieß da viel weniger an. Er kam in Geislingen überhaupt nicht zum Komponieren, auch im Orgelspiel hatte er sich aufs Einfachste zu beschränken, doch gab es genug zu tun. Neben dem Musikunterricht in der Schule leitete er den städtischen Chor, der vorwiegend aus älteren Leuten bestand und mit seinem zurückgebliebenen Geschmack nicht für Anspruchsvolleres zu interessieren war.

Der Musiker Schubart selber begeisterte jedermann, am meisten wohl Kumpane im Wirtshaus. Er spielte außer Orgel und Klavier ja auch noch Geige, Cello und Waldhorn, und seine Kunststückchen, wenn er etwa mit dem Rücken zum Klavier effektvoll in die Tasten griff, machten ihn zum willkommenen Unterhalter.

Recht unterhaltsam muß es auch gelegentlich in seiner Schule zugegangen sein. So grimmig er sich in seinen Briefen über die Fron des Lehrerberufes ausließ, er machte sie wenigstens dort erträglicher, wo er mit der Sprache zugleich Laune und Phantasie einbringen konnte: nämlich in den Diktaten, die für Religion und Deutschunterricht Pflichtstoff waren. Einem einstigen Schüler ist es zu verdanken, daß solche Diktathefte erhalten blieben; sie wurden später von einem Heimatforscher zu einer stattlichen Sammlung erweitert. Diese Diktate werfen ein erhellenderes Licht auf Schubarts Art als die meisten Gedichte jener Zeit. Was für ein origineller, dichterischer Pädagog! Da wurden keine ledernen, langweiligen Sätze eingetrichtert. Alles, Poesie und Prosa, erfand der Praeceptor aus dem Handgelenk selber. Die geistlichen Strophen zu den jeweiligen Sonntagen des Kirchenjahres sind dabei konventioneller als seine diktierten Deutschaufsätze.

Daß er seine »Tartaren« zu den allgemeinen christlichen Tugenden anhielt, war selbstverständlich; nicht aber, wie er es tat. Er bediente sich oft des ungewöhnlichen Mittels der Ironie, um gute Lehren lustig zu verpacken. Ein Bewerbungsschreiben ließ er so formulieren:

»Hochgeehrter Herr!

Aus Ihrem letzten Schreiben habe ich mit Vergnügen ersehen, daß Sie einen jungen Menschen die Kaufmannschaft lehren wollen, wenn er mit allen dazu nötigen Eigenschaften begabt ist. Da ich nun ohne Ruhm zu melden, in allen diesen Stücken vollkommen beschlagen bin, so nehme ich mir die Freiheit Ihnen meine Dienste gehorsamst anzubieten. Im Lesen und Schreiben bin ich zwar nicht zum besten bewandert und das Christentum und Rechnen zu erlernen habe ich mir keine Zeit nehmen können, aber in anderen Stücken bin ich desto besser. Ich habe starken Appetit zum Essen und Trinken und getrau mir mit einem frisierten Kopf, einem bortierten Kleid und großen Manschetten über die Straße zu gehen. Zum Laufen bin ich auch nicht recht aufgelegt, weil meine Füße die Figur eines lateinischen A haben . . . «

Einem anderen Lehrling ließ er vom Vetter Hans Dreckskittel – solche sprechende Namen, Christoph Faulholz, Friederich Witzkopf, Jörg Quecksilber etwa, erfand er dutzendfach – gute Ratschläge erteilen:

»Am Morgen mußt Du Dich allemal dreimal wecken lassen, und wenn man Dich mit Gewalt zwingen will, so lade die Leute auf die Kirchweihe. Wenn Du aufgestanden bist, so mußt Du vorher ein paarmal gähnen, daß man Dir in den Magen hinuntersehen kann, und alsdann muß Deine Frage sein: Heh, Meister, geit's nix z'fressa? . . . Wenn Dir der Unrat drei Finger dick im Gesicht steht und die Augenbrauen wie Sauborsten hervorstarren, dann hast Du erst ein männliches und ansehnliches Aussehen. Wenn Du Deinem Meister ein Bier holst, so tue vorher einen rechten Kuhzug davon und laß alsdann Wasser hineinlaufen, damit man es nicht sieht, daß Du gesoffen hast.«

Noch drastischer gab sich bissige Selbstironie in einer erfundenen Fabel:

»In Africa ist ein Tier mit Namen Plimpplamp, von ganz wunderbarer Art. Es hat keine Galle, keinen Magen und doch einen vortrefflichen Tier-Verstand. Es arbeitet von Morgen bis zum Abend und reiniget den Wald von allem Kote, den die jungen Bestien schmeissen . . . Es ist so geduldig, daß es sich ganz gelassen von allen wilden Tieren ins Gesicht pissen läßt . . . Dieses Tier hat in seinem ganzen Leben nur einen einzigen glücklichen Tag, nämlich den Tag – wann es verreckt. Was muß das doch für ein Tier sein? Hm! Was sonst als ein verwandelter Schulmeister . . .«

Ein unglaublich unkonventioneller Schulmeister; nahm er nicht antiautoritäre Methoden vorweg, wenn er seine Autorität so in Frage stellte, gar dem Spott auslieferte? Er lehrte die Schönheiten der heimatlichen Landschaft erkennen, verteidigte das dürftige Leben auf dem Land gegenüber den Verlockungen der großen Stadt, machte den Krieg lächerlich:

> Schiesen möcht ich hören,
> wann die Kugeln noch
> Leberknödeln wären:
> gäb es doch kein Loch.
> Säbel sind ein Grauen,
> Spiese sind ein Wust.
> Mit Bratwürsten hauen
> das ist meine Lust.

Faulheit und Dummheit prangerte er in vielerlei Varianten an. In einem fiktiven Brief ließ er den Vater eines seiner Schüler schreiben:

»Lieber Herr Schulmeister!
Ich glaube, Ihr seid ein Narr. Ihr wollt gewiß meinen Buben so lang in der Schule behalten, bis er einen Bart kriegt wie ein Kutscher. Was braucht mein Jörg solch närrisch Zeug da, solch Firlefanz zu lernen? Mein Sohn soll einmal ein Weber werden und damit Gott befohlen . . . Daß Ihr's wißt, Herr Schulmeister! Keinen Häspel laß ich aus meinem Buben nicht ziehen, ob er die Mortographie versteht oder nicht . . .«

In seinem Erwiderungsdiktat griff der gerügte Lehrer zum ganz unironisch dicken Knüppel:

»Obiger Brief ist so dumm und brutal geschrieben, daß er kaum Antwort verdient . . . Ihr möget Schuster, Schneider, Seiler, Weber, Bäcken, Kupferschmied oder Drechsler werden, so wird es Euch allezeit wohl anstehen, wenn Ihr klug seid und nicht so dumm in den Tag hinein räsonniert wie Meister Fikker, Michel Schwermaul und Jakel Schurzfell . . .«

Dummheit war dem Lehrer, der so witzig für heitere Einsichten sorgen konnte, eben ein Hauptgreuel. »Wegen Stupidität und Bosheit«, so berichtet der Sohn Ludwig, verprügelte er einmal einen Schüler so fürchterlich, daß der wochenlang das Bett hüten mußte. Es ist aber nicht bekannt, daß Schubart deswegen Scherereien mit dem Vater bekommen hätte: Prügel sah man damals als ganz normales Erziehungsmittel an. Jähzornig war und blieb Schubart allezeit. Und wenn ihm der Jammer ob der stinkenden Schulstube und der ungebärdigen Rüpel bis zum Halse stand, so konnte es auch vorkommen, daß er einfach davonlief und sich tagelang in den Wäldern herumtrieb. Natürlich wurde er dann vor die Obrigkeit zitiert. Aber die blieb ihm am Ende doch gewogen. Man wußte zu schätzen, was man an dem merkwürdigen Schulmeister und Poet dazu hatte.

Ein Schuldiktat, vom 10. November 1768, hebt sich aus den vielen durch seine literaturhistorische Bedeutung hervor. Denn in diesem fingierten, mit »Dero ergebenster Diener Jakob Feder-fuchs« gezeichneten Brief erzählt Schubart zum erstenmal die Geschichte von den ungleichen Brüdern, die er später zu einer größeren Erzählung ausbaute, und die in Schillers erstem Genie-werk, dem Drama »Die Räuber«, als abgewandelte Story wie-derkehrt. In dem Diktat heißt der edle, aristokratische Vater Herr von Buttwitz, als »vornehmer und ungemein reicher« ans-bachischer Beamter bei Crailsheim lebend, die Brüder Wilhelm (ein »teufliches Herze«) und Louis. In dessen Charakterporträt erkennt man unschwer eigene Schubart-Züge wieder: »Er hatte ein feuriges Temperament, war leichtsinnig, verschwenderisch, und stak voll boshafter Streiche.« Er war schön, hatte »einen guten Kopf und ein zärtliches Herz ... studierte wenig, liebte starke Gesellschaften, legte sich aufs Reiten, Fechten, Tanzen, spielte, trank, und hatte alle Tage Musik.« Er kam bis zum Bauernknecht herunter, rettete aber den Vater vor einem Mord-anschlag, den der böse Bruder inszeniert hatte. Der Vater drückte den verlorenen Sohn ans Herz und der gutmütige Louis erwirkte sogar, daß der schurkische Bruder statt mit dem ver-dienten Tod nur mit einem »erträglichen« Zuchthaus bestraft wurde.

Die Wende zum Jahr 1769 erlebte Schubart in tiefer Depres-sion. Ein Traum in der Neujahrsnacht erschreckte ihn: Er ver-sengte sich, als er Feuer in der Sakristei löschen wollte, floh in eine Wüste hinaus, wurde bei Nacht und Blitz »von Scheusalen umtanzt, umheult, umzischt«, er watete durch Asche auf einen Berg zu einem Turm, wo ihn ein Heer von Männern in schwar-zen Kutten mit Krallen zwickte; aus allem Grauen erlöste ihn ein kleiner freundlicher Mann, der die Dämonen vertrieb und ihn auf eine ruhevolle Wiese führte. Dieser Traum beschäftigte Schubart noch jahrelang. Die Seele des engagierten Aufklärers steckte voller dunkler Winkel, wo Ahnung und Angst nistete.

Der namhafte Stuttgarter Psychotherapeut Dr. habil. Herbert Lehmann schreibt, auf Anregung des Autors dieses Buches, fol-gendes dazu: »Hinsichtlich des Traums läßt sich eine exakte Analyse kaum durchführen, da man hierzu stets die jeweilige Lebenssituation des Träumers kennen und seine Einfälle zum Traumgeschehen wissen muß. Mit Sicherheit kann man aus dem schrecklichen Angsttraum jedoch diagnostizieren, daß sich Schubart (wie so oft in seinem Leben) in einer schweren Lebenskrise befand. Seine Seele sagt ihm im Traum – vielleicht sogar gegen reale Überlegungen, daß nur noch eine Flucht in Frage kommt, mag sie auch noch so gefährlich werden. Der Träumer wird von Scheusalen umtanzt (wie großartig hat Grünewald eine solche Traumszene auf dem Isenheimer Altar dargestellt!) – die peinigenden Männer in den schwarzen Kutten deuten auf religiöse Skrupel und auf Kämpfe mit der kirchlichen Obrigkeit hin; denselben Aspekt hat das versengende Feuer in der Sakristei. Der Ausklang des Traums – und dies erscheint mir wichtig – ist allerdings positiv: der Träumer ist noch seelisch vital genug, trotz großer Verzweiflung nicht ins Chaos der Psychose zu verfallen, sondern nach grausamen Verfolgungen »auf einer Wiese Ruhe zu finden«. Wie so viele Träume in Krisensituationen, hat auch dieser wegweisenden Charakter.

Schubart selber deutete später den Traum als Warnung Gottes, das Schul- und Predigeramt nicht aufzugeben, den Berg mit Asche sah er als einen schicksalhaften Asch-Berg (den Hohenasperg) an, in dem rettenden freundlichen Mann wollte er den Pfarrer Hahn erkennen, der ihn im Kerker durch seine Bekehrung »rettete«. Das ist natürlich aus der späteren Büßerperspektive gesehen, die in dem Satz gipfelte: »Was ist der Ruhm des ersten Tonkünstlers gegen den Segen, den ein guter Prediger, ein Volkslehrer zu stiften vermag!« Wie er damals sein Schulmeisterdasein wirklich empfand, verrät der Brief, den er wenige Tage nach dem Traum, am 4. Januar 1769, dem Freund Böckh schrieb:

»Die unglückliche Geburt meiner Frau und das beschwerliche Herumsingen, diese niedrige Bettelei, hat meinen Geist und Körper so mitgenommen, daß ich mit Schauder und Entsetzen in die Zukunft hinaussehe. Ich stehe auf einer schrecklichen Höhe und schaue in ein unendlich tiefes Grab hinunter. Was für Begebenheiten, für Hoffnungen, für Schicksale, für Kümmernisse und Thränen warten auf mich . . . Ich sehe zurück auf die

Wege, die ich bis ins 30. Lebensjahr geführt worden und ich bemerke nicht Eine glückliche Lenkung, nicht Ein vorteilhaftes Ereignis, sondern nichts als Irrgänge, in die mich mein Verhängnis verstrickte . . . «

Auch wenn in den Fatalismus dieses Neujahrsbriefes die Erkenntnis des eigenen unwandelbaren Charakters einbezogen ist, der Katzenjammer erscheint doch wesentlich milieubedingt. Nur weg aus der Geislinger Fron! Ein neuerliches Gesuch an den Ellwanger Fürstprobst, der als Bischof nach Regensburg ging, brachte wieder nichts. Um so mehr eine Reise mit seinem Schwager Böckh, von Esslingen aus nach Ludwigsburg. Er wohnte im Februar 1769 einer Aufführung von Jomellis Oper »Fetonte« im Hoftheater bei – und war völlig überwältigt. Welcher Belcanto, welcher szenische Prunk! 340 Soldaten, darunter 86 hoch zu Roß, und 95 weitere kostümierte Statisten bevölkerten die in elegantestem Rokoko ausgestattete Bühne. Der Schulmeister aus der Provinz staunte nur so. »Man stelle sich einen so feuerfangenden Menschen vor, als ich war, dessen Haupthang die schönen Künste, sonderlich die Tonkunst gewesen, und der noch nie ein treffliches Orchester gehört, noch nie eine Oper gesehen hatte, diesen Menschen stelle man sich vor – wie er schwimmt in tausendfachen Wonnen, indem er hier den Triumph der Dichtkunst, Malerei, Tonkunst und Mimik vor sich sah . . . und nun gute Nacht Geislingen mit deiner Einfalt, deinen Bergen, deiner Armut, deiner Geschmacklosigkeit, deinem Kirchhof und deinem Schulkerker!« Köstlich, wie in diesem Bericht aus seinen Memoiren, der eigentlich die Verfehltheit des Wechsels nach Ludwigsburg anprangern will, die Freude darüber, die psychologische Wahrheit durchbricht.

In Ludwigsburg besuchte er den alten Bekannten Haug, der dort als Hauslehrer des Herzogs Einfluß hatte, und flehte ihn um Protektion an. Schon vier Wochen später ergab sich eine Gelegenheit. Der alte Musikdirektor Enslin ließ sich pensionieren, sofort bewarb sich Schubart. Er wurde, außer von Haug, auch von dem Oberamtmann Kerner (dem Vater des Dichters Justinus Kerner) unterstützt, der Gegenkandidat, der Oberpräceptor Jahn (Schillers Lehrer) hingegen von der höchsten geistlichen

Autorität am Ort, dem sogenannten Spezial (= Dekan) Zilling: womit schon der Grund für das folgenschwere Zerwürfnis mit diesem gelegt war. Die Behörde ließ zwar in Geislingen und Ulm nachfragen, was es denn mit Gerüchten über die Trunksucht des Kandidaten auf sich habe, erhielt aber gute Auskünfte. Der Ulmer Magistrat stellte das Zeugnis aus, der bisherige Praeceptor und Director Musices habe der Schule mit vielem Nutzen vorgestanden, die Kirchen-Music nach Wunsch versehen, »die Canzeln zum öfftern mit Applausu betretten«, und auch an seinem Lebenswandel sei nichts sonderliches auszusetzen. Also sagte der württembergische Herzog schließlich Ja und berief Schubart am 1. September 1769 zum Organisten und Musikdirektor an der Hauptkirche zu Ludwigsburg.

Schubarts Freude wurde mitnichten von seinen Nächsten geteilt. Frau und Schwiegervater bedrängten ihn heftig, sich ja nicht in das Abenteuer einer so ungesicherten Existenz zu stürzen, auch Böckh riet ab. Der Oberzoller Bühler ging wieder einmal so weit, ihn bei den Ludwigsburger Vorgesetzten brieflich anzuschwärzen. Es kam zu einem ehelichen Krach mit Ohrfeigen und tränenreicher Versöhnung: »O Mann, ich bitte dich, werd' ein Christ« – was offenbar für einen Musicus im Sündenbabel Ludwigsburg erschwert war. Durch ein Spalier seiner Schüler, »von vielen beschenkt und allen gesegnet«, fuhr Schubart im September mit der Postkutsche nach Ludwigsburg, drei Wochen später holte er die Familie nach und söhnte sich auch mit seinem »redlichen Schwiegervater« aus – daß er den Mann, der ihn eben noch denunziert hatte, so nennen konnte, beleuchtet gleicherweise Schubarts Gutmütigkeit wie die moralisierende Färbung seiner Memoiren.

Fast genau sechs Jahre hatte Schubart in Geislingen zugebracht. Sechs Jahre bester junger Manneskraft, er war gerade dreißig. Auch wenn man die Zeit, die er so oft als unerträglich beklagte, nicht vertan nennen kann, schließlich brachte sie erste dichterische Früchte –, der Gedanke drängt sich auf, um wieviel reicher sich sein Talent wohl entfaltet hätte, wenn er früher aus der niederdrückenden Enge, aus der geistigen Isolation, die nur sporadischer Briefwechsel milderte, in größere Verhältnisse, in persönlichen Verkehr mit bedeutenden Persönlichkeiten geführt worden wäre.

Für den Poeten Schubart bleiben von der ganzen Geislinger Schulmeisterzeit vielleicht die vielen Stunden am fruchtbarsten, die er in den Wirtshäusern verbrachte. Da lernte er dem Volk aufs Maul schauen: kleinen Leuten, Handwerkern, Bauern, und er lernte eine Sprache dichterisch handhaben, die er bei dem hochverehrten Klopstock gewiß nicht studieren konnte. Viele der volkstümlichen Gedichte, die so anspruchslos wie echt sind, entstanden schon in Geislingen, wenn sie auch erst später herausgegeben wurden (die meisten sind verschollen). Einige wurden populär wie Volkslieder. So etwa »Das Schwabenmädchen«:

> Ich Mädchen bin aus Schwaben,
> Und braun ist mein Gesicht;
> Der Sachsenmädchen Gaben
> Besitz' ich freilich nicht.

Daß die witzig sind und Bücher lesen können, bedeutete aber in kleinbürgerlichen Schwabenaugen keinerlei Vorzug:

> Das Tändeln, Schreiben, Lesen
> Macht Mädchen widerlich;
> Der Mann, für mich erlesen,
> Der liest einmal für mich.

Weniger bildungsproblematisch gibt sich ein fröhliches Liebesliederpaar von Michel und Lise. Sie an ihn:

> Mein trauter Michel ist so gut,
>   So gut wie er gibt's keinen;
> Wenn ihn mein Auge sehen thut,
>   So möcht's vor Freuden weinen.

> Kein Apfel ist so roth und rund
>   Wie sein Gesicht und Wangen;
> Wie Rosenblätter ist sein Mund,
>   Dran Honigtropfen hangen.

Er an sie:

Wer ist wohl auf der ganzen Welt
  Vergnügter als ein Bauer?
Sein Haus, und Hof, und Ackerfeld
Macht's Leben ihm nicht sauer,
Hat er ein Weibchen noch dazu:
O Bauer, wie vergnügt bist du!

Ich hab ein Mädel – Dudeldum!
  O Gott, so zuckersüße.
Im Dorf, und Stadt, und weit herum
  Gibt's nichts wie meine Lise.
So jung und schön, so roth und braun,
Und immer von so guter Laun'.

Das ist gewiß keine große Lyrik, aber doch für die Zeit vor 1770
ein neuer, frischer Ton. Weit entfernt von der gezierten Künste-
lei der Rokoko-Anakreontiker, nicht ganz so weit von der
genialen Unmittelbarkeit des jungen Goethe, etwa des »Mailie-
des«. Der neue Ton lag in der Luft – aber Schubart erspürte ihn
eben um ein paar Jahre früher als Goethe (womit der Rangunter-
schied um keinen Zentimeter verringert werden soll). Für die
nächste Wegstrecke war freilich weniger der Dichter als der
Musiker Schubart gefragt. In Ludwigsburg hatte die Musik die
Poesie zu ernähren. Es war ein kühner Sprung aus der gesicher-
ten Armut in eine erhoffte, materiell ungewisse Freiheit – die
sich als verhängnisvoll gefährlich erweisen sollte.

EIN PROVINZMUSIKER IN
DER RESIDENZ

Welcher Wechsel! Von der gebirgigen Rauhen Alb in die reiche
Ebene, vom engen, fast noch mittelalterlichen Städtchen in eine
glänzende, moderne Fürstenresidenz: nur ein paar Dutzend
Kilometer für die Postkutsche, aber unermeßliche Distanzen im
sozialen Gefüge, im Lebensgefühl. Ludwigsburg war damals
tatsächlich eine höchst moderne Stadt. Vor zwei Menschenaltern
existierte sie noch gar nicht. Der württembergische Herzog
Eberhard Ludwig erhob erst im Jahre 1718 eine kleine Jagdsied-
lung zur Stadt; einer Stadt, die eigentlich nur das wirtschaftliche
Umfeld zu einem landesherrlichen Schloß sein konnte.

Nirgends trieb die Gigantomanie der Versailles nachäffenden
deutschen Despoten so skurrile Blüten wie in diesem Flachland
zwanzig Kilometer vor Stuttgart. Als Schubart seinen ärmlichen
Einzug in Ludwigsburg hielt, stand noch nicht die südliche Fassade des Riesenschlosses, die tatsächlich an Versailles erinnert.
Aber schon damals war die Schloßanlage ganz und gar die großartige Dominante, die Stadt Ludwigsburg ein bloßes Anhängsel.
Jenseits einer Abstand gebietenden schnurgeraden Straße – heute
eine vierspurige Autobahn – hausten in schachbrettartig ange-
legten Gevierten von zwei- bis dreistöckigen uniformen Man-
sardenhäusern die Untertanen. Fast alle mit dem Hof verbunden, vom Hof lebend, ob als adelige Schmarotzer, die sich kleine
Palais leisten konnten, ob als Handwerker und Handelslieferan-
ten.

Diese moderne Stadt Ludwigsburg mit ihrer geplanten Recht-
winkeligkeit und Kontrollierbarkeit drückte in ihrer Architektur

die hierarchischen Verhältnisse perfekt aus. Hier der absolute Monarch von Gottes Gnaden, klar abgesetzt, sichtbar erhöht. Dort die Masse der Untertanen, untereinander viel weniger unterschieden.

Eine wirkliche Masse war es nicht. Als sich Herzog Karl Eugen im Jahre 1764 entschloß, Ludwigsburg von der sommerlichen Residenz zur ständigen, also zur Hauptstadt des Landes Württemberg zu erheben, wohnten dort nicht ganz 5000 Menschen; im Laufe weniger Jahre zog der Hof noch einmal so viele an. Immer mehr Kasernen baute der Monarch, dessen – äußerst unglückliche – Liebe die Soldatenspielerei war. Leopold Mozart, der 1763 Ludwigsburg besuchte und vergeblich für sein Wunderkind warb, übertrieb bei weitem, wenn er höhnisch von 12000 bis 15000 Soldaten berichtete, »zum Ernst zu wenig und zum Spaß zu kostbar, folglich zu viel«; mit der Konklusion hatte er recht. So viele Soldaten brachte der Herzog, der im Siebenjährigen Krieg Subsidien vom französischen König Ludwig XV. für die Truppenlieferung bezog, nicht annähernd auf. Aber im Grunde war jeder einzelne der gewalttätig in Uniform gesteckten, irgendwo an der Elbe in den Tod geschickten schwäbischen Bauernsöhne ein »zu vieler«, ein völlig überflüssiger Soldat.

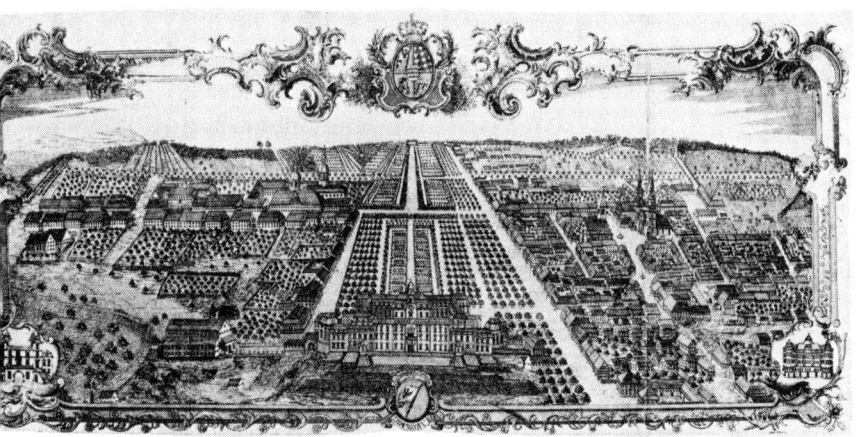

Die Residenz Ludwigsburg 1770

Doch auf die französische Unterstützung konnte der in Ludwigsburg residierende Herzog nicht verzichten. Wo sollte er die Gelder für seine üppige Hofhaltung hernehmen? Die Stände des Landes Württemberg, die ein historisch verbrieftes Budget-Recht hüteten, erwiesen sich als ebenso störrisch wie der Magistrat von Stuttgart – wenigstens diesen konnte Karl Eugen bestrafen, indem er seine Residenz nach Ludwigsburg verlegte und die bisherige Hauptstadt ihrer lukrativen Hoflieferanten-Einkünfte beraubte. Immer luxuriöser, immer kostspieliger wurde die neue Residenz Ludwigsburg. Der Bau des Schlosses mußte weitergeführt werden, er verschlang auch bei den damaligen Hungerlöhnen für Arbeiter Unsummen. Dazu kamen diverse noble Passionen des Monarchen.

Er herrschte nur über ein kleines Ländchen von rund 600 000 Untertanen, überwiegend steuerschwache Bauern. Die Ambitionen seiner Ludwigsburger Hofhaltung zielten indessen ein deutsches Versailles an. Korruption, Ämterschacher – diese Laster erbte Karl Eugen schon von seinem Vater Karl Alexander, der viel brutaler war als sein berüchtigter Hofjude Süß –, Mätressenwirtschaft, Ausbeutung der Schwächsten, der Bauern, verschwenderisch prunkvolle Festivitäten, Opern- und Ballettspektakel, deren Akteure mit Gold aufgewogen wurden: in allem schielte Karl Eugen nach Versailles. Dessen Mätressenglanz blieb ihm unerreichbar, so erotisch fleißig er auch war. Hingegen übertraf er den gewissenlosen Louis XV. in der Gewissenlosigkeit, mit der er Landeskinder als verkleidete Soldaten verschacherte. Und auch, um kulturhistorisch Positives nicht zu unterschlagen, in seiner Eigenschaft als Theatermäzen. Eigentlich eine Rolle, die ihm gar nicht lag. So kunstsinnig war Karl Eugen von Haus aus keinesfalls; bei seiner späteren moralisierenden Alterswende fiel ihm ja auch der Verzicht aufs kostspielige Theater leicht. Aber wer im jungen Ehrgeiz die deutschen Duodez-Fürsten übertrumpfen wollte, dem mußte einfach schmeicheln, daß er mit den Hunderttausenden Gulden, die er seinen Untertanen abgepreßt und ausländischen Künstlern in die Taschen gesteckt hatte, tatsächlich Ludwigsburg zu einem Klein-Versailles der Theaterkultur machte.

Zu Schubarts Zeiten galten Oper und Ballett der Residenz mit als die glänzendsten in ganz Europa. Innerhalb von drei Monaten wurde 1764 ein riesiges Opernhaus in der Nähe des Schlosses aus dem Boden gestampft, das damals größte in Deutschland. Es war ganz aus Holz, bot aber mit seinen vier Logenrängen, der ungewöhnlich geräumigen Bühne – bei der schon erwähnten »Fetonte«-Aufführung wirkten Hunderte Soldaten und kostümierte Mohren mit! –, den fünf Kronleuchtern mit zahllosen Kerzen und dem reichen Dekor einen imposanten Eindruck. Über 2000 Zuschauer sollen in dem Theater Platz gehabt haben. Das groteske Mißverhältnis zu einem Städtchen von etwa 10 000 Einwohnern springt ins Auge. Doch kamen die Bürger allenfalls als Staffage in Frage. Von dem auf 1800 Mitesser angeschwollenen Hofstaat hatten zumindest die Standespersonen die Pflicht, die in der Saison zweimal wöchentlich stattfindenden Aufführungen zu besuchen, und überdies interessierte es den Herzog wohl auch weniger, wieviel Pöbel sein Opernhaus bevölkerte. Die Hauptsache war die glanzvolle Repräsentation des Baues selbst.

Auch mit dem, was darin geboten wurde, konnte der Monarch Staat machen. Aus Stuttgart hatte er seinen Hofkapellmeister Niccolò Jomelli mitgebracht (bald folgten Antonio Sacchetti und Boroni); Jomelli (oder Jommelli) zählte zu den berühmtesten neapolitanischen Opernkomponisten. Das 30-Mann-Orchester, in dem Virtuosen wie Lolli und Nardini spielten, wurde aufgestockt, unter den Sängern wetteiferten die italienischen Primadonnen Cesari, Bonafini und zeitweise die Cuzzoni, die früher Händels Star in London gewesen war, mit Belcantisten wie Crassi und Rubinelli und mit dem berühmten Kastraten Aprili. Natürlich wurde nur italienisch gesungen, im kleineren Theater innerhalb des Schlosses französische Tragödie und Komödie gespielt.*

Noch heller strahlte der Ruhm, den Jean-Georges Noverres Ludwigsburger Ballett mit seinen 14 Solisten und 40 Corpstän-

---

* Dieses hölzerne Theater, später klassizistisch umgebaut, wird heute wieder von den Ludwigsburger Festspielen bespielt. Das Opernhaus verwaiste, als der Hof nach Stuttgart zurückkehrte, und wurde 1801 abgerissen.

zern über ganz Theatereuropa aussandte. Karl Eugen hatte den großen Reformator des Bühnentanzes schon nach Stuttgart engagiert; sein Ballerino Baldassare Vestris brachte aus Paris den Ruf eines »Dieu de la danse« mit, der Bühnenbildner Innocenzo Colomba stattete so effektvoll aus, daß man selbst in der französischen Residenz seine Dekorationen imitierte. Versailles also einmal als Nachahmer von Ludwigsburg! Nichts konnte dem Duodez-Sonnenkönig mehr schmeicheln. Er ließ sich sein Theaterspielzeug viel Geld kosten. Jomelli bezog 6000 Gulden im Jahr (was ihn dennoch nicht hinderte, nach sechs Jahren Ludwigsburg zu verlassen), Vestris 12 000, Noverre 4000, der Höfling Joseph Uriot, der sich als Intrigant und Bibliotheksleiter Einfluß verschafft hatte, ebenso viel, dazu bekamen alle noch reichliche Deputate. Jedes Jahr verschlangen das italienische und das französische Theater 200 000 Gulden. Eine horrende Ausgabe, wenn man sich vor Augen hält, daß der ganze Staatshaushalt nicht viel mehr als eine Million betrug! Aber das Theater kostete noch relativ wenig gegenüber den Unsummen, die Karl Eugen bei seinen Festivitäten innerhalb von Tagen verpulverte.

Für die »Walpurgisnächte« und die »venezianischen Messen«, die er im Karneval veranstaltete, ließ er Dirnen aus Venedig kommen, die Erdgeschosse der Bürgersleute auf dem Marktplatz räumen und dort Spielstuben einrichten, in der Mitte des Platzes Budiken aufstellen. Das Volk durfte das sicher nicht zimperliche Maskentreiben der Höflinge begaffen. Besonders prunkvoll wurden die Geburtstage des Herzogs gefeiert. Volle vierzehn Tage lang im Jahr 1763: mit einem im Schloßhof eigens aufgebauten »Palast der Pracht«, mit einem Schäferspiel, das allein 100 000 Gulden kostete, mit Illuminationen von einer Million Lampen und Kerzen und einem Galafeuerwerk von 14 000 Raketen. Hetzjagden in den herzoglichen Forsten in Degerloch und beim neuen Solitude-Schloß gehörten dazu; da wurden über 5000 Stück Wild vor die Rohre der Jäger getrieben. Daß die nur zum Massengemetzel gehegten Wildsäue, Rehe und Hirsche die Felder der Bauern verwüsteten, störte die aristokratischen Jäger nicht im mindesten. »Jede Art von Selbsthilfe ward mit Festungs- und Zuchthausstrafe gebüßt«, berichtet ein sehr gemäßigter, im Grunde der Obrigkeit ergebener Zeitgenosse, der Prälat Johann Gottfried Pahl.

Der Hof des Herzogs von Württemberg stand eben weder an Prunk noch an Rücksichtslosigkeit irgendeinem der Duodez-Potentaten nach. 191 Hofbeamte brauchte Karl Eugen zur Verwaltung des Ludwigsburger Luxus; König Friedrich II., der in Sanssouci einen siebenmal so volkreichen Staat zu regieren hatte, kam mit 60 aus. Mätressenwirtschaft gab es im friderianischen Männerstaat nicht; desto üppiger blühte sie in Ludwigsburg. Zeitweise führte das Privatregister fünf herzogliche Mätressen zugleich. Bei seinen Reisen nach Venedig hatte der Monarch gelernt, daß man für Geld, allerdings: für viel Geld, schöne Frauen nach Belieben haben konnte, und außerdem steigerten sie nur das herrscherliche Prestige – hatten die beiden Ludwige in Versailles das nicht imposant vorgelebt? Casanova, der damals in Württemberg Station machte, nennt eine Venezianerin namens Gardella als Hauptfavoritin des Herzogs. Die letzte soll die Sängerin Bonafini gewesen sein, oder genauer, die vorletzte. Denn der Franziska von Leutrum, die er ihrem Gatten ausspannte, blieb Karl Eugen ja dann ziemlich treu, sofern er in seinen kräftigsten Mannesjahren dazu willens und fähig war.

Solches Ausspannen nahm der Gottesgnadenmonarch als durchaus natürliches Herrscherrecht in Anspruch. Es war nur eine Frage des Preises. Mädchen aus dem Volk wurden, wenn die allerhöchste Zuneigung Folgen hatte und sie einen Knaben gebaren, ein für allemal mit lumpigen 50 Gulden abgefunden; wenn die herzogliche Gnadensonne besonders warm leuchtete, so kamen die Bastarde in der bunten Schar von Offizieren, betreßten Lakaien, Köchen, Läufern und Gärtnern unter, die durch Hofzwerge, Heiducken und Mohren pittoresk angereichert wurde. Bei Damen von Stand konnte die Amour teuer werden. So ließ sich der General von Wimpfen, der als gebildeter Mann Schubart wohlgewogen war, 22 000 Gulden dafür bezahlen, daß seine Schwester, Frau von Königseck, dem Herzog als Konkubine diente. Bei den niederen »Töchtern des Landes« kam der herzogliche Beischlaf nicht nur viel billiger, die Mädchen konnten sich auch gar nicht wehren. Der schon zitierte brave Untertan Pahl berichtet als christlicher Moralist: »Die ausschweifende, jeder Rücksicht... sich entschlagende Lust des Fürsten... ward oft schonungslos und gewaltsam... befriedigt.« Der liebestolle Monarch »eröttete auch nicht, laut zu erklären, daß er die Sprödigkeit des Opfers an dessen Familie rächen werde«. Also Drohung mit Sippenhaft – welches Mädchen konnte da widerstehen? Libertinage grenzte hier schon nicht mehr. bloß an Verbrechertum. Kein Wunder, daß dieses äußerlich so glänzende Ludwigsburg im Volksmund »Lumpenburg« hieß.

Der dort thronte, durch die Allmacht des Despoten über jedweden politischen Widerstand, durch seine aufrichtige Überzeugung vom Gottesgnadentum über alle bürgerliche Moral erhaben, war ein Mann von hoher Intelligenz und äußerst zwiespältigem Charakter. Aus der Durchschnittlichkeit seiner Ahnen und Vorgänger, die sich allenfalls durch einen Eifersuchtsmord (wie der Herzog Ulrich) oder durch Verschwendungssucht (wie der Ludwigsburg-Gründer Eberhard Ludwig mit seiner gewissenlosen Mätresse Grävenitz) auszeichneten, ragte er gewiß hervor. Wenn sich einer später »läutert«, und wenn er dann auch noch so sinnfällige Bauzeugen seiner Aktivität hinterläßt, wie das Neue Schloß in Stuttgart und die herrliche Westfassade in Ludwigsburg, mehrere weitere architektonische Juwele, mit dem Solitude-Jagdschloß als köstlichstem, dazu das Hohenheimer Schloß mit seiner bis heute weiterwirkenden landwirtschaftlichen Pionierschaft –, wenn einer über zweihundert Jahre hinweg immer noch sichtbar präsent ist, so ist er eben keine gleichgültige, blasse Figur der Landesgeschichte.

Aus der Sicht unseres Buchthemas erscheint Karl Eugen ausgesprochen abstoßend: als Schubarts oberster Kerkermeister, als launischer, hartherziger Potentat. Die Biographen Karl Eugens hatten selbstverständlich noch andere Taten (und auch Untaten) des Monarchen zu berücksichtigen. Sie taten sich dabei immer schon schwer; die in monarchischer Zeit schreibenden ohnehin, aber auch die neueren. Daß Karl Eugen zuzeiten ein ausgesprochener Verbrecher war, ist nicht wegzumogeln und damit zu relativieren, daß es andere deutsche Fürsten damals mit willkürlicher Einkerkerung, mit Gesetzesverachtung, mit Bauernschinderei, mit Soldatenschacher auch nicht viel besser trieben. Die historischen Tatsachen sprechen allzu deutlich – überdurchschnittlich fürchterlich.

Daß Karl Eugen, als ihm einmal, bei einem Luxusaufenthalt in Venedig das Geld ausging, in Stuttgart einfach die landständische Kasse erbrechen und 30000 Gulden mitgehen ließ, daß er also auf den Status eines Einbrechers sank, war noch ein Bagatelldelikt gegen die wiederholten Verbrechen der Freiheitsberaubung, die er sich zuschulden kommen ließ. Illegale Kabinettsjustiz kam unter den deutschen Machthabern immer einmal vor – aber nirgends, schon gar nicht im Preußen Friedrichs II. oder im Habsburgerstaat Josephs II., gab ein Monarch so viele und so brutale Zeugnisse seiner Selbstherrlichkeit und Menschenverachtung. Schubart war ja bloß das berühmteste Opfer Karl Eugens. Keineswegs das einzige.

Schon vor der Ludwigsburger Zeit hatte er den angesehenen Rechtsgelehrten Johann Jakob Moser mitten aus einer Audienz heraus verhaften und fünf Jahre lang auf der Festung Hohentwiel in Südwürttemberg einkerkern lassen, mit der sadistischen Maßgabe, weder lesen noch schreiben noch überhaupt mit Menschen sprechen zu dürfen. Moser hatte sich überhaupt nichts zuschulden kommen lassen. Er war dem Herzog in dessen ewigem Streit mit der württembergischen Landschaft, einer ständischen Vertretung vor allem der württembergischen Städte, dadurch unbequem geworden, daß er als Konsulent und gewählter Sprecher auf verbriefte Rechte der Landschaft pochte. Ähnlich trieb es Karl Eugen mit dem Tübinger Oberamtmann und Poeten Ludwig Huber. Der weigerte sich, eine ungesetzliche Steuererhebung des Herzogs durchzuführen, worauf er, obwohl fieberkrank, auf den Asperg verbracht wurde; er kam mit sechs Monaten davon, aber nie wieder in sein Amt zurück. Die Tübinger Universität hatte den Mut, ihm zum Trost das Ehrendoktorat zu verleihen. Den Oberst Rieger, der ihm als besonders grausamer Rekrutierer ganz nach Wunsch gedient hatte, degradierte Karl Eugen vor seiner Truppe, als er einen Sündenbock für die katastrophale Niederlage gegen die Preußen brauchte, kerkerte ihn fünf Jahre lang auf dem Hohentwiel ein und unterwarf ihn dort einer »Besserung«, die ihn völlig brach und umkrempelte – Schubart sollte die Folgen peinlich zu spüren bekommen, als Rieger auf dem Asperg sein Bekehrer wurde.

Nicht einmal so harmlose Leute wie Musikanten waren vor der Laune des Herzogs gefeit. Marianne Pirker, gebürtige Steiermärkerin, war eine seiner gefeiertsten Primadonnen in Stuttgart, zugleich die Vertraute der jungen Herzogin Friederike, einer Nichte Friedrichs II. Vielleicht hat sie ihr dies und das zugetragen, was man unter Künstlern über Karl Eugens amouröse Abenteuer tuschelte. Friederike verließ schließlich tief verletzt den Gatten und den Hof und kehrte nie mehr zurück. Der Herzog ließ seine Wut darüber an der Pirker, ihrem Mann, einem Hofvirtuosen, und einem kleinen Friseur aus. Alle drei wurden verhaftet, das Ehepaar Pirker für acht Jahre erst auf den Hohentwiel, dann auf den Asperg gebracht. Die arme Sängerin verlor die Stimme und für lange Zeit auch den Verstand.

Alle diese Freiheitsberaubungen geschahen ohne Anklage, ohne Urteil, ohne alles Recht. Willkürakte eines Regenten, der sich zum halbgöttlichen Herrn über Tod und Leben aufschwang. Seine Verteidiger hielten ihm zugute, daß der Staatsminister Graf Friedrich Samuel Montmartin der eigentlich Schuldige, sein böser Geist war. Gewiß, Montmartin war ein intriganter und völlig korrupter Machtmensch; aber in einem absolutistischen Staat geschah ja nichts ohne Befehl, oder wenigstens Billigung, des Monarchen. Auch die Entschuldigung, daß Karl Eugen sich später gewandelt habe und ein tüchtiger Landesvater geworden sei, macht die früheren Verbrechen nicht ungeschehen. Überdies, jene späte Lockerung des Autokratismus war sehr relativ. Die Abschaffung der Mätressenwirtschaft, eine vernünftigere Ökonomie und größere Sparsamkeit, die Gründung der Karls-Akademie als »Pflanzschule« für talentierte Landeskinder, solche Fortschritte erleichterten den ausgepowerten Untertanen das Leben zwar ein wenig. Zu seinem fünfzigsten Geburtstag, im Jahre 1778, rang sich der Herzog sogar so etwas wie ein öffentliches Schuldbekenntnis ab. Er ließ von allen Kanzeln einen Erlaß verlesen, in dem er rückblickend vage von sei-

ner »menschlichen Schwachheit« sprach, die künftige »Glückse-
ligkeit« Württembergs jedoch dem »zärtlichen Zutrauen und
Gehorsam der Diener und Untertanen gegen ihren Gesalbten«
anheimstellte. Das war nicht die Sprache eines zum aufgeklärten
ersten Diener des Volkes gewandelten Fürsten, sondern die
unwandelbare des Gottesgnadenherrschers.

Und so handelte Karl Eugen auch weiterhin. Der
Geburtstagserlaß war mitnichten etwa mit der gnädigen Freilassung Schubarts verbunden, der nun schon im zweiten Jahr
widerrechtlich inhaftiert war; auch die Schurigelung des Karls-
Schülers Schiller ging weiter, so wie später noch die schmähliche
Verschacherung von uniformierten Landeskindern ins Ausland.
Auch daß der alternde Serenissimus sich leutselig gebärdete,
bedrängten Bürgersleuten im neuen Stuttgarter Schloß Audienzen gab, sie mit seinen strahlenden blauen Augen freundlich
anblickte und durch huldvolle Worte vertröstete, bedeutete –
außer dem gescheit berechneten Propagandaeffekt – nicht viel.
Frau Schubart, die mehrfach vor dem Despoten in die Knie
ging, erfuhr es um so schmerzlicher, je mehr sie den herzoglichen Versprechungen vertraute. Alles leere Worte. Verpflichtungen gegenüber dem Pöbel kannte ein Gesalbter nicht.

Dabei war Karl Eugen einst durch die Schule des aufgeklärten
Monarchen und Voltaire-Freundes Friedrich II. gegangen. Als
Knabe wuchs er am preußischen Hof auf, und als er mit sechzehn Jahren, 1744, auf den württembergischen Thron berufen
wurde, gab ihm der schon berühmte Preußenkönig sogar einen
eigens für ihn verfaßten moralischen »Fürstenspiegel« mit, von
dem Karl Eugen jedoch nur den ersten Teil, wo vom jugendlichen Sichaustoben die Rede war, beherzigte. Fast ein halbes
Jahrhundert, länger als sonst ein Schwabenherrscher, regierte er.
Er war, ehe zu üppiger Genuß von Braten, Wein und Frauen ihn
aufschwemmten, ein stattlicher Mann, intelligent und, wenn er
Lust dazu hatte, unternehmungsfreudig, energisch und arbeit-
sam. Ein pädagogischer Trieb war ihm eigen, der bei sanfterer
Charakterstruktur ein fortschrittliches Schulwesen hätte schaffen können; bei einem Autokraten wie ihm reichte es nur zu
einer Elite-Universität, die ebenso unter landesherrlicher Fuchtel

stand wie die eingekerkerten Untertanen hohen Ranges, an denen er seine Pädagogik so fürchterlich praktizierte.

Möglicherweise sogar aus tief im Gottesgnadentum wurzelnder, religiöser Überzeugung – was die Qualen seiner Opfer nicht geringer, die Rätsel von Karl Eugens Charakter nicht lösbarer macht. Eine psychopathologische Analyse wäre aufschlußreich. Es gibt sie leider nicht und wird sie auch nicht geben. Zu viele Spuren wurden in der monarchischen Zeit verwischt (wie auch im benachbarten Baden, was die Beunruhigung durch das Phänomen Kaspar Hauser anlangt). Daß Karl Eugen seine in den Kerker geschickten Opfer einfach vergaß, wie neuere schwäbische Beschöniger glauben machen wollen, mutet nachfreudischer Psychologie einiges zu und kann jedenfalls das Opfer Schubart nicht betreffen.

Das war also der Mann, der Schubarts Schicksal werden sollte. Ob der jemals (vor seiner Entlassung aus der Haft) den allmächtigen Herrn persönlich kennenlernte, ist unwahrscheinlich; zu groß war der Abstand zwischen einem Potentaten und einem Musikus, und daß Schubart der Mätresse Leutrum im Beisein des Herzogs auf dem neuen Solitude-Schloß Klavierunterricht erteilt hat, bleibt unbelegt. Natürlich sah der kleine Mann den großen öfter innerhalb des höfischen Dunstkreises, und ihm war nicht wohl dabei. »Ich wünschte meinem Fürsten nicht unter den Augen, sondern weit von ihm dienen zu können. Mir fallen immer die Donnerkeile ein in der Hand Jupiters.« Seltsam ahnungsvolle Worte, die Schubart schon im Februar 1771 seinem Schwager schrieb.

Zunächst ließ sich in Ludwigsburg alles gut an. Der Organist an der zweitürmigen Stadtkirche auf dem schönen, von lauter Laubenhäusern umgebenen Marktplatz war fest entschlossen, sich von dem höfischen Sündenpfuhl fernzuhalten, trug sein schlichtes schwarzes Gewand, hauste in einer bescheidenen, düsteren Wohnung, versenkte sich brav in Gellerts geistliche Lyrik, in des Michaelis Bibelübersetzung und natürlich in seinen geliebten Klopstock, den er jetzt als »einen der grösten, erhabensten, frömsten, göttlichsten Menschen, die iemals gelebt haben« schier in den Himmel hob. Eine von ihm veranstaltete, gutgemeinte aber unzulängliche Klopstock-Ausgabe (eigentlich ein Raubdruck) zeugt von dieser Vergötterung; im Privaten die Benamung des im April 1770 geborenen, nach wenigen Lebensmonaten an Blattern gestorbenen Söhnchens – Christoph Friederich Gottlieb sollte es heißen, Klopstock der Taufpate sein.

Merkwürdig, damals klagte Schubart schon über finanzielle Bedrängnis. Er vertauschte das erste Quartier mit einem behaglicheren in der Kirchstraße Nr. 18, das, sicher zur Freude der Hausfrau, »geypßt (= vergipst), weit, modisch, hell (war), wie es sich vor einen Hofmann gehört«. Daß er inzwischen auch die schwarze Uniform mit einem bunten, eleganten Gewand nebst Tressenhut und Degen vertauscht hatte, erklärt noch nicht, wieso er eigentlich mit seinem Gehalt nicht auskam. Es betrug

Christian Friedrich Schubart, Jugendbildnis
Ölbild von Johann Georg Ettlinger 1773

71

Franziska von Hohenheim
als Herzogin von Württemberg
J. F. Weckherlin zugeschrieben
um 1790

700 Gulden jährlich, wovon er 100 an seinen pensionierten Vorgänger abgeben mußte. Also erheblich mehr als in Geislingen.
Dazu kamen noch zusätzliche Einkünfte; er wurde Aushilfs-
Begleitpianist im Opernorchester, und vor allem brachten ihm
die Klavierstunden, die er reichen Höflingen erteilte, ein Zubrot.
Zu seinen Schülerinnen gehörten die herzogliche Mätresse Franziska von Leutrum, die Frau von Türkheim, Tochter des mächtigen Staatsministers Montmartin, die Gräfin von Wimpfen, die
Frau von Königseck, der einflußreiche Graf von Putbus.

Der Musikunterricht, ob in Ludwigsburg oder auf dem
Schloß Solitude, bei Franziska von Leutrum, muß Schubart
damals schon problematisch, ja gefährlich erschienen sein. Im
Juli 1772 schrieb er darüber seinen Eltern: »Es ist aber ein gar

Herzog Karl Eugen
Gemälde eines Unbekannten im
Eberhard-Ludwigs-Gymnasium,
Stuttgart

schlüpfriger Posten, weil der Herr oft selber dazu kommt.« Das läßt darauf schließen, daß der schneidige junge Musikus Schubart sich vielleicht bei einer stadtbekannten Mätresse mehr erhoffte, als nur Musikmachen – warum sollte er sonst das »Dazukommen« des Herzogs fürchten?

Schubart wagte sich in Ludwigsburg als täppischer Provinzler auf das glatte, »schlüpfrige« Hofparkett, doch bald fühlte er sich dort viel wohler als in der stinkenden Schulstube Geislingens. Zwar fraß das teure Leben in der Residenzstadt viel von seinem Einkommen auf; wenn auch schwer zu beurteilen ist, ob es ganz stimmte, wenn er in einem Aufbesserungsgesuch an den Herzog seine »sehr klägliche Situation« bejammerte und behauptete, ihm blieben »kaum 200 fl. vor meinen Antheil übrig«. Jedenfalls

fühlte er sich wohl, denn er hatte Erfolg. Sein brillantes musikalisches Können, seine Erscheinung – er war damals ein schlan-
ker, breitschultriger junger Mann mit feurigen Augen –, sein
sprühender Witz und persönlicher Charme, alles trug dazu bei,
ihn zu einem Salonlöwen zu machen. Und er genoß seine
Erfolge. Ob er mit der herzoglichen Mätresse Franziska von
Leutrum intime Beziehungen hatte, wie manche Biographen
vermuten, bleibt unbeweisbar; sie würden, als moralisch umge-
kippte Verdrängung, Franziskas spätere, erstaunlich gefühllose
Gleichgültigkeit gegenüber dem Eingekerkerten einigermaßen
erklären, waren jedenfalls bei der laxen Sexualmoral am damaligen Ludwigsburger Hof nicht ganz unwahrscheinlich. Bei der
schönen Frau von Türkheim, und wohl nicht nur bei ihr allein,
pochte der Amant Schubart kaum vergeblich an. ». . . ich . . . ich
armer Teufel soll ihr Lektion geben. So viel Geist, so viel holde
Freundlichkeit, so viel Grazie, so viel entzükende Weiblichkeit
hab' ich noch niemal vereint angetroffen, Alle Tage soll ich eine
Stunde neben ihr stehen! ihre Aurorenfinger leiten! ihre holden
Blike die Noten verstehen lehren und auf ihren Marmorschul-
tern den Takt geben! . . . Wer muß nicht hier in sprudlendes
Entzüken zerschmelzen?« Der Adressat dieses Briefes vom 19.
September 1770, der biedere Hofprofessor Haug, tat es sicher
nicht. Aber Schubarts Herz war eben übervoll, es mußte sich
selbst einem solchen Moralisten ausschütten.

Ein halbes Jahr später war er schon ganz im Sumpf »Lumpen-
burgs« eingetaucht. Nicht ohne ironisierendes Bewußtsein; das
läßt den von pastoralen Schubart-Moralisierern als besonders
bezeichnendes Dokument für Schubarts sittlichen Tiefstand
zitierten Brief an Schwager Böckh (6. Februar 1771) viel eher als
ein bemerkenswertes Zeugnis für die Stärke seines selbstkritisch
beobachtenden Intellekts erscheinen:

»Hier ist alles in den gewöhnlichen Lustbarkeiten des Hofes
ersoffen. Opern, Bälle, Capucinaden, Harlekinaden, Comödien,
wo der Hanswurst den Gschmok des hochadeligen Publici mit
verfluechten Stroachen, Zoten und Wortspieln vergnüegt, daß
ma krepirn möcht –.

Concerte, Pharotische, wo sich unser Originalwiz beschäftiget, den Schweiß unserer Väter und unserer Gläubiger in Minuten zu zernichten; – das, liebster Freund, sind iezo unsere edle Beschäftigungen... Ich bin nunmehro ein Hofmann! Stolz, windicht, unwissend, vornehm, ohne Geld und trage samtne Hosen, die, so Gott will, noch vor meinem seeligen Ende bezahlt werden sollen... Meine Studierstube hat sich in ein Puzzimmer verwandelt, mein Pult in eine Toilette; meine Bücher hab' ich einem contrakten Schulmeister geschenkt, und statt Tobaks kaue ich Lavendel. Ich freue mich von Herzen über das Privilegium: dumm und vornehm zu seyn, und lache über euch Autoren mit der papierenen Unsterblichkeit. Gott verzeih mirs! daß ich ein Narr war und den Messias auswendig lernte. Ich kann nun etwas Italienisch und französisch stottern... Ich glüklicher Mann!«

»Dumm und vornehm zu sein«, glücklich in ungeschriebenen Gänsefüßchen: Selten hat sich Schubarts Zwiespalt zwischen Intellekt und Charakter drastischer, psychologisch aufschlußreicher ausgedrückt (wie ja immer die unmittelbaren Briefe Gültigeres aussagen als die Memoiren). Eine aus seiner »Vornehmheit«, also aus der Ausnützung der allerhöchst vorgelebten Promiskuität zu Hofe resultierende Geschlechtskrankheit übertrug er ins bürgerliche Ehebett. Später beklagte er das in Selbstzerknirschung, und es ist bei dem damaligen Stand der Medizin fast ein Wunder, daß er wie seine Frau heil davonkamen.

Weniger schon die Ehe der Schubarts. Die puritanisch erzogene Helene lief ihm, sicher von ihrem Vater aufgeputscht, schon im Dezember 1771 davon, dann nochmals, nach notdürftiger Versöhnung, im nächsten Sommer. »Sturm und Stille« vertrugen sich eben in Ludwigsburgs schwüler Luft noch weniger als in der reineren Geislingens. Man kann die biedere Hausfrau verstehen, die sich nicht im mindesten für eine Teilnahme an ihres Gatten Salon- und Wirtshausleben eignete, und der seine ständigen Sauftouren mit dem Busenfreund, dem Ballettkomponisten Florian Deller, mit leichtlebigen Musikern, Balletteusen und Sängerinnen als schieres Sündenbabylon erschienen. Man kann aber auch Schubart verstehen, wenn es ihn empörte und verbitterte, wie ihn seine Frau im Dezember 1771 im Stich ließ.

Obwohl er sie, nach ausgeschlafenem Rausch, »wehmüthig um Verzeihung« gebeten, machte sie sich heimlich mit beiden Kindern davon, nicht ohne vorher den Haushalt richtig ausgeplündert zu haben; sie ließ sogar die Bettlaken und die silbernen Schuhschnallen ihres Mannes mitgehen. Wie hätte er, der leichtfertig Großmütige, solche Kleinlichkeit begreifen können! »So entschlich sie nach Geisslingen, wie eine böse That zur Hölle ... ich denke eine Unwürdige zu lieben, wann ich länger meine Frau lieben würde« beklagte er sich bei Schwager Böckh (3. Januar 1772). Aber nur vierzehn Tage später, als er hörte, daß Helene bei ihren Schwiegereltern erkrankt sei, schrieb er einen zärtlichen Versöhnungsbrief, und nachdem sie im Frühjahr zurückgekehrt und »zu einem ächzenden Gerippe« abgemagert im Bette lag, zerquälte sich Schubart in Selbstvorwürfen: »Vielleicht hast du durch deinen Leichtsinn, deine Thorheiten und Laster, das beste Weib vom Gipfel der Gesundheit herabgerissen ... O Leidenschaft, meine Tyrannin, wie hast du deinen Sklaven erniedrigt!« (13. März 1772 an Böckh).

Er war ein Zerrissener, in den Ludwigsburger Jahren mehr denn je. Er berauschte sich an seinen Erfolgen. Die Stadtkirche wurde noch nie von so vielen höfischen Standespersonen regelmäßig besucht. Ganz sicher lockte sie nicht der Pastor Zilling mit seinen trockenen Predigten, die eigentlich nur puritanische Strafpredigten waren. Wohl aber der neue Organist, der die Kirchenmusik mit Hilfe befreundeter Hofmusiker anreicherte und der mit virtuosen, die hergebrachte Messebegleitung sprengenden Orgelimprovisationen glänzte. Adelige Palais luden den witzigen Causeur, den begeisternden Literaturrezitator regelmäßig zu ihren Soireen ein. Er gab literarische Kurse für Offiziere, unterrichtete Hofdamen im Klavierspiel, besuchte eine Akademie für bildende Kunst und hielt selber bald Vorlesungen darüber. Das ist bemerkenswert für Schubarts Vielfachbegabung: eine starke visuelle Komponente, die freilich nicht ausgebildet wurde, gehörte zu ihr. Sonst hätte er nicht die Vignetten für seine Ausgabe von Klopstocks Gedichten selbst entworfen.

Schubart genoß nach Herzenslust die Atmosphäre von Luxus und Libertinage, an der man ihn teilhaben ließ. Das war alles ganz neu für ihn, den kleinen Schulmeister aus der tiefsten Provinz. Es schmeichelte ihm, dazuzugehören, aufgestiegen zu sein. Erst später, als man ihn achselzuckend fallenließ, kam ihm die ernüchternde Erkenntnis, daß das alles unverbindliche Benefizien eines amüsanten Hofnarren, eines geduldeten Zaungastes waren.

Schon nach einem halben Jahr bot er sich dem Herzog ehrgeizig als Professor in Tübingen, als Hofbibliothekar und zu anderen höheren Hofdiensten an; so vergeblich, wie bald darauf dem Staatsminister Graf Montmartin. Der Brief an Frau Helene in Geislingen (14. August 1771), der über eine durch Protektion seiner adeligen Gönner und Schüler erreichte Audienz berichtet, ist aufschlußreich für Schubarts künstlerische Selbsteinschätzung:

Der Graf.
Wo wünschen Sie wohl Ihr Glük machen zu können – in der Literatur oder Musik? – Dann ich weiß, Sie besizen in beeden Stärke.
Ich.
(ich bückte mich tief) In der Literatur, ihr Excellenz!
Der Graf.
Aber iedermann sagt, Sie seyen ein treflicher Musikus.
Ich.
Um Vergebung, ihr Excellenz! Vor einem grosen Manne sprech' ich von meinen Tugenden und Fehlern so freimüthig als vor Gott. Ich glaube zur Musik vorzüglich geschikt zu seyn; aber mein schlimmes Gesicht ist ein unverzeihlicher Fehler.
Der Graf.
Das ist Schade. – Und was haben Sie in der Literatur gethan?
Ich.
Ein bißchen in den Feldern der Philologie, Historie, Philosophie, schönen Wissenschaften und Theorie der schönen Künste herumgeschwärmt.

»Herumgeschwärmt«: Ehrlicher kann man es nicht sagen. Und ebenso ehrlich waren die Gewissensbisse, die dem Scheinaufstieg des Provinzlers moralische Widerhaken in den Weg legten.

Erfolglos; doch sehr bezeichnend für Schubarts Wesensart, die in vielem, mit ihrer Freigeisterei, mit ihrem unerbittlichen Haß auf Heuchelei und Unterdrückung so »modern« anmutet, und die doch tief im protestantischen Vaterglauben, in der Angst vor Hölle und ewiger Verdammnis wurzelte. Wie wäre sonst die »Selbstanklage« des Jahres 1771 zu verstehen! Hingestammelte, formlose, der Intimität eines privaten Skizzenpapiers anvertraute, gerade darum aufschlußreiche Bekenntnisse:

Gott.

Du betest nicht – und bist überzeugt,
    daß du beten sollst.
Du breitest Religionssäze aus – die du nicht glaubst.
Gott muß also dein Feind seyn –
Aber sein Donner harrt! –
Zittre vor seiner Langmuth! –

Die Menschen.

1. Deine Blutsverwandte.
Dein Vater grämet sich, deine Mutter ächzet . . .
Deine Gattinn ist von dir beflekt – seufzt –
    ringt die Hände – grämt sich in schlaflosen
    Nächten – ist von dir entfernt, ohne
    Antwort – ohne Hülfe – ohne Trost. – –
Deine Kinder! – Eines ist von dir vergessen,
    und das andere verwildert!
Deine Gönner – belohnst du mit Leichtsinn
    und Undank.
    . . .

Unordnung und Zerstreuung beherrscht dich
    von innen und außen.
Böses Gewissen nagt dich.
Verzweiflung nähert sich. –
Ewigkeit und die Rache des Richters erwarten dich.
    Stirb Verlohrner!

Die tief verletzende Flucht seiner Frau war der Anlaß gewesen. Seelische Selbstzerfleischung verhinderte nicht, daß Schubart sich, um beim dramatischen Auf und Nieder der Ehejahre zu bleiben, 1772 neuerlich sexuelle Eskapaden leistete. Schwager Böckh wurde von Eßlingen nach Nördlingen versetzt, er vermachte besten Willens seine Hausmagd Barbara Streicherin, die in der schwäbischen Heimat bleiben wollte, dem Verwandten in Ludwigsburg. Ein verhängnisvoller Wechsel. Die hübsche, einundzwanzigjährige Barbara, eine Landsmännin aus Aalen, versah zweifellos nicht nur Küchen-, sondern auch Bettdienste im Hause. Wie hätte der allzeit liebesdurstige Schubart da widerstehen können, zumal seine Frau gerade wieder in Geislingen war? Als sie zurückkehrte, erlebte sie nicht nur diese häusliche Bescherung, sondern auch die Verhaftung ihres Gatten – und das war der Anfang vom Ende.

Zuvor jedoch hatte sich der Künstler Schubart in Ludwigsburg reich entfalten können, weitaus reicher als je zuvor. Der Musiker mehr als der Dichter. Sicher versiegte seine poetische und reimgewandte Phantasie nicht ganz in diesen Jahren, sensibel wie sie war. Viele der Gedichte, die Schubart erst später publizierte, mögen damals schon entstanden sein; wir werden uns mit den bemerkenswertesten später noch beschäftigen. Aber er war in der Residenzstadt eben vorwiegend Musiker. Ausübender, muß man sogleich hinzufügen, um zu erklären, warum diese Musikantenzeit so arm ist an hinterlassenen Kompositionen. Spielen und Improvisieren fiel ihm viel leichter und war seiner Art gemäßer als das mühsame Zu-Papier-bringen von Noten.

Seines Sohnes Bemerkung, das Beste habe er nicht geschrieben, sondern gesprochen, gilt auch für Schubarts musikalisches Schaffen. Die erhalten gebliebenen Notenblätter, meist in der Praxisferne des Gefängnisses verfaßt, können nicht ahnen lassen, was der Orgel- und Klavierimprovisateur Schubart in der Stadtkirche und in den Salons Ludwigsburgs leistete. Es muß bestechend gewesen sein. Der Sohn Ludwig zieht aufschlußreiche Parallelen zwischen der dichterischen und der musikalischen Improvisationsleidenschaft seines Vaters:

»Durch seine eigene Rede setzte er sich sodann in Begeisterung, und sprach hinreißender und schöner, als selbst in den besten Stellen seiner Schriften. Er wußte im ruhigen Zustande wohl selbst nicht mehr, was er gesagt, hörte es von anderen mit behaglicher Aufmerksamkeit an; und ärgerte sich, daß er nicht so schreiben könne . . . Ebenso im Phantasieren auf der Orgel oder am Klaviere. Er fing hier gewöhnlich mit vieler Ruhe an, allmählich aber geriet er in ein Feuer, worin er sich selbst und alles um ihn her völlig vergaß. Warm wie das Leben stieg es ihm dann aus dem Herzen hervor und er sagte einst, wenn dieser Hauch des Himmels über ihn komme, sei ihm so wohl, daß er wünsche, in einer dieser Verzückungen sterben zu dürfen. . . . Er sah nichts, hörte nichts, achtete auf nichts, – war ganz in seinem Thema verloren und untergegangen.«

Wirkte da nicht, Jahrzehnte vor Beethoven, Schubert und Chopin, eine höchst romantische, aus der Perspektive des 18. Jahrhunderts fast utopische Musikgesinnung? In . . . Verzückungen sterben zu dürfen – ist da nicht gar Tristan vorgeahnt?

Es gehörte technisches Können dazu, um den Himmelsflug der Phantasie so faszinierend irdischen Ohren mitzuteilen. Ein fingerfertiger Musiker muß Schubart tatsächlich gewesen sein. Ein ungewöhnliches Naturtalent; denn seine Ausbildung war ja halb dilettantisch. Und doch rühmen Fachleute, die keinerlei Grund zum Schwärmen hatten, die Virtuosität des Ludwigsburger Schubart. Der englische Musikgelehrte Charles Burney, als referierender Europareisender einer der wichtigsten Chronisten des Musiklebens im 18. Jahrhundert, urteilt in seinen »Musikalischen Reisen« geradezu superlativisch über Schubart: »Er war der erste wahre große Flügelspieler, den ich bisher in Deutschland angetroffen hatte. – Er ist von der Bachschen Schule: aber ein Enthusiast und ein Original von Genie . . . Auf dem Klavier spielt er mit großer Feinheit und mit vielem Ausdruck. Seine Hand ist brillant und seine Phantasie sehr reich. Er hat einen vollkommenen Doppeltriller in der Gewalt, wohin nur wenige Klavierspieler gelangen.« Bis heute, könnte man hinzufügen: immer noch, mehr als zweihundert Jahre nach Schubarts fachmännisch registrierter Fingervirtuosität, ist Chopins Etüde in gis-Moll, die ganz auf Doppeltrillertechnik aus ist, eine Pièce de résistance. Goethe gibt nach 1787, in einem Brief aus Rom, ein allgemeines Kennerurteil über den Pianisten wieder: »Schubart wurde zu jener Zeit für unerreichbar gehalten.«

Flügelspielen meinte damals Cembalo-Spielen. Es war die Zeit, in der das neue Hammerklavier, Pianoforte genannt und mit seinem dynamisch-variablen Ton der empfindsamen Ästhetik näher, das barockbeherrschende Tasteninstrument erst abzulösen begann. Fürs Musizieren im Bürgerhaus war nach wie vor das leise, intime Clavichord gebräuchlich. In der Hohenasperger Gefangenschaft war es Schubarts einziges Instrument. In seiner dort diktierten »Ästhetik der Tonkunst« zog er es den beiden anderen Tasteninstrumenten vor: »Wer nicht gerne poltert, rast, stürmt; wessen Herz sich oft und gern in süßen Empfindungen ergießt, der geht am Flügel und Fortepiano vorüber und wählt ein Clavichord.«

Er muß überhaupt ein Allround-Talent gewesen sein, denn auch als Violinist imponierte er einem Experten, dem Ludwigsburger Kammermusikus Niessle, der eingestehen muß, »daß ich nicht weiß, ob ich, der ich doch auf Sr. Herzogl. Durchlaucht Kosten die Violin erlernet, oder der Schubhardt stärker seye«.

»Von der Bachschen Schule« zu sein als Organist, wie Burney es ausdrückt, bedeutete dazumal Außerordentliches und spricht für Schubarts Musikalität. Denn Bach war zwanzig Jahre nach seinem Tode allenfalls ein Geheimtip, schon gar in Süddeutschland, und gar in einer Residenzstadt. Schubart schreibt, damals habe es kaum einen Menschen gegeben, der Bachs Stücke spielen konnte: »Die Kirchenmusik war zu meiner Zeit in Ludwigsburg äußerst verdorben; man nahm Jomellische Opernarien, preßte erbärmlich deutsche Texte drunter und führte sie meist elend auf. Ich ging daher mit einer gänzlichen Ausrottung dieses Verderbens um ... Indessen behalf ich mich mit Graun, Telemann, Benda, Bach und anderen Kirchenstilisten; und meine Freunde von der Hofmusik halfen mir dazu, daß ich oft eine Kirchenmusik aufführen konnte, wie man sie damals in Deutschland – sonderlich unter den Protestanten selten gehört haben mochte.«

Bei musikalischen Hofleuten, die zu seinen Orgelimprovisationen in die Stadtkirche strömten – der Herzog soll sich geäußert haben: »Bravo! der Mensch spielt sehr gut« – galt der neue Organist, der schlauerweise auch »einige Süßigkeiten der Hofmusik auf seine Orgel zu verpflanzen« wußte, bald als Attraktion. Keinesfalls bei seinem Vorgesetzten im Amt, dem Spezial Zilling. Welten trennten nicht nur einen protestantischen Pastor und einen Hofmann voneinander, sondern, im charakterlich Besonderen, *diesen* Pastor und *diesen* Hofmann.

Der Dekan Georg Sebastian Zilling, um vierzehn Jahre älter als Schubart, war geradezu der Prototyp eines verknöcherten Predigers alten, orthodoxen Stils. Seine Vorstellungen von Würde gingen so weit, daß sich sein Bruder, der in der Kirche Mesnerdienste leistete, vor ihm ehrerbietig verbeugen mußte, wenn er ihm den geistlichen Rock reichte. Seine Predigten waren langweilig und hölzern, mit obligaten Androhungen höllischer Verdammnis. »Mehr Posaunen aus Horebs Wetternacht, als sanfte Verkünder der frohen Botschaft« nannte Schubart später solche strenge Orthodoxie. Ihm imponierte, obwohl er sich »himmelweit« von den Pietisten entfernt fühlte, selbst der Mystiker und Theosoph unter ihnen, der damals weithin unverstandene Prälat Friedrich Christoph Oetinger viel mehr, den er einmal in Ludwigsburg in seinem Garten besuchte und als einen »Vogel aus der fernsten Himmelszone, der sich nach Norden verschossen hat«, kennen und bewundern lernte.

Die karge Trostlosigkeit von Zillings Strafpredigten hörten nicht einmal die frommen Bürger mehr gern, die Kirchenbesucher vom Hofe schon gar nicht. Alle lockten jedoch die Orgelklänge von der Empore her. Schubart schwelgte darin nach Herzenslust, spielte sich in den Vordergrund des Gottesdienstes und scherte sich nicht im mindesten darum, wenn der Pastor sich ungeduldig räusperte oder auf die Kanzel pochte. Er fand dessen »beleidigende Gravität« so provokativ wie Zilling die Unbotsamkeit, und überhaupt den Lebenswandel seines Untergebenen, dessen Berufung er ja von Anfang an instinktiv zu verhindern gesucht hatte. Sicher kam ihm auch zu Ohren, wie sich Schubart über ihn lustig machte. Vielleicht entstand damals schon, in übermütiger Weinrunde, das Gedicht »An Zill«, das Schubart noch ein paar Jahre später, in der »Deutschen Chronik« von 1775, als groben Rachepfeil zurückschoß:

Zill, der Apokalyptikus,
Bewies mit einem tapfern Schluß,
Daß einstens mit den Frommen
Auch Thiere in den Himmel kommen.
O, schrie sein altes Weib,
Und freut sich inniglich,
O welch ein großer Trost für mich und dich.

War die Weinlaune verflogen, konnte der Spötter von Reue und Angst um sein Seelenheil getrieben werden – oder war es mehr gutmütiges, auf Versöhnung hoffendes Vertrauen, wenn er sich einmal dem Pastor Zilling als Beichtender in die christlichen Arme warf? Nüchtern betrachtet eine halbe Wahnsinnstat: damit lieferte sich Schubart ganz seinem Vorgesetzten aus, ohne im mindesten dessen starres Herz erweichen zu können. Aber wann hätte er je seinen Vor- und Nachteil nüchtern abgewogen! Zilling blieb sein Feind, durch die Beichte mit nützlichen Informationen versorgt, er hörte nicht auf, gegen ihn zu intrigieren, um ihn loszuwerden. Selbst der biedere Professor und Ludwigsburger Kavaliers-Erzieher Balthasar Haug zeigte sich moralisch enttäuscht von seinem Schützling, wie ein Papier von 1771, wahrscheinlich Konzept für einen Brief an Schubart, dartut: ». . . Er ist stark in der Musik, theoret: und practice. Stark an der Poesie, und stark in der Historia litteraria, verfält aber in allen 3. Stüken gern auf Extremitäten . . . Hat eine raßende Begierde zu brilliren und ist doch niederträchtig biss unter den Pöbel hinunter. Ein Feind der Obrigkeit, ein Hasser aller Ordnung, undankbar . . . In Gesellschaft ist er 1. Der unerträglichste Schwäzer. 2. Ein Windbeutel und Lügner . . . Dem weiblichen Geschlecht biss zum Thier gefährlich . . . Ein Tyranne seiner Frau. Ein Löw in seinem Hause. «

Noch auf dem Schmierzettel vergaß ein Ordnungsmensch wie Haug nicht auf pedantische 1. und 2. Registrierung – eingewurzelte Abneigung gegen Schubarts anarchisches Wesen relativiert sein Urteil, läßt aber doch selbst in der Schwarzfärbung noch Wirklichkeiten durchschimmern, über Schubarts eigene oder seines Sohnes Bekenntnisse hinaus.

Zilling und Genossen lauerten nur auf eine Gelegenheit. Schubart lieferte sie selbst, indem er sich mit seiner Hausmagd Barbara Streicherin ins Gerede brachte. Konkubinat war nur bei Hofe gang und gäbe, im bürgerlichen Bereich wurde es streng, nämlich mit Kerker, geahndet. Schubarts elegante Kleider bewahrten ihn nicht davor, im Sommer 1771 »wie der gemeinste Missethäter in Thurm« geworfen zu werden, »in ein Gefängnis, . . . in dem vorher ein Mörder lag, . . . Wasser, Brod, Kälte und faules Stroh, Stank und Ungeziefer fand ich hier zur Pflege . . . Rechts rasselte ein Dieb mit seinen Ketten, und unter mir sangen, heulten, fluchten und weinten die eingefangenen Huren . . . «

Welch jäher Absturz eines von Grafen und Gräfinnen verwöhnten Hofmannes! Freunde »von der musikalischen Klasse«, wir folgen immer seinem dramatischen Lebensbericht, reichten ihm durchs Eisengitter an einer Stange Wein und Speise, der Suff war auch hier sein Trost, »ich trank, bis ich auf's faule Stroh sank und entschlief«. Man entließ ihn bald, es kam zu tränenreicher häuslicher Versöhnung mit der heimgekehrten Helene, während Söhnchen Ludwig schwer krank zu Bette lag. Aber die Ludwigsburger Atmosphäre war seither für Schubart vergiftet. Im Mai 1773 hatte Zilling endlich erreicht, was er unerbittlich und mit christlicher Geduld, so verstand er es gewiß, angestrebt hatte. Schubart wurde zum Oberamtmann vorgeladen; der verlas ihm kühl den herzoglichen Erlaß, der im verschnörkelten Amtsstil verkündete, »daß ihm um des in dem Publico in so mancherley Betracht gestiffteten Aergernisses willen das consilium abeundi gegeben werden solle . . . mit dem Bedeuten, sich aus Unsern Herzoglichen Landen hienächstens unfehlbar zu entfernen«.

Also sofortige Ausweisung. Schubart ahnte, wenn er die vage Begründung hörte (»neuerliche Vergehungen«, »schlechte Aufführung«, eine »in das Publicum verbreitete Scarteque«), was gemeint war: ein satirisches Lied auf einen Hofmann, und »noch mehr, eine Parodie der Litanei«. Über diese literarischen Produktionen ist viel gerätselt worden, man kennt sie nicht. So verheerend sie wirkten, sie waren bloße Anlässe; man hätte sicher auch andere gefunden. Schubart empfand das herzogliche Consilium abeundi wie einen Donnerschlag, so naiv, so gutgläubig war er; die Anklage des »mit der Barbara Streicherin von Aalen begangenen Ehbruchs« war ja fallen gelassen worden.

So erschüttert, im Tiefsten verletzt, völlig verstört war er nach der Audienz, daß er »im Unsinn der Betäubung« nicht einmal nach Hause ging, um Abschied von den Seinen zu nehmen. Nur fort von Ludwigsburg, dieser unbegreiflichen Stadt! Er stürmte durchs Stuttgarter Tor hinaus, in eine ungewisse Zukunft, mit nichts als einem einzigen Taler in der Tasche und Wut im Herzen. Frau Helene, im Stich gelassen von allen Zech- und Salonfreunden ihres Mannes, mit denen sie ohnehin nie Beziehungen hatte, löste bald den Haushalt auf und ging nach Geislingen zurück, wo sie die Mutter krank vorfand und selber erkrankte.

Jäh hatte sich Schubart von seinen Ludwigsburger Karriereträumen trennen müssen. Auf Jahre hinaus bedeutete das zugleich Trennung von seiner Familie.

EIN VAGANTENJAHR

»Ich war indessen in Heilbronn angelangt und fand gleich einen Klubb von neuen Bekanntschaften...« So hebt das nächste Kapitel von Schubarts Lebenserinnerungen an; sie sind für anderthalb Jahre, bis er sich wieder zum Briefeschreiben aufraffte, praktisch die einzige biographische Quelle. Er verrät nicht, wie er mit einem Taler in der Tasche (das war damals etwa soviel wie eineinhalb Gulden) überhaupt so weit kommen konnte, ob zu Fuß oder mit der Postkutsche, zumal er auch noch übernachten mußte. Warum gerade nach Heilbronn? Weil es die nächste außerwürttembergische größere Stadt war, wo ein Musicus hoffen konnte, sein Brot zu verdienen.

In der Freien Reichsstadt Heilbronn fand der Flüchtling »schon weit mehr Deutschheit, als in Ludwigsburg«, obwohl er die Französelei der vornehmen Kreise kritisierte, und außerdem gaben ihm die »hier üblichen großen Speisegesellschaften, häufigen Privatkonzerte, Spazierfahrten und Spaziergänge aufs Land, Hausbesuche, Unterredungen über tausend Gegenstände im freiesten Tone« viele Chancen. Der Bürgermeister von Wachs nahm ihn freundlich auf. Er hielt ein großes Haus. Seine Frau und ein Freiherr aus dem einflußreichen schwäbischen Geschlecht der Gemmingen wurden Schubarts Klavierschüler, die preußischen Werbeoffiziere, die auch hier ihr Wesen trieben, nahmen ihn ebenfalls gerne in ihre Gesellschaften auf, als sie von seiner Verehrung für den großen König in Potsdam erfuhren.

Schubart geriet sogar in den Verdacht, preußischer Soldat geworden zu sein. Eine absurde Vorstellung; er, der sich als

lebenslänglichen Soldatenfreund bezeichnete, erkannte dennoch
sehr klar »das schimmernde Elend« des Soldatenstandes, »sonderlich seinen geistabwürdigenden Zwang, bei dem ihm nichts
frei bleibt als – ungestraft lasterhaft seyn zu können«. Da boten
ihm die Heilbronner Privatkonzerte, teils mit professionellen
Musikern, teils mit großbürgerlichen Laien, mehr Möglichkeiten, sein Talent zu entfalten. Das Ehepaar Pirker war die Seele
des Heilbronner Konzertlebens. Beide hatten acht Jahre im Kerker des Hohenaspergs hinter sich. Die einst berühmte Primadonna ernährte sich jetzt, als 56jährige alte Dame, die ihre
Stimme durch die Leiden der Haft für immer verloren, den Verstand jedoch wiedergefunden hatte, als geschätzte Gesangslehre-
rin in der Provinz.

Seltsam, mit welcher Kühle der Objektivität der Asperg-Lei-
densgenosse Schubart sich ihrer erinnert: Sie »war zwar schon
lebendig todt für den schönen Gesang: aber doch noch etwas
mehr, als eine ausgestopfte Nachtigall . . . Doch lag die Rücker-
innerung an den Berg ihres Elendes lebenslänglich, wie eine
düstere Wolke auf ihrer Seele«. Ein grauenvoll zerbrochenes
Leben mit dem halb komischen Bild eines ausgestopften Vogels
in Verbindung zu bringen, das läßt über die Psyche eines noto-
risch »Zerrissenen« rätseln: War er, der dies als selbst Eingeker-
kerter von sich gab und später, als Freigelassener, so stehenließ,
verliebt in eine schriftstellerische Formulierung? Oder war er ein
virtuoser Verdrängungskünstler, der sich anpaßte, um überhaupt zu überleben? Psychologische Schubart-Probleme, die uns
noch oft beschäftigen werden.

Zunächst geht es jedoch darum, die Spur seiner Lebensbahn
nachzuzeichnen. Stundengeben und Beifall von bürgerlichen
Kunstenthusiasten einheimsen bot in Heilbronn keine Existenz.
Impulsiv, wie er war, beschloß Schubart nach Berlin zu gehen,
wo sein Idol Friedrich II. residierte. Daß der militärische Held
des Siebenjährigen Krieges von deutscher Literatur sehr wenig
hielt; daß er Goethes »Götz von Berlichingen«, diese Hoffnung
aller Patrioten, giftig schmähte und den braven Gellert zum einzig vernünftigen deutschen Literaten erklärte; daß er, der tüchtige Musikkenner, sich lieber etwas von einem Gaul vorwiehern

lassen wollte, als eine deutsche Primadonna in seiner italienischen Hofoper zu beschäftigen (was er dann aber doch mit der Gertrud Elisabeth Mara, geborenen Schmeling tat); daß der Abgott der deutschen Patrioten deutsche Sprache und Kultur verachtete und nur französisch schrieb, wenn er nicht gerade mit der Regierung des Untertanenpöbels befaßt war; all das verdrängte der verzweifelte Stellensucher Schubart.

Aber wie einst auf der geplanten Fahrt nach Jena folgte er dann doch näher liegenden Verlockungen: nämlich einem Abenteurer namens von Gritsch, der versprach, ihn als Professor bei einer zu gründenden »Ritterakademie« in Saarbrücken zu beschäftigen. In Mannheim machte man Station. Dort erwies sich die Ritterakademie als Luftschloß, aber Schubart hatte schon wieder andere Freunde gefunden. So den von früher her schon bekannten Stuttgarter Literaten Kazner, der ihn mit dem Buchhändler Schwan zusammenbrachte, einem Förderer der erwachenden deutschen Literatur. Jetzt erwachte auch in Schubart die alte, im Ludwigsburger Treiben zeitweise verschüttete Klopstock-Begeisterung. Gerade waren die letzten Gesänge des »Messias« erschienen. Schubart berichtet ebenso amüsant wie für seine Spontaneität bezeichnend über eine Rheinfahrt mit dem Abgott Klopstock:

»Fast mit meinem letzten Geldvorrathe kaufte ich mir die hallische Ausgabe des Messias, fuhr auf dem grauen Rhenus, legte ein Brett über den Kahn, Klopstocks Messias vor mir. Ich las eben den sechzehnten Gesang und lag mit der vollen Seele auf der Stelle, wie die gerichteten Seelen auf Tabor riefen:

– »Jupiter, Gott des Donners! Erbarme dich unser!
Brama! Tien! Allvater! Wir fehlten, sündigten, irrten!
Zeus Kronion! Götterbeherrscher! Erbarme dich unser!«

Rasch auf stand ich in der Begeisterung und – Brett und Messias flogen in den Rheinstrom. Wie angedonnert stand ich da . . .«

Die Universität im nahen Heidelberg war Schubarts nächste Hoffnung. Er hatte nicht einmal mehr Geld für die Postkutsche. Bescheidener kann sich auch ein Handwerksbursche nicht auf die Fußwanderschaft begeben haben: mit »ein paar Hemder in der Tasche« und bloßen 5 Kreuzern Barschaft, die er auch noch wegschenkte, als ihm ein stelzfüßiger Invalide auf der Landstraße begegnete. Aber der »hellauf und frohen Muthes« dahinwandernde Habenichts war ein Hans im Glück. Am Neckar geriet er in ein Gewitter, stellte sich bei einem Landhaus unter, aus dessen Fenstern Klaviertöne klangen; man lud den Durchnäßten freundlich ein, bald saß er selber am Klavier, verblüffte Baron und Baronesse durch sein virtuoses Spiel und brachte für die Edeldame ein Rondo mit Variationen zu Papier (es ist verschollen). Mit der Empfehlung des Barons von Kastell in der Hand, vierspännig, »wie im Triumphe«, traf er in Heidelberg ein.

»Wer von hier aus nicht einen Fluch nach Frankreich hineinschleudert – denn Franzosen haben das Schloß verwüstet – der kann unmöglich ein biederer Deutscher seyn. « Schubart fand bei Honoratioren freundliche Aufnahme, die literarische Atmosphäre jedoch rückständig und von Jesuiten beherrscht. Mit seinem Plan, an der Universität Fuß zu fassen, wurde es nichts, doch lernte er einflußreiche Leute von der kurpfälzischen Residenz kennen, die ihn dorthin empfahlen.

Also zurück nach Mannheim. Jetzt wurde er im Hause des Grafen von Nesselrode gastfreundlich aufgenommen. Ein reicher und äußerst kunstsinniger Mann, der sich von Schubart seine kostbare Kupferstichsammlung ordnen ließ, literarische und musikalische Zirkel veranstaltete, wo der Gast als Pianist und Vorleser brillieren konnte. Mannheim war als Residenz des pfälzischen Kurfürsten Karl Theodor ein ähnlich ambitioniertes Klein-Versailles wie Ludwigsburg, ähnlich barock-geometrisch gebaut – noch heute tragen die Gassen der Schachbrett-Innenstadt Buchstaben- und Zahlen-Namen –, aber viel volkreicher und mit den wohlausgestatteten Hofmuseen und dem berühmten Orchester der württembergischen Residenz überlegen. Dieses Orchester, von dem inzwischen gestorbenen Exil-Böhmen Johann Stamitz erhöht, machte europäische Musikgeschichte; sein bis dahin unbekanntes Crescendo und Diminuendo und die Streicher-Disziplin wiesen über die Mannheimer Schule hinaus zur Wiener Klassik Haydns und Mozarts. Der

Konzertmeister Christian Cannabich, Hüter von Stamitz' glorreichem Erbe, wurde Schubarts Freund (wie auch, wenige Jahre später, der Mozarts). Auch die Mannheimer Hofoper kam mit ihren bahnbrechenden Tendenzen, die italienische Belcanto-Oper durch das junge deutsche Singspiel abzulösen, Schubarts eigenen Neigungen entgegen.

Er fühlte sich wohl in Mannheim. Zwar kritisierte er die »französischen Milchgesichter« unter den Offizieren. In deren und der Höflinge lebenslustigem, leichtsinnigem Kreis ließ er es sich jedoch wohlergehen. Die Stadt war konfessionell utraquistisch. Natürlich erschienen Schubart die eifernden Jesuiten widerwärtig, die evangelischen Reformierten, auf deren Kirchenorgel er öfter präludierte, viel sympathischer. Wenn er die umschreibende Floskel benützt, er sei von seinen neuen Freunden »bald zu Bachanalien, bald in die Messen« geführt worden, wenn er dann, man muß immer die zerknirschte Büßersicht des eingekerkerten Memoirenschreibers bedenken, die »ziemlich freien Sitten« in Mannheim beschreibt – »Hurerei und Ehebruch sind Modesünden . . ., eine Maitresse halten . . . guter Ton« –, so kann man sich vorstellen, daß dem lebenslustigen jungen Sünder die Bacchanalien näher lagen.

Den sinnlichen Ton gab ja der Landesfürst selber an. Kurfürst Karl Theodor, damals 49 Jahre alt, unterschied sich mit seiner Mätressenwirtschaft und seiner gewissenlosen Prunksucht nicht wesentlich von seinen Duodez-Kollegen, übertraf die meisten jedoch durch seinen fortschrittlich-intelligenten Kunstsinn. Er verantwortete als Mäzen die Entwicklung des Mannheimer Orchesters zum überragenden in ganz Europa, er förderte das deutsche Singspiel – 1773 ließ er seinen Hofkapellmeister Anton Schweitzer Wielands deutsches Libretto zur Oper »Alceste« vertonen –, er war den bildenden Künsten ebenso gewogen, indem er großartige Gemälde- und Antiken-Galerien ausbaute, und seine pädagogische Ader (weit humaner als etwa Karl Eugens Zuchthaus-Pädagogik) zeigte sich in der Gründung gleich zweier Mannheimer Akademien, einer »kurfürstlichen deutschen Gesellschaft« für Sprache und einer für Zeichnen und Bildhauerei.

Schubart durfte dem Kurfürsten in seiner nahen Sommerresidenz Schwetzingen am Flügel vorspielen und mit ihm, der »mit vieler Achtung vom Geiste der Deutschen« sprach, ein literarisches Gespräch führen. Wobei sich der Fürst zu seinen mäzenatischen Pflichten bekannte, Schubart diese hingegen, in einer Art von demokratisch-plebejischem Trotz, in Frage stellte und auf »das Publikum« schwor, das genügsame Schriftsteller immer noch satt gemacht habe. Damals ein utopischer Gedanke.

In Mannheim hatte Schubart gerade erst erfahren, daß sein vergötterter Klopstock (der soeben die Residenz besuchte, offenbar ohne seinem Verehrer begegnet zu sein) immer noch so gut wie unbekannt war; der allgemeine Geschmack bevorzugte »Wielands Genius«, seine »ausländische Miene, wollüstigen Gemälde, freie Moral, Kenntnis des verderbten Herzens«. Nochmals muß bei solcher Abwertung des einstigen Brieffreundes an die psychische Situation des eingekerkerten Memoirenschreibers erinnert werden. Sie drückt sich auch sonst in mehrfachen Bekundungen von Ekel über sein lasterhaftes Leben aus.

Neugewonnene Freunde trugen dazu bei, im Mannheimer höfischen Dunstkreis zukünftige Lebensluft zu wittern. Schubarts künstlerisches Genie mag in Frage gestellt werden, ein Genie der Freundschaft war er gewiß. Der Maler und Radierer Ferdinand Kobell (später Galeriedirektor in München) stand ihm nahe; durch ihn lernte er den Pfälzer Schriftsteller Friedrich Müller kennen, der als »Maler Müller« in die Literaturgeschichte des (auch von Schubart angereicherten) Sturm und Drang einging, und dem Schubart wenig später spontane Duzbrüderschaft antrug. So versprach der Mannheimer Boden endlich eine fruchtbare Existenzgrundlage, zumal auch der Kurfürst eine Verwendung in höfischen Diensten zu versprechen schien. Alles machte Schubarts unbezähmbar ehrliche, kritische, lockere Zunge zunichte. Er verfiel in Ungnade, weil er sich abfällig über des Kurfürsten Akademie (man weiß nicht genau, welche) äußerte: die war nun einmal des Serenissimus Lieblingskind.

»Wohin nun? – Ich trug alle meine Habe auf dem Leibe, und

hatte nicht einen Kreuzer Geld«. Wiederum gescheitert, wiederum ein Bettler, wiederum Hans im Glück – insofern, als er »mitten im Angstgedränge« zu einem gutmütigen, ihm wohlwollenden Grafen zitiert wurde, der ihn, den Verzweifelten, Heruntergekommenen, erst einmal anständig einkleidete und als Gast beherbergte. Dieser Graf von Schmettau, nach einem abenteuerlichen Diplomatenleben in vieler Herren Solde nun in der Sinekure eines kurpfälzischen Geheimen Rates gelandet, muß ein rechtes Original gewesen sein. Belastet durch einen radikal aufklärerischen dänischen Generalsvater, der noch im Alter Hebräisch studiert hatte, um die Bibel widerlegen zu können, beschäftigte er sich selber überdurchschnittlich intensiv mit Religion, Kunst und Literatur, wurde ein philosophischer Weltverächter (Voltaires erzpessimistischer Roman »Candide« war ihm gewiß aus der Seele geschrieben), las in drei Sprachen und unterhielt eine außerordentliche Gemmen-Sammlung.

Diesem gebildeten Sonderling las Schubart Klopstocks »Hermanns Schlacht« und Goethes »Götz von Berlichingen« vor, er begeisterte ihn für deutsche Dichtung und bewahrte ihn vor selbstmörderischen Gedanken. *Ein* Lebensretter rettete den anderen. Sogar ganz real betrachtet: als Schubart, der schon früher schwer erkrankt war, in Schwetzingen einen Schlaganfall bekam, war es der Graf Schmettau, der ihn mit liebevoller Sorgfalt gesund pflegte. Dadurch ist der merkwürdige Mann für Schubarts Biographie im wahrsten Sinne des Wortes vital wichtig. Für die Karriere wurde die jüngste Bekanntschaft, der kurbayrische Gesandte Baron von Leyden, bestimmend. Er suchte Hilfskräfte für die neue Kulturpolitik seines Dienstherren, des Kurfürsten Maximilian Joseph III. in München. Dort war, nach dem 1773 vom Papst erlassenen Verbot des Jesuitenordens, eine liberalere Hofpartei aufgekommen. Schubart erschien als geeigneter Partisan – sofern er zur katholischen Konfession übertrat. Kein leichter Entschluß für den Pastorensohn Schubart. »Das will ich gar gerne«, beschied er den bayrischen Gesandten, »ohne weitere Überlegung«.

Diese saloppen Worte der Lebenserinnerungen haben protestantisch-pastoralen Schubart-Biographen des 19. Jahrhunderts großes Kopfzerbrechen bereitet und zu einer wahren Akrobatik der moralischen Rechtfertigungen verleitet. Heute kann man die damalige Situation nüchterner betrachten. So nüchtern, wie es Schubart selber ganz naiv zu Papier brachte: »Was hast du zu verlieren, dachte ich...« Der völlig besitzlose, völlig hoffnungslose Bettler hatte ja wirklich nichts zu verlieren. Schubart als Katholik – ein schwer vorstellbarer Gedanke. Er war ja nicht nur von Taufe und Erziehung, sondern auch vom innersten Charakter her ein Protestant, die konfessionelle Bezeichnung in ihrem sich auflehnenden Wesen verstanden. Seine lutherische Überzeugung hinderte ihn nicht daran, im Rückblick auf Mannheim die dortigen protestantischen »zelotischen Pfaffen« anzuprangern, die ihre Glaubensbrüder so mit ihrem Fanatismus bedrückten, daß die evangelischen Pfälzer einen viel verängstigteren, furchtsameren Eindruck auf Schubart machten als die katholischen. Man sieht daraus: Pfaffe war für ihn Pfaffe, gleich verächtlich, ob mit Beffchen oder in Jesuitenkutte.

Nun fuhr er also in der Kutsche mit dem Baron von Leyden dem katholischen München entgegen, »unter dem Karakter eines Konvertiten«. Zum Abschied hatte er in Schwetzingen noch einen Brief an seine Frau geschrieben, ein paar Geldstücke beigelegt, die sein Wohltäter, der Graf von Schmettau, großzügig um 100 Gulden aufstockte. Er lernte nun auch den Baron von Leyden als einen religiös toleranten, klugen und gütigen Mann kennen, besuchte mit ihm Aschaffenburg, die Würzburger Residenz, wo er dem Fürstbischof vorspielte und Tiepolos Fresken bewunderte, und wo er in dem »berühmten Konvertiten« Herwig, einem zurückgezogen lebenden Gelehrten, die Problematik des Glaubensübertrittes in damaligen Zeiten kennenlernte. Er erfuhr, was sich in München dann am Beispiel des gelehrten Konvertiten Ostwald wiederholte, daß »Renegaten bei Türken und Christen zwar willig aufgenommen, aber meistens bald verachtet werden.«

In der Zwischenstation Nördlingen fand Schubart entweder keine Zeit oder keinen Mut, dort das Ehepaar Böckh, Schwester und Schwager also, zu besuchen. Auf dem Gut des Barons in Affingen bei Augsburg wurde längere Rast gemacht. Hier erreichten ihn, offenbar auf langen Umwegen, zwei Briefe seiner Frau aus Geislingen, deren »zärtliche Schwermuth, weibliche Sorgsamkeit, girrende Liebe und innige Dankbarkeit« den Empfänger in Tränen und Reue stürzten, ihn aber weder von Theaterausflügen nach Augsburg, noch von der Fortsetzung der Reise nach München abhielten.

Warum auch: In der »alten, prächtigen, von Menschen wimmelnden Stadt« lagen ja alle seine Hoffnungen, endlich eine gesicherte Existenz zu finden. Es ließ sich auch zunächst alles gut an. Der Baron von Leyden führte in die Gesellschaft ein, wo Schubart bald feststellte, daß man in den Salons englische und französische Schriftsteller viel besser kannte als deutsche. Das gemeine Volk fand Schubart ohnehin »noch im tiefsten Aberglauben versunken«. Literarisch war also, auch wenn der Gast in München eine heißhungrige Begierde nach Bildung festzustellen glaubte, nicht viel zu hoffen; seine Klopstock-Begeisterung hatte gar keine Gelegenheit, sich bei Damen der Gesellschaft, ohne die in der Münchner High-Society nichts ging, oder bei Kavalieren zu betätigen, die mehr an der Jagd und der Landwirtschaft interessiert waren (einige auch am jungen deutschen Theater der Residenz).

Da versprach das höfische Musikleben schon mehr. Der bigotte bayrische Kurfürst Maximilian Joseph III., als Mittvierziger damals in seinen besten Jahren, war ein großer Musikfreund, spielte selber Geige und Gambe und komponierte Messen. Sein Geschmack war ganz an der Europa beherrschenden italienischen Musik orientiert; aber Schubart, der ihm wiederholt auf dem Klavier vorspielen durfte, schätzte ihn als Musiker und als »edelste, vom Stolz unaufgeblähteste Fürstenseele«. Viel weniger schon seine zurückgebliebene Kirchenmusik; auch das Hoforchester, in dem der Monarch gelegentlich selber die Geige mitstrich, stand hinter den Mannheimer Virtuosen weit zurück. Mit dem aus Brescia gebürtigen, damals von Trier kommenden Hofkapellmeister Pompeo Sales befreundete sich Schubart jedoch rasch. Er würdigte später eine von Sales' italienischen Opern warmherzig in der »Deutschen Chronik«. Publizistisch machte er sich für die Gründung eines deutschen Nationaltheaters in Mannheim stark. Sie kam erst zustande, als er, eingekerkert, allem Einfluß entzogen war. Doch bleibt unbestritten, und von der Schubart-Literatur zu wenig gewürdigt, daß er auch in dieser kulturpolitisch bedeutenden Frage – mit den Schiller-Uraufführungen in Mannheim begann eigentlich die deutsche Theaterblüte! – sein Gespür für Zukünftiges, seinen progressiven Kunstsinn bewiesen hatte.

In der Hofbibliothek entdeckte der allzeit neugierige Schubart Partituren des großen Renaissance-Meisters Orlando di Lasso und lernte ihn kennen und bewundern: »... unsere Porzellanmännchen und Marzipanpuppen, was würden die sagen? – O Lasso, Lasso, bleib liegen, bis dich die bessere Nachwelt entmodert!« Solche Erkenntnis eines längst vergessenen Genies war dazumal ähnlich hellsichtig wie Schubarts Bach-Verehrung. Als Musiker zeigte er sich noch prophetischer, progressiver denn als Literat – wir werden uns damit später näher beschäftigen. Hinter dem Flitterglanz der italienischen Hofmusik, in deren guldenhaltigem Stellenbereich er seine Existenzgrundlage suchte, entdeckte er die ganz unscheinbaren, für ihn wahren Werte des musikalischen Bayerns, nämlich die der Volkslieder; auch dies spricht für die kritische Wachheit, die Unabhängigkeit des Musikers Schubart. Was alle feine Welt verachtete, die auf Gassen und in Schenken gesungenen »Liedels«, merkte er sich, spielte und sang er in Gesellschaften nach und pries er begeistert als »den eignen musikalischen Nationalgeist der Baiern« an. Er erhob solche Volkspoesie zur deutschen kulturellen Hoffnung schlechthin:

»Hin, Tonkünstler und Dichter, nach Böhmen, Oestreich, Baiern, Sachsen, Schwaben! – Hin an alle deutsche Ströme und belausche die Urlaute unsers Volks, wie sie mit Lied und Sang aus dem Herzen Quellen – ahme sie nach, veredle sie, und du wirst alle deutsche Nerven dröhnen, alle Herzen hüpfen, alle Augen glühen und alle Glieder beben machen!«

Schubarts Lebenserinnerungen verlebendigen hier seine Volkslied-Begeisterung von 1773. Erst später erschienen Herders »Stimmen der Völker in Liedern«, dieser epochale, wahrhaft europäische Aufruf zur Neuentdeckung dessen, was zweihundert Jahre danach immer noch als sogenannte Folklore eine internationale musikalische Weltmacht ist. Den armseligen Musicus Schubart nahm damals kaum einer ernst, wenn er vornehme Münchner Abendgesellschaften mit seinen Schnadahüpferln amüsierte. Und doch: Als Folklore-Entdecker war er seiner Zeit voraus.

Dem mittellosen Bettler bot erst der Reisegenosse Graf Schmettau, dann der Geheimrat von Lori Logis und Kost. Schubart geriet in die Mühle des damaligen Kulturkampfes in Bayern. Der seit der Gegenreformation dominierende Orden der Jesuiten war in diesem Jahr 1773 vom römischen Papst, aus welchen diplomatischen Gründen immer, aufgelöst worden. Eine so etablierte Macht wirkte natürlich weiter. Grenzen setzten lediglich lokale Gegenmächte, und die erwiesen sich unter dem lässigen Szepter des bayrischen Kurfürsten als erstaunlich stark. Es ging hauptsächlich um die längst fällige Reform des rückständigen Schulwesens. Schubarts Gönner Lori, der seinen Hausgenossen als Berater heranzog, schwor als guter bayrischer Patriot auf Landessitten; sein Gegenspieler war der Kanonikus Braun, der – seltsam vertauschte Fronten – liberale evangelische Ideen miteinbrachte und sich schließlich durchsetzte. Lori wurde verbannt, sein Günstling diskreditiert.

Aber da hatte sich Schubart schon wieder selber ins Abseits verbracht. Wie hätte er, der Sinnenfrohe, Lebenslustige, Leichtlebige, den Verlockungen einer Residenzstadt widerstehen können? »... Wie schnell ich wieder in ganz München, in hohen und niedern Gesellschaften, in Gesandtschaftshäusern und Bierschenken, in Büchersälen und gedankenlosen Zusammenkünften, der Jupiter's und Silen's, den Juno's und ihren Stubenmädchen, Virtuosen und Schnurranten, gesetzten Weisen und lüftigen Landstreichern bekannt wurde ... bis ich schwindelte und sank«. Lüftig oder lustig – Schubart blieb sich nur treu, wenn er so bunte, wahrhaft gemischte Gesellschaft suchte; so war es schon in Geislingen gewesen, und immer hatte er sich, von der unbezweifelbaren Gefälligkeit der Stubenmädchen ganz abgesehen, unter Virtuosen, Schnurranten und Landstreichern wohler gefühlt als unter gepuderten Lackaffen, in den Schenken von

96

Handwerkern und Bauern mehr gelernt und künstlerisch mehr profitiert als auf dem Parkett der Salone.

In München fand er keinen festen Boden unter den Füßen. Er wurde mißmutig: »Nirgends war ich so unfähig zum Guten, wie hier. Nicht eine Komödie, die ich zehnmal anfing, . . . nicht eine Ode, ein Lied, ein Menuett, nicht einmal ein Brief wollte mir gelingen«. Die katholische Atmosphäre Bayerns wurde ihm immer widerwärtiger (wenigstens beteuert er das in seinen Memoiren): die Gleichgültigkeit gegenüber der Bibel, der Heiligenkult, dem er allenthalben, »in jedem hohlen Baume, in jeder Blende eines Hauses« in flittergoldenen Bildern und Figuren begegnete; die katholische Religion schien ihm eher zum Aberglauben als zum Glauben zu führen, er meinte oft »in den Zeiten des dicksten Heidenthums zu leben«. Und zu dieser Religion zu konvertieren, bedrängte man ihn immer mahnender! Aus allen Gewissensnöten, wenn es denn echte waren, befreite ihn mit einem Schlag das Gutachten aus Stuttgart, das man angefordert hatte. Es konnte nicht vernichtender lauten: Schubart glaube »an keinen heiligen Geist«, eben darum sei er aus Württemberg ausgewiesen worden.

Schubart gibt vor zu wissen, wer der Zeugnisgeber war, verrät ihn aber nicht; man kann darüber rätseln, ob ein moralischer Pastor, man denkt gleich an Zilling, oder gar der ebenso moralische Professor Haug – wir haben ja schon sein skizziertes, sittlich empörtes Schubartporträt von damals zitiert – sich zum Konfidenten hergab. »Fort mit ihm!« hieß es nun allenthalben in München, er habe nicht einmal mehr Zeit zum Abschiednehmen von Freunden gehabt, so schildert der Memoirenschreiber die neue Situation. Ob er da nicht etwas dramatisierte? Da ihm doch sogar der fromme Kurfürst, der doch eigentlich einen solchen Verächter des Heiligen Geistes hätte verachten müssen, »ansehnliche Geschenke« zum Abschied mitgab? Wie immer: Ein Abschied war es jedenfalls. Wieder eine Hoffnung weniger, das Brot als bestallter Hofmusicus, anderes kam ja in München gar nicht in Frage, zu verdienen.

»Wohin, Kerl? dachte ich, als ich zum Thor hinausfuhr«. Wohin? Erst einmal in die nächstliegende Richtung, zur großen

Reichsstadt Augsburg hin. Aber in der engen Postkutsche kam es zu unerquicklichem Disput mit einem franziskanischen Mönch, einem »bigotten Pfaffen«, und jetzt, da er als Konvertit in spe gescheitert war, schleuderte der Protestant Schubart mannhafte Beschimpfungen ins pechschwarze Pfaffengesicht und stieg empört unterwegs aus. »Wohin, Kerl?« Eigentlich wollte er nach Stockholm, wo des liberalen Rokoko-Königs Gustav III. (des Ur-Helden von Verdis Oper »Un ballo in maschera«) mäzenatischer Kunstsinn vage verlockte. Indessen, Traum-Stockholm war weit, banalste Realitäten lagen viel näher. Schubarts Kleider waren zerschlissen; um eine so große Reise zu wagen, mußten sie erneuert werden, und das konnte nur in Augsburg geschehen.

Augsburg also als Ausgangspunkt für die Reise nach Stockholm – eine kuriose Geographie, eine für Schubarts Lebensweg sehr wesentliche Station. Das Wanderjahr des Musikers Schubart hatte so gut wie nichts erbracht. Jetzt wurde das Steuer seines allzeit gefährdeten Lebensschiffleins jäh herumgerissen.

AUGSBURG UND ULM:
DIE DEUTSCHE CHRONIK

Zu Fuß, abgerissen und völlig mittellos kam Schubart im März 1774 in Augsburg an. Er erinnerte sich eines weitläufigen Verwandten, eines Bierwirtes, der ihn auch zunächst aufnahm. Immer noch plante er, nach Schweden auszuwandern und am Hofe des kunstsinnigen Königs Gustav III. sein Glück zu versuchen. Das schrieb er auch seiner Frau, davon sprach er an der Tischrunde in der Weberkneipe »Zum Walfisch«, wo er die ersten Kontakte in der Reichsstadt knüpfte. Die Handwerker luden ihn, den Habenichts, »zu traulichem Gastmahle und weideten sich an meinem Hellauf, wie ich mich an ihrer urdeutschen Biederherzlichkeit«. Die Weber stellten immer noch die größte Zunft in Augsburg. Sie wurden Schubarts beste Freunde, und wenn er in seinen Memoiren schreibt: »Ich habe als Dichter unter den niedern Ständen weit mehr gelernt, als unter den Höhern; denn jene stehen näher am Quell der Natur«, so trifft das auf die Augsburger Zeit besonders zu, wenn man zum Dichten auch noch das zu Papier gebrachte Plaudern, Geschichtenerzählen, Kommentieren hinzunimmt, kurz, die Arbeit an der Zeitung »Deutsche Chronik«.

Sie wurde für die nächsten vier Jahre seine ganz dominierende Beschäftigung. Er hatte die Zeitung selbst gegründet und bestritt sie fortan fast ganz aus seiner Feder; in ihrer Mischung von Prosa und Poesie, mit der unverwechselbaren Handschrift ihres Autors, als publizistische Pionierleistung ein wesentlicher, äußerst erfolgreicher Bestandteil seines vielfältigen Lebenswerkes. Als er mit dem Verleger und Buchhändler Konrad Heinrich

Stage zusammengebracht wurde und der von ihm »etwas Gang-
bares« verlangte, machte sich Schubart erst an einen Roman, ließ
aber bald von diesem »langweiligen Geschäft« ab und schlug
statt dessen vor, das dahinvegetierende Wochenblättchen Stages
durch ein ganz neues zu ersetzen. Es sollte von vornherein übers
Lokale ins Nationale, ja ins Weltläufige zielen, ». . . den Zirkel-
bogen etwas weiter . . . ziehen«, wie er selber schrieb.

Stage ging sogleich darauf ein. Schon am 31. März 1774, also
nur wenige Wochen nach seiner Ankunft in Augsburg, kam die
erste Nummer der »Deutschen Chronik« heraus. Was Schubart
selber anfangs »nur wie eine Episode« erschien, wurde sehr
schnell ein ausgesprochener publizistischer Erfolg, und dazu
noch ein dauerhafter. In insgesamt fünfzehn Jahrgängen erschien
– unter wechselnden Namen – diese Chronik; für die damalige
Frühzeit der deutschen Presse eine respektable Erscheinungs-
dauer. Der einigermaßen vergleichbare »Wandsbecker Bote«
von Schubarts Freund Matthias Claudius ging zwar um drei
Jahre voraus, aber 1775 bereits wieder ein.

Mit dem Gedeihen der »Deutschen Chronik« wurde aus dem
zugereisten Bettler fast über Nacht ein bescheiden bürgerlich
verdienender Mann. Er erhielt vom Verleger Stage mindestens
30 Gulden monatlich; die Auflage, die Schubart einmal, in einem
Brief an seinen Sohn, mit 1600 Exemplaren angab und an der er
gewinnbeteiligt war, stieg beständig an. Dazu kamen kleinere,
unregelmäßige Honorare für Klavierunterricht, Vorträge und
Beiträge bei anderen Zeitschriften. Über dreißig Gulden monatlich – keine üppige Summe, aber damit ließ sich auskommen.
Schubarts, des Genießers, Maxime »Leben und leben lassen«
mußte freilich einiges kosten, wenn man bedenkt, daß die
»Deutsche Chronik«, zweimal in der Woche erscheinend,
jeweils in Wirtshausrunden geboren wurde, die sicher öfter als
zweimal wöchentlich stattfanden, und die den zugereisten,
gestern noch der Einladung bedürftigen Fremden bald als groß-
zügigen Einlader zum Umtrunk sahen.

»Ich schrieb sie – oder vielmehr diktierte sie [Anm.: die Deutsche Chronik] im Wirtshause, beim Bierkrug und einer Pfeife
Tobak, mit keinen Subsidien, als meiner Erfahrung und dem

Bierbrauerei zum Walfisch in Augsburg
Gründungsort der »Deutschen Chronik«

Deutsche Chronik.

auf das Jahr 1774.

herausgegeben

von

M. Christ. Fried. Daniel
Schubart.

Erstes Vierteljahr
vom 1sten bis 26sten Stück.

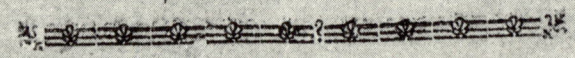

Augsburg,
bey Conrad Heinrich Stage.

Titelblatt »Deutsche Chronik auf das Jahr 1774«

Bischen Witz versehen, womit mich Mutter Natur beschenkt hatte. Wenn ich mehr Muße gehabt hätte oder mich nicht so sehr in Zerstreuungen verloren hätte, so wäre ich traun! kein übler Zeitungsschreiber worden. Ich hatte Feuer, wußte wie die Menschen zu greifen waren, wußte meine Muttersprache zu schreiben, besser, als man es in dasigen Gegenden gewohnt war ...« Da stellt sich der Rückblicker Schubart richtig dar, was seine sprachkräftige Überlegenheit über das »dasige«, also schwäbische Mittelmaß seiner Zeit betrifft; aber allzu bescheiden, und nur aus der Büßerperspektive des Aspergs begreiflich, wenn er seine journalistische Leistung mit Wenn-Konjunktiven verbindet. Er wäre nicht geworden; er war ein großer deutscher Zeitungsschreiber.

Auch wenn er zu diesem seinem künftigen Brot- und Hauptberuf aus purer Not und über Nacht kam, hatte er bereits einige Erfahrung damit. Als Schulmeister in Geislingen lieferte er, wie schon erwähnt, mehrere Beiträge für eine in Lindau und Chur erscheinende Zeitschrift »Der neue Rechtschaffene«, in Ludwigsburg wollte er gar selber »eine politische und gelehrte Zeitung mit künftigem Jahre anfangen«, wie aus einem Brief an Schwager Böckh vom 7. Dezember 1771 hervorgeht.

Der plötzliche Wohlstand in Augsburg ließ Schubarts gute, familiäre Gefühle aufflammen. Schmerzlich traf ihn im Frühjahr 1774 die Nachricht vom Tode des Vaters (der Bruder Jakob war schon vor drei Jahren gestorben). Der alte Schubart, der Christian seit langem für einen verlorenen Sohn hielt, hatte in seinen letzten Tagen noch die Freude, einige Nummern der »Deutschen Chronik« als hoffnungsvolles Zeichen für des Sohnes endlich gewonnene Lebenstüchtigkeit zu empfangen, und er rührte auch in Aalen brav die Werbetrommel dafür. Für Frau und Kind konnte Schubart jetzt endlich etwas tun. Zwar gelang es ihm offenbar noch nicht, Helene aus der ärmlichen Geborgenheit des Geislinger Vaterhauses in das Augsburger Ehebett zu verlocken. Aber sie muß ihn wohl irgendwann besucht haben; wer sollte sonst das neunjährige Söhnchen Ludwig nach Augsburg verbracht haben, wo Vater Schubart dem Sprößling nicht nur Gymnasialbildung ermöglichte, sondern auch noch liebevollen häus-

lichen – Vater und Sohn wohnten zusammen – Nachhilfeunter-
richt erteilte? Zu Himmelfahrt 1774 war Helene jedenfalls schon
wieder zu Hause im sicheren Geislingen, denn unter diesem
Datum schrieb ihr, mit der Anrede »Meine Geliebte«, der Ehegatte über das Kind Ludwig:

»Mir ist es lieb, daß ich Jemand bei mir habe, dem ich Gutes thun kann. Ich hab ihm einen silbernen Hosenschnaller geschenkt und laß ihm nun Schuhschnallen dazu machen . . . Er ist
gewaltig nachläsig und schont die Kleider so wenig, als – sein
Papa . . .« Der zärtliche Papa Schubart ging mit dem kleinen
Ludwig bald nochmals in die väterlichen Memoiren ein. Das
war, als Vater und Sohn sich gemeinsam unter die Bettstatt
flüchteten, da von der Straße her, durch die berstenden Fenster-
scheiben, Steine nach dem Chronikschreiber geworfen wurden.
Zweifellos aus katholischen Händen. Solche fanatische, auch vor
Tätlichkeiten nicht zurückschreckende Aktivität des Hasses ist
nur aus der politischen (also auch: religionspolitischen) Situation
des Augsburgs jener Zeit zu begreifen.

Längst war die altberühmte Reichsstadtherrlichkeit der Fug-
ger- und Welser-Zeit dahin. Schubart merkte das deutlich, wenn
er in seinen Memoiren die spießige Bürgerlichkeit der herrschenden Patriziergeschlechter zugleich ironisierte wie deutsch-
vaterländisch verklärte – so ambivalent, so gespalten wie allezeit. Es ging ihm gut in Augsburg, vor allem, weil sein jüngstes
literarisches Kind, die »Deutsche Chronik«, so gut gedieh. Also
unterschied er gute und böse Augsburger, je nachdem, ob sie
seiner Existenzgrundlage gewogen waren. Was praktisch bedeutete: evangelische und katholische; und was wiederum die
soziale Situation in der Stadt beleuchtet.

Augsburg, vor zweihundertfünfzig Jahren die Symbolstadt
der evangelischen Konfession, war von der Gegenreformation
ins alte, katholische Lager hingezogen worden. Zu Schubarts
Zeiten drückte sich die damals herrschende Doppel-Konfessio-
nalität in einer Gleichteilung der Herrschaftsverhältnisse aus.
Der Magistrat, die Stadtregierung, war streng paritätisch
besetzt. Eine Parität, die der Memoirenschreiber Schubart so
kritisierte: »Alles Schiefe, Widerwärtige, Dumpfe, Steife und

Unangenehme, was den Fremden beim ersten Anblick in Augsburg aneckelt, kommt von der Parität her, diesem zweiköpfigen Ungeheuer, das aus zwei Rachen bellt, aus zwei Schlünden giftiges Mißtrauen in die Gemüther haucht, und sie zur freien, offenen Freude gänzlich unfähig zu machen scheint.« Der Lutheraner Schubart, seine kürzlichen konfessionellen Konversionsgedanken waren längst so verdrängt wie die Stockholmer Emigrationsabsichten gegenstandslos, der eingeborene Protestant Schubart schlug sich bedenkenlos zur Partei seiner Sympathie- und seiner Sympathisanten. Auch wenn diese sich in Defensivstellung befanden, allen geistigen Vorzügen zum Trotz: »Kunst, Geschicklichkeit, Gewerbsamkeit, Kunstfleiß, Aufklärung und Schönheit der Sitten zeichnet die Lutheraner in Augsburg so merklich vor ihren Mitbürgern, den Katholiken, aus, daß man nirgends mehr als hier die Wohltat der Reformation kennen lernt. Und doch behaupten die Katholiken einen so augenscheinlichen politischen Vorzug über die Lutheraner, daß man ohne ihre Unterstützung in Augsburg unmöglich fortkommen kann.« Der unmittelbar folgende Satz dieses Memoiren-Berichtes zeigt Schubart als hellsichtigen Propheten: »Wenn es so fortgeht, so wird der päpstliche Hecht die lutherischen Grundeln bald verschlungen haben. ›Im neunzehnten Jahrhundert ist vielleicht ganz Augsburg katholisch;‹ eine Weissagung, die man, ohne delphischen Dreifuß, von den vorliegenden Aspecten abziehen kann.«

Diese pessimistische Objektivität erscheint desto bewundernswerter, als ja Schubarts Hoffnungen ganz und gar in der protestantischen Partei Augsburgs ruhten. Das gilt zunächst für seine alltägliche Kumpanei am Wirtshaustisch; die ehrbare Weber-Zunft war ganz protestantisch gesinnt, und in ihrer Gesellschaft, in ihrem »biederen« Dunstkreis, wurde zweimal in der Woche die »Deutsche Chronik« geboren. Am Biertisch entstand sie, in ständigem Gespräch mit Kumpanen, in Rede und unmittelbarer Widerrede. Diese Zeitung wurde weniger geschrieben als gesprochen. Ein kleiner Gehilfe, man kennt seinen Namen nicht, brachte zu Papier, was Schubarts Rede hervorsprudelte: bald aus Zeitungen Nachrichten herausfischend, bald Kommentare formulierend, bald aus dem Gedächtnis (einem keinesfalls untrüglichen, aber nie um phantasievolle Ausschmückung verlegenen) unterhaltsame Anekdoten oder kuriose Geschichten erzählend.

Schubart war nicht nur in dieser Wirtshausrunde populär, er fand auch sonst viele, und achtbare Freunde. So den Gymnasialrektor Mertens, der ihm Zugang zu kostbaren griechischen Manuskripten in der Stadtbibliothek verschaffte; den namhaften Orgel- und Klavierbauer Stein, auf dessen Instrument in der Barfüßerkirche er öfter spielte; den Mechaniker Brander, dessen Konstruktionen weithin in Deutschland berühmt waren; den einflußreichen Patrizier Paul von Stetten. Schubarts Aktivität erschöpfte sich keineswegs mit dem Schreiben und Zusammentragen der »Deutschen Chronik«. »Nirgends war ich beschäftigter als hier«, schreibt er. »Ich gab Lektionen auf dem Fortepiano, und hatte das Glück, in kurzer Zeit ein paar tüchtige Subjekte zu bilden, die sich öffentlich mit Beifall hören ließen. Ich spielte auf Orgeln, Flügeln und Klavieren allenthalben mit Beifall; ich gab Vorlesungen über die schönen Wissenschaften und Künste, hatte gelehrte und Künstlerversammlungen in meinem Hause, las die neuesten Schriften und Partituren, benutzte Gemälde, Kupferstiche, Holzschnitte, Medaillen, Handzeichnungen, Gebäude, Manufakturen, Bibliotheken, Kunstsäle, gab Fremden Besuch, nahm Besuch, und schrieb dabei meine Chronik mit immer wachsendem Beifall fort; – machte auch Vorreden, Einleitungen zu anderen Werken, Gelegenheits- und andere Gedichte häufig, bald gut, bald schlecht, jenachdem meine Seele gestimmt war.«

Besondere Freude bereitete es ihm, wenn er in seinen Lesestunden in Privathäusern und im Musiksaal »auf dem Beckenhause«, nachdem er sich mit Goethe, Lenz, Leisewitz und anderer Gedichte als Rezitator eingeführt hatte, den Augsburgern seinen geliebten »Messias« nahebringen konnte. Klopstocks Epos war in Augsburg, wie überall in Süddeutschland, immer noch so gut wie unbekannt. Jetzt erlebte der glühende Klopstockianer Schubart, wie seine Begeisterung, seine packende Vortragskunst – »(ich) war kein schlechter Rhapsode« – auf die immer wachsende Gemeinde seiner Zuhörer übersprang. »Man schauerte, weinte, staunte, und ich sah's mit dem süßesten Freudengefühl im Herzen, wie offen die deutsche Seele für jedes Schöne, Große und Erhabene sey, wenn man sie aufmerksam zu machen weiß.«

Man kann es Schubart schon glauben, wenn er das knappe Augsburger Jahr – trotz dem jähen Ende durch neuerliche Ausweisung – rückblickend glücklich nannte. Sein Verhängnis lag darin, daß das literarisch-publizistische Produkt, dem er seinen jungen Wohlstand verdankte, die »Deutsche Chronik«, zugleich seine Existenz unterminierte. Das mußte so sein, er konnte nicht anders – sonst wäre die »Deutsche Chronik« nicht das geworden, was sie war. In einer Anzeige seiner Zeitung schrieb Schubart: »Und nun werfe ich mit jenem Deutschen, als er London verließ, meinen Hut in die Höhe und spreche: ›O England, von deiner Laune und Freiheit nur diesen Hut voll!‹« Eine halb poetische, scheinbar ganz harmlose Aufwallung von Freiheitsgefühl. Aber schon sie ging dem regierenden Augsburger Bürgermeister namens Kuhn über die Hutschnur: »Es hat sich ein Vagabund hereingeschlichen, der begehrt für sein heilloses Blatt einen Hut voll englischer Freiheit: – Nicht eine Nußschale davon soll er haben«.

Also versuchte der oberste Repräsentant einer sogenannten Freien Reichsstadt der Freiheit den bedrohlichen englischen Hut vom Kopf zu schlagen und der »Deutschen Chronik« den Lebensfaden zu kappen. Er hatte, und das spricht wiederum für die Reste von freiheitlicher Opposition in der jesuitisch dominierten Reichsstadt, nur halben Erfolg. Zwar durfte kein Augsburger Drucker sich mehr an die »Deutsche Chronik« wagen. Vom »Zehnten Stück« an, datiert »Den 5. May, 1774«, wurde die Zeitung in Ulm gedruckt, »bey Christian Ulrich Wagner, Canzley-Buchdruckern«. Der Druckereiwechsel beeinträchtigte jedoch keinesfalls ihr weiteres Gedeihen. Sie hätte noch lange in Augsburg geschrieben und verlegt werden können, wenn sich nicht Schubart durch seine Attacken auf Mißbräuche innerhalb des katholischen Lagers dessen unversöhnlichen Haß zugezogen hätte.

Schon daß er sich mit den Jesuiten einließ, war so folgerichtig, nämlich der eigenen Natur folgend, wie unvorteilhaft. Denn in Augsburg wurde das ein Jahr zuvor ergangene päpstliche Verbot des Jesuitenordens einfach nicht praktiziert. Schubart äußerte sich jedoch in seiner Chronik äußerst kritisch über ihn, im November 1774 und im folgenden Februar: »Die Zahl der Freunde und Vertheidiger des Jesuiterordens vermindert sich täglich... Die Katholiken machen nun die herrlichsten Erziehungsanstalten, ohne Beystand der Jesuiten, und wir Protestanten haben schon längst in allen Theilen der Wissenschaften Meister aufzuweisen, ohne unsere Weisheit aus den Schulen oder Schriften der Jesuiten geholt zu haben«. Das saß. Denn in der Pädagogik lag das Hauptprestige der Societas Jesu.

Vollends zum persönlichen Unheil wurde dem Chronik-Schreiber Schubart der obrigkeitliche Augsburger Filz, der die Jesuiten zu – für Schubart unbegreiflich – Verteidigern des katholischen Wunderheilers und Teufelsaustreibers Johann Joseph Gassner machte. Daß dieser kleine Landpfarrer, der durch seine fanatischen Exorzismen in Süddeutschland, zumal in Ellwangen, lange Furore machte und viel medizinisches Unheil stiftete, schließlich sogar von der kirchlichen Obrigkeit fallengelassen wurde und, in die niederbayrische Einöde versetzt, 1779 vergessen starb, diese unscheinbare kirchenamtliche Korrektur abergläubischer Exzesse erlebte Schubart nicht mehr als freier Mensch. Solange er aber eben dies war, wurde er nicht müde, den wüsten Aberglauben des katholischen Pfarrers Gassner anzuprangern.

Ein Aufklärer gegen Dunkelmänner? Dieses Gegensatzpaar wäre zu simpel formuliert. Zumindest war Schubart kein klarer, eindeutiger Aufklärer. Wenn er in seiner »Deutschen Chronik« die Nachrichtensensation des Jahres 1774, eben jene massenwirksame Tätigkeit des Teufelsaustreibers Gassner bald sachlich, bald giftig kommentierte, so sprach aus solchem Engagement das Allerbeste des Publizisten Schubart: seine unbestechliche, allen Verführungen von Macht und Anpassungsvorteil trotzende persönliche Redlichkeit – so nachteilig sie sich, angesichts der Augsburger Lokalverhältnisse, auswirken mußte.

Schubart schrieb in seiner »Deutschen Chronik« vom 12.

Dezember 1774: »Der Pfarrer zu Klösterle Gassner fährt fort, den dummen Schwabenpöbel zu blenden. Er heilt Höcker, Kröpfe, Epilepsien – nicht durch Arzneyen; sondern bloß durchs Auflegen seiner hohepriesterlichen Hand. Kürzlich hat er ein herrliches Buch herausgegeben, wie man dem Teufel widerstehen soll, wenn er in Menschen und Häusern rumoret. Und da giebts noch tausend Menschen um mich her, die diese Narrheiten glauben – Heiliger Socrates, erbarme dich meiner! Wann hören wir doch einmal auf, Schwabenstreiche zu machen?«

Schwabenstreiche – hier ist das vielzitierte Wort wohl literarisch erstmals in seiner eigentlichen, ironisch gemeinten Bedeutung zitiert, die erst Uhlands populäres Gedicht (»Zur Rechten sah man und zur Linken/einen halben Türken heruntersinken«) stammlich-nationalistisch verklärte und verkehrte. Wichtiger ist, daß diese unter den damaligen Augsburger Gegebenheiten mutige Glosse der Existenz des Publizisten Schubart praktisch den Boden entzog. Die Jesuiten, die Unterstützer des Scharlatans Gassner, waren einfach zu mächtig. Der kecke Zeitungsschreiber Schubart konnte sich zwar durch seine schlaue Beredsamkeit vor dem Magistrat noch retten. Der zeigte sich auch immerhin so anständig, daß er die terroristischen jesuitischen Steinwürfe gegen Schubarts Wohnung vorsichtig verurteilte. Aber das Maß war einfach voll. Die lokalpolitischen Machtverhältnisse vertrugen keine unabhängig freiheitliche Pressestimme. »Schon wurde die Lunte geschwungen, welche die Mine entzünden und mich armen Pilgrim in die Luft sprengen sollte«.

Das geschah im Winter 1774. Noch einige Wochen zuvor hatte Schubart dem Schwager Böckh, jetzt Archidiakon in Nördlingen, geschrieben: »Ich lebe hier – größtentheils in philosophischer Stille – schreibe, lese, klaviere, seh Kunstwerke, esse wenig, trinke mehr; habe einen einzigen Rok und 3 Hembder; zweifle, lache, lebe oft gerne, stampfe aber öfters den Boden, daß er sich nicht mir zum Grabe öfnet – dort, dort möcht' ich schlafen, wo mein Vater liegt« (16. September 1774). Dem Schwager gegenüber äußerte sich Schubart immer völlig ehrlich und wahrhaftig; man muß deshalb die – angesichts seines guten

Einkommens – erstaunliche Beschreibung der dürftigen Garderobe für wahr nehmen. Und als ein Charakterzeichen: dergleichen Äußerlichkeiten interessierten den einstigen Ludwigsburger Hofgecken jetzt nicht mehr, da er ein so reiches, befriedigendes geistiges Leben führte und zum erstenmal einen soliden Beruf, den eines erfolgreichen Journalisten, gefunden hatte. Damit aber, und schon gar mit der »philosophischen Stille«, war es bald jäh zu Ende. Jedenfalls in Augsburg, wo es ihm so gut gefiel, daß er hier dereinst sein Leben zu beschließen wünschte.

Eines Abends, er saß Klavier spielend und plaudernd mit Freunden in seiner Wohnung am Eisenberg, wurde das Haus von Soldaten umstellt, ein Vertreter des katholischen Bürgermeisters trat ins Zimmer, beschlagnahmte alle Manuskripte, versiegelte die »armselige Habschaft« und kündigte Schubart an, der Magistrat habe seinen Hausarrest verfügt. Ein alter Diener, den Schubart in Augsburg angestellt hatte, wurde sogar »in die Eisen geschleppt«. Die Aktion erregte Aufsehen, Volk sammelte sich auf der Straße an, Freunde besuchten demonstrativ den Arrestanten, brachten Weinflaschen mit und Geld. Einflußreiche protestantische Kaufleute, an der Spitze Herr von Stetten, erwirkten, daß der Hausarrest schon am nächsten Tag aufgehoben wurde.

Sie konnten aber nicht verhindern, daß Schubart »unter einer Flut von Pöbel« vor dem katholischen Bürgermeister von Rhem erscheinen mußte. Der eröffnete ihm, er habe auf Beschluß der Obrigkeit die Stadt Augsburg zu verlassen. »Und mein Verbrechen, Ihr Gnaden?« fragte der verdutzte Dichter. »Wir handeln nicht ohne Ursache, und das mag Ihnen genug seyn«. So berichtet der Memoirenschreiber Schubart. Man sieht, wieviel an Kabinettsjustiz sich die Herren einer Freien Reichsstadt von den benachbarten Duodez-Potentaten angeeignet hatten.

Wieder Ausweisung also. Vor nicht ganz eindreiviertel Jahren, bei der Vertreibung aus Württemberg, hatte ihm der Herzog immerhin noch Gründe dafür verlesen lassen, wie hergeholt sie immer waren. Jetzt freilich flüchtete Schubart nicht in panischer Verzweiflung als Bettler. Jetzt verließ er die Stadt wie im Triumphzug. Er hatte viele Freunde in Augsburg. Auch unter

freiheitlich und patriotisch gesinnten Katholiken, die den jesuitischen Fanatismus nicht billigten und die »Deutsche Chronik«
gern lasen. Als Schubart im Januar 1775 zum Tor hinauszog, um
draußen, auf der winterlich verschneiten Straße des nächsten
Dorfes, den Postwagen zu besteigen, begleitete ihn eine Schar
seiner Anhänger. Diesmal ging es nicht in ungewisse Vaganten-
schaft, sondern in gesicherte Zukunft. Es war ja gewiß, daß die
»Deutsche Chronik« auch in Ulm, dem nächsten Reiseziel, wei-
tererscheinen würde.

Die »Deutsche Chronik«: Auch in den folgenden zwei Ulmer
Jahren, den von ihm selbst als die glücklichsten seines Lebens
gepriesenen, bildete die Zeitung seine Existenzgrundlage; er
blieb Journalist im Hauptberuf, aber das von ihm geprägte
Publikationsmedium bot zugleich auch den künstlerischen
Ambitionen des Vielfachtalentes, dem Gedichteschreiber, Erzähler und Musikschriftsteller Schubart Raum und Wirkungs-
chancen. Zumal sich die Chronik auch von Ulm aus kontinuier-
lich weiterentwickelte. Sie strahlte über ganz Deutschland hinaus, wurde sogar in St. Petersburg und Paris gelesen, und da sie
als ausgesprochen interessantes Blatt galt, reichte man sie allenthalben von Hand zu Hand weiter. Ihr Nachleseeffekt war überdurchschnittlich hoch; man schätzt, daß die etwa 2000 Exemplare jeweils 20 000 Leser fanden, eine dazumal außerordentliche
Zahl.

Sie ist nicht mit denen der Massenmedien im 20. Jahrhundert
zu vergleichen. In den siebziger Jahren des achtzehnten Jahrhunderts befand sich das deutsche Zeitungswesen, ohnehin rückständig im westeuropäischen Vergleich (was potenziert für Süddeutschland gilt), noch immer in seinen Anfängen. Die herrschende Despotie war ihm äußerst ungünstig. Potentaten von
rund 300 weltlichen und geistlichen Herrschaftsgebieten im
immer vager zersplitternden Rahmen des Heiligen Römischen
Reiches Deutscher Nation knebelten allenthalben die Publizierung freier Meinung.

Es gab Ansätze zu Presseliberalität, vor allem in den mächtig-
sten deutschen Staaten Preußen und Österreich. Immer wieder
wird das Wort des jungen Königs Friedrich II. in seinem Kabi-

nettsbrief von 1740 zitiert, wonach »Gazetten, wenn sie interessant sein sollten, nicht genirt werden müssten«. Das klingt großartig; aber als es politisch opportun erschien, schon neun Jahre später, führte der König die Zensur prompt wieder ein, und unter seinen Nachfolgern wurden auch noch die Reste von Pressefreiheit beseitigt. In reaktionärem Gleichschritt mit dem österreichischen Machtrivalen: Josephs II. liberales Presseedikt von 1781 wurde nach dem Tod des Kaisers ebenso durchlöchert. Schon zu Schubarts voraspergischen Zeiten mußten deutsche Intellektuelle, wenn sie sich einigermaßen objektiv über die Weltläufte orientieren wollten zu ausländischen, vornehmlich zu holländischen Gazetten greifen. In den obrigkeitlich geduckten deutschen Ländern gab es dergleichen nur in Ansätzen; am ehesten noch auf kulturellem Gebiet, wo der Leserkreis von Haus aus begrenzt und deshalb für die Machthaber ungefährlich war. Hier beließ man auch den unangenehmen, aber offenbar mit dem Zeitgeist verbündeten und nicht so leicht zu bremsenden Aufklärern ihre Spielecke. Wieland gab seit 1773 in Weimar seinen fortschrittlichen, freilich nur sehr begrenzt und vorsichtig politischen »Teutschen Merkur« heraus, der Aufklärer-Papst Friedrich Nicolai in Berlin hatte schon früher von König Friedrichs verhältnismäßig liberaler Pressepolitik profitiert und brachte seine »Allgemeine deutsche Bibliothek«, die freilich politisch ganz harmlos war, seit 1765 noch fast vierzig Jahre durch.

Nur nicht anstoßen! Das war damals die notgedrungene Maxime der deutschen Publizisten. Am ehrlichsten formulierte sie der mit Schubart so eng verbundene Stuttgarter Professor Balthasar Haug, ein zeittypischer Anpasser, wenn er das Programm seines seit 1774, also etwa gleichzeitig mit Schubarts Chronik erscheinenden »Schwäbischen Magazins von gelehrten Sachen« also umriß: »Wir werden, außer im Notfall, selten oder gar nicht urteilen.« Ein kluger, ein realistisch einsichtiger Mann: Urteile waren ja dazumal lebensgefährlich. Kein größerer Gegensatz ist denkbar als der zu Schubart, der zwar Haugs professoralem Magazin seine beste Prosaarbeit, die Erzählung »Zur Geschichte des menschlichen Herzens« zutrug (schließlich mußte man leben als Dichter), der aber sonst so ziemlich in allen Stücken anders war und anders verfuhr. »Gelehrte Stücke« – ein für seine Chronik undenkbares Adjektiv; Schubart schrieb und publizierte nicht für Gelehrte, für Intellektuelle, sondern für das Volk, wie er es eben verstand. Und ohne zu urteilen war ihm Journalistik schon gar nicht möglich. Das war gefährlich; er wußte es, er erfuhr es furchtbar.

Der deutsche Norden war damals dem Süden weit voraus. Zwar gab es noch keine täglich erscheinenden Massenblätter, aber Ansätze dazu gediehen in nördlicher, relativ freier Luft. Die »Vossische Zeitung« – erst Hitler machte ihr den Garaus –, die »Spenersche Zeitung« in Berlin, die »Köngisberger Hartungsche Zeitung«, der »Hamburgische unparteyische Correspondent« (er soll es auf 3000 Leser gebracht haben), sie alle profitierten, etwa seit der Jahrhunderthälfte, von der zensurmilderen Atmosphäre in Deutschlands Norden. August Ludwig Schlözers »Briefwechsel meist historischen und politischen Inhalts« erschien in Hannover zwischen 1776 und 1782, seine »Staatsanzeigen« von 1783–92. Hinter den harmlos-umständlichen Titeln verbarg sich doch so viel Brisanz, daß sogar Majestäten wie Maria Theresia manchmal Bedenken trugen, »in den Schlözer« zu kommen, dem in den besten Zeiten 4000 Leser zugeschrieben wurden. Der namhafte Rechtsgelehrte K. Fr. von Moser gab zwischen 1784 und 1794 sein »Patriotisches Archiv« heraus. Auch in der nord- und mitteldeutschen Provinz sprossen seit den siebziger Jahren Magazine und Wochenschriften. Durchweg nur kurzfristig. Der publizistische Frühling erfror spätestens in der eiskalten Zensurluft der deutschen Reaktion auf die Grande Révolution. Daneben gab es höchstpersönlich verfaßte, auch bald eingegangene Zeitschriften wie den »Wandsbecker Boten« des Dichters Matthias Claudius.

Der deutsche Süden hinkte hier wie im rein Literarischen hinterher. Lokale Anzeigeblättchen wie die beiden streng nach Konfessionen getrennten »Ordinari«-Zeitungen in Augsburg beschränkten sich von vornherein auf lokal gebundene Alltäglichkeiten, und auch der Ulmer Konkurrent Schubarts, der Würzburger Jakob Joseph Meergraf, der in der Reichsstadt schon seit 1773 mit politischen Wochenschriften Fuß zu fassen suchte, kam im Grunde nicht über den spießbürgerlichen Lokalhorizont hinaus, wo Berichte über eine Sau, die neben vier Ferkeln auch einen Hund geboren habe, auf mehr Leserinteresse zielten als seriös gemeinte Artikel von den weltpolitischen Händeln der Russen und der Türken.

Auf solches Niveau stieg Schubarts »Deutsche Chronik« nie herab. Schon von den Augsburger Anfängen an nicht. Das Programm formulierte Schubart erst nach einem Vierteljahr bewährten Zeitungserscheinens; aber dieser nachfolgende »Vorbericht« ist doch bezeichnend für die damalige journalistische Situation in Süddeutschland, auch wenn sich der Erscheinungsort immer noch eine Freie Reichsstadt nannte:

»Ein verzweifelter Entschluß ist's, in unsern hiperkritischen Tagen, ein Wochenblat zu schreiben, das bey der zahllosen Menge anderer noch Leser finden soll.« So zahllos war die konkurrierende Menge der deutschen Blätter gar nicht; die meisten der etwa 170 Periodica rings in Deutschland waren sogenannte »moralische Wochenschriften«, mit Schubarts Chronik also gar nicht vergleichbar. Weiter im Programm: »Beynahe scheint's in Deutschland, nach der itzigen Verfassung unmöglich zu seyn, eine gute politische Zeitung zu schreiben. Bey jedem kühnen Gedanken, der dem Novellisten entwischt, muß er einen Seitenblick auf öffentliche Ahndungen werfen; dann wird er furchtsam und kalt. Daher der schläfrige Thon der meisten Zeitungsverfasser, der in schwülen Tagen so manchen Politiker im Großvatersstuhl in Schlummer wiegt ... Bei aller widrigen Lage, in der ich bin, will mich doch bemühen, meinem Ideale immer näher zu kommen, und so viel sich's thun läßt, Politik, Literatur, Dichtkunst, Musik und bildende Künste miteinander abwechslen zu lassen.«

Die Kühnheit, der Mut solchen Programmes wären, so ungewöhnlich sie – man erinnere sich nur des zahmen Zeitgenossen Haug! – schon damals waren, immer noch als bloße Rhetorik zu werten, wenn nicht ihre Verwirklichung in drei Jahren die »Deutsche Chronik« zu einem höchst respektablen, historischen Faktum der deutschen Zeitungsgeschichte erhöbe. Wie immer man Schubarts Bedeutung als Poet, als Komponist, begeistert bis verlegen, in die Grauzone zwischen Begabung und Genie einordnen mag, als Journalist nimmt er einen unbestreitbar wichtigen Rang in der Geschichte seines Metiers ein. Wenn wir ihre Eigenart nun etwas näher beleuchten, so soll der kritische Blick alle vier Jahrgänge der Augsburger wie der Ulmer Zeit umfassen, denn diese bilden von Stil und Voraussetzungen her eine Einheit. Die nachaspergische, in Stuttgart neu gegründete Chronik ist damit nicht ganz zu vergleichen, der Einschnitt der zehnjährigen Gefängnishaft bleibt deutlich; sie wird deshalb später gesondert behandelt werden.

Schubart nannte die »Deutsche Chronik« in Augsburg ein Wochenblatt. Sie erschien aber von Anfang an zweimal wöchentlich, war damit im damaligen Maßstab eigentlich eine echte Zeitung. Das Jahresabonnement, für über 100 Zeitungen also, kostete 3 Gulden. Das war ein für jedermann erschwinglicher Preis. Beispielsweise kostete ein einziges »Fläschgen Eau de Luce« 1 Gulden und 66 Kreuzer und ein Fleckenwasser 1 Gulden 30 Kreuzer – im bescheidenen, praktisch nur auf Stages Buchhandlung beschränkten Inseratenteil der Chronik war dies so angezeigt. Wenn man liest, daß die Zeitung bei Handwerkern, Kleinbürgern, ja selbst bei Bauern populär wurde, so trug dazu sicher auch die geschickte Preispolitik des Verlegers bei. Dabei bestand Schubart von Anfang an auf »gutem Papier«.

Der Titel »Deutsche Chronik« wurde von der ersten Nummer – jeweils »Stück« genannt – bis zur allerletzten nach Schubarts Tod nicht weniger als fünfmal abgeändert. Nur das Hauptwort »Chronik« blieb sich immer gleich. Solche Umbenennungen waren gerade bei einer so gut eingeführten Zeitung nicht unbedenklich, und mehrfach veranlaßten Plagiate dazu. Zum erstenmal im Januar 1776, änderte Schubart den Titel ohne äußeren Zwang in »Teutsche Chronik« um. Das hatte nichts mit Deutschtümelei zu tun; er glaubte dem von ihm geschätzten Sprachforscher Fulda, daß »teutsch unsere Nation und deutsch so viel als Deutlichkeit anzeige«, künftig wollte er »teutsch und deutsch zugleych sein«.

Zweimal in der Woche also je ein halber Bogen im Oktavformat, genau acht Seiten zu 35–40 Zeilen. Nach heutigen Begriffen eine sehr magere Zeitung, und was mußte alles in ihr Platz haben! Von Ausnahmen abgesehen, wenn etwa einmal ein einziger Artikel oder gar ein einziges Gedicht die ganze Nummer füllte, war der thematische Inhaltsplan schon von den ersten Nummern an klar und wurde auch im wesentlichen, mit kleinen Varianten, durch alle vier Jahre beibehalten; ein Beweis für Talent und Instinkt des ungelernten Journalisten Schubart. Die allererste Nummer fiel etwas aus dem Rahmen, da sie von einem Gedicht (»An Chronos«) und einer Art von Vorwort programmatisch eingeleitet wurde. Aber schon die nächste, vom 4. April 1774, ist typisch für die Hunderte folgenden, und wenn wir hier ihre einzelnen Haupttitel umreißen, so hat man die ganze »Deutsche Chronik« im Aufriß vor sich.

»Vom Kriege« heißt der erste Beitrag; eine für Schubart charakteristische Mischung von Meinungsartikel und politischen Einzelnachrichten; übrigens pflegte er hier schon, was er künftig beibehielt, auch noch spezielle »Anmerkungen« einzuschieben. »Deutschland« sodann: eine heikle Rubrik angesichts der allezeit drohenden Zensur der Obrigkeit; gleich hier zieht sich Schubart naiv-schlau aus der Affäre, indem er der unverfänglichen Nachricht über eine Reise des Kaisers die Zeilen folgen läßt: »Die Staatsgeheimnisse, wovon itzt unsere Zeitungen in lauter Hieroglyphen sprechen, gehen mich so lange nichts an, bis sie sich von selbsten aufklären.« – »Schweden«: etwas über Gustav III., den bewunderten König. »Engelland«: Gedanken über die Besiedlung Amerikas. »Literatur«: sehr ausführliche Kritik eines Geschichtsbuches der Schwaben – und sogleich, die Nummer abschließend, die Berichtigung eines peinlichen Druckfehlers. Solche Buchkritiken wechselten später mit – selteneren – Rezensionen von neuen Noten oder auch von Konzerten ab. Oder aber es wurden Briefe an den Redakteur, erbauliche Anekdoten, Epigramme eingestreut – und viele Gedichte. Fast alle stammen von Schubart. Nur ausnahmsweise veröffentlichte er Gereimtes von Claudius, von Miller, auch von einem biederen Memminger Hutmacher Städele, seiner Entdeckung.

Was er an deutscher oder ausländischer Politik zu berichten

hatte, stammte nur sporadisch aus Briefen von Korrespondenten. Er war nicht der planvoll organisierende »Chefredakteur«,
der sich ein Korrespondentennetz aufbaute. Da blätterte er lieber
in anderen Zeitungen – er las deren regelmäßig zwanzig bis
dreißig –, fischte Interessantes heraus und diktierte es umge-
formt einem Schreiber in die Feder. In Ulm wiederholte sich
nur, was schon in Augsburg die Regel war: Die »Deutsche
Chronik« entstand am Wirtstisch, vor allem im bekannten Gasthaus »Baumstark«. In der Ulmer Stadtgeschichte von D. A.
Schultes (dessen Großvater war noch persönlich dabeigewesen)
heißt es über den Chronikschreiber Schubart: »Er arbeitete viel
und trank auch viel, doch nicht unmäßig. Er konnte etwas ertra-
gen.« Vielleicht aber doch nicht genug; denn Schubart spricht
selber von Bacchanalien und Ausschweifungen, die auch in Ulm
seine Gesundheit zerstörten.

Daß bei solcher Arbeitsweise Falschmeldungen zustande
kamen, Wahrheit und Dichtung sich manchmal mischten, wen
kann es wundern! Schubart nahm dergleichen gelassen auf, ironisierte einmal, wie »kühl« Zeitungen wären, die nur Wahrheit
enthielten, und überdies: waren seine Korrespondenten denn
verläßlicher? Einer aus Wien, stürzte ihn durch eine Falschmeldung über die angebliche Erkrankung der Kaiserin in ver-
hängnisvolle Schwierigkeiten. Bei all diesem zwischen Gerücht
und Wirklichkeit vage lavierenden Ungefähr der Nachrichtenbe-
schaffung konnte Schubart doch nicht auf die aktuelle politische
Information verzichten, er mußte ja seiner Lesergemeinde etwas
bieten. Er hatte mit auswärtigen, älteren und größeren Blättern
zu konkurrieren, und im »Ländle«, im Schwäbischen, mit eingeführten, die, wie Meergraf mit seinem »Realwochenblatt aus
Schwaben« in Ulm, oder Moy von der katholischen Postzeitung
in Augsburg, ihn »in die Pfanne zu hauen« trachteten und mit
denen er gelegentlich giftig und gar nicht zimperlich polemisierte.

Allen Konkurrenten hatte Schubart eines, etwas ganz
Unnachahmliches und für den Erfolg seiner Zeitung Entschei-
dendes voraus: seine Persönlichkeit, die farbige, lebensstrot-
zende Kraft seiner schriftstellerischen Feder – und er war ja prak-

tisch der Alleinverfasser! Sie genügte den Gebildeten (auch fünfzehn Fürsten abonnierten sie) und sie war zugleich dem gemeinen Volk verständlich. So legte er in einem Leitartikel, wenn
man die einleitenden Aufsätze der Chronik so nennen kann, die
mahnende Hand auf die »Wunden unsers Jahrhunderts«:

»Da kommt 'n Bürschlein daher im ellenhohen Tappon, riecht
wie 'ne Apothek, ist hohl und dürr, daß er hallt; hat nach der
neusten Parisermode weder Waden noch Hirn; macht 'n Hasen-
mäulchen, und spricht im Falsettenton: Wohl uns, daß unsere
Tage in das aufgeklärte philosophische Jahrhundert fielen! Was
müssen die Alten für Schöpfe gewesen seyn!... – Heil uns! wir
haben Freygeister, Stockfische, Putztische, Uhren mit Berlok-
kengetändel, Eaudelevante, ungarisch Wasser, Rondeau, Zuk-
kerwerk, Feenmährchen, Liedlein von Amoretten und Grazien
auf Postpapier hingetändelt; haben modische Gesichtlein,
hübsch blaß, und nicht plump roth; können tanzen, singen und
Filetstricken. – Hol' dich der Henker, du Hasenfuß, sagt ein
Philosoph von der rauhen Klasse! Solche Zuckerpüppchen, wie
du bist, beweisen's gar schön, in welchen abscheulichen Zeiten
wir leben. – Warum mußte doch Gott meine grauen Haare auf-
bewahren, um ein Jahrhundert in dieser tödtlichen Ermattung zu
erblicken–? Könntest du, Weichling, wie Mann Herder die Völ-
kerwaage regieren; würdest finden, wie weit der Morgenländer
mit seiner erhabnen patriarchalischen Einfalt, der Phönicier mit
seiner unaufhaltbaren Regsamkeit, der Grieche mit seiner Frey-
heitsliebe, und der Römer mit seiner Seelenstärke, uns Europäer
mit dem hellen lichten Kopfe und dem eiskalten Herzen, mit
unsrer scheinbaren Stärke und wirklichen Todesschwäche und
Ermattung unter Unglauben, Despotismus und der Üppigkeit
hinaufwäge. Als schwindsüchtige Kranken liegen wir im Bette,
und sprechen keuchend: Wir sind nicht krank! – Welcher Lehrer, Prediger, Rechtschaffene im schwarzen und rothen Rocke,
welcher Arzt, Naturforscher, Hausvater kann da heilen, wo
man seine Wunden nicht fühlt? – Ein Sokrates in unsern Tagen
würde von schalen Witzlingen in seine Klause zurückgespöttelt
werden.«

Natürlich ging es auch trockener zu auf den tausenden Seiten der
»Chronik«. ».. . mein Stil ist sehr ungleich; aber, lieber Gott,
meine Laune ists auch«, beschied er einmal einen kritischen
Leser. Seine Laune: die hing von vielerlei ab. Vom Auf und
Nieder seiner Gesundheit vor allem, seiner psychischen, die labil
blieb, und auch seiner physischen; in Katerstimmung nach
durchzechten »Bacchanalien« diktiert es sich eben schwer. »Der
Pendant zu diesem Histörchen soll im nächsten Blatt folgen.
Heut hab ich Kopfschmerzen.« So ehrlich vertröstete er im
Februar 1776 seine Leser, die er ein paar Wochen zuvor gebeten
hatte, »um Gottes willen, mir nicht zuzumuthen, lustig zu seyn,
wenn ich betrübt bin, und zu lachen, wenn mir die Thränen im
Aug stehen«. Zeitungschreiben als höchst subjektives Engagement – solche spürbare Aufrichtigkeit des Bekenntnisses teilte
sich mit und schuf fast persönlich empfundene Bande zum
Leser. Der nahm sicher auch nicht übel, wenn er gelegentlich
mit vagen, ganz naiv auch so wiedergegebenen politischen
Nachrichten bedient wurde:

»Frankreich will die Russen mit Gewalt zum Frieden mit den
Türken zwingen. – Und was wird der Britte dazu sagen? Sind
diess nicht lauter fürchterliche Anzeigen, zu einem gewaltigen
Kriegsfeuer, worzu Pohlen die Nahrung gegeben? Die
Geschichte zeugt, daß selten ein Fünkchen in Pohlen loderte, das
nicht zur Flamme wurde. . .«

Das wirkt wie politisierende Kannegießerei am Wirtshaustisch
und war es ja auch der Entstehung nach. Schubart zeigte Witz
und Humor genug, die offenbaren Mängel seiner Nachrichten-
technik selber zu ironisieren, wenn er einmal, in einem erfundenen »Politischen Gespräch« (Deutsche Chronik, künftig D. Ch.
abgekürzt, vom 4. November 1776) den Wirt und seine Gäste
das ganze aktuelle Weltgeschehen zwischen Amerika und
Schweden wichtigtuerisch und bramarbasierend durchhecheln
ließ, dann solche Biertischpolitik mit einem gereimten Kommentar verhöhnte:

Da sitzt ihr wie die Gäns am See
Und wie die Weiber beym Kaffee,
Ködern, kolzen, kosen und lallen,
Kakeln, quakeln, klappern, kallen,
Plappern, plettern, plerren, parlaren,
Reden, rühnen, rufen und rahren,
Schwazn, sprachen, sprähken und schnattern,
Sagen, seggen, schnaken und tattern,
Vornehmlich weil sie quaken wollen
Was große Herren wissen sollen.
Ihr Stokfisch ihr, ha ha ha ha,
Mit eurer krummen Politika.

Welcher Journalist könnte sich heute noch solche höchstpersönlich wortschöpferische Sprachlust leisten, vorausgesetzt, er brächte sie auf? Nachrichtenmängel und Polikasterei hin oder her, ohne Politik ging es nicht in der »Deutschen Chronik«. Zwar war Schubart mehr durch Zufall Journalist geworden, aber da er es nun einmal war, zeigte er zweimal in der Woche, wie ernst er es mit diesem nie erlernten Metier nahm, und wieviel er damit zu sagen hatte. Tagesfragen waren die journalistische Grundlage seines Handwerks; bloßer Rohstoff, aus dem sein schriftstellerisches und staatsbürgerliches Engagement Fanfaren der Freiheit und des Patriotismus formte.

Diese beiden Wörter waren die politisch wichtigsten jener Zeit. Wie Schubart sie in hundertfachen Varianten abwandelte, wie er sie Resonanz weckend ins öffentliche Bewußtsein trug, das macht die »Deutsche Chronik« kulturgeschichtlich bedeutsam. Auch wenn die berichtete Tagespolitik, mit all den Lücken und Irrtümern der Nachrichtenquellen, nicht mehr nachlesenswert erscheint. Allenfalls dort, wo der Politiker Schubart sich ganz naiv zum Propheten aufwirft, wird es amüsant – allerdings aus der billigen Perspektive des postumen Besserwissers. Fürs Jahr 1800 sah Schubart, sechs Jahre zuvor, in Josephs II. österreichischen Landen ein schieres Eden an Wohlstand und utopisch-mildem Schul- und Kirchenwesen voraus, mit dem »Ideal des philosophischen Bauern«. Sogar »Aus dem zwanzigsten

Jahrhundert« blickte der Chronikschreiber seherisch zurück (D. Ch. vom 27. Mai 1776): »In Teutschland herrscht Kaiser Friederich, der die Preußischen und Oesterreichischen Staaten zusammen besitzt, die Schweiz eroberte, und die Türken aus Europa drang. Alle Churfürstenthümer, Herzogthümer, Fürstenthümer, Freystaaten sind verschwunden. Elsaß und Lothringen sind wieder teutsche Provinzen«. Bloße Projektionen von utopisch heiß Wünschbarem. Da muten andere Voraussagen schon realistischer an: »Rußland hat sich zur fürchterlichsten Monarchie erhoben ... Die 12 vereinigten Provinzen in Amerika haben diesen ganzen Weltteil unter sich gebracht, und beherrschen ihn mit Weisheit.« (Diesen »Kolonialisten« traute Schubart das zu, denn sie waren in seinen Augen Freiheitskämpfer und fortschrittliche Leute.)

Schubarts eigenes Vaterland befand sich in der Gegenwart in viel unweiserem, unfreierem Zustand, und der Patriot wurde nicht müde, dies in seiner »Deutschen Chronik« zu beklagen. Schon der allererste Leitartikel trug den programmatischen Titel »Deutschland«. Er versagte es sich, das nationale deutsche Elend auszubreiten, suchte hingegen aufzurichten und zu ermutigen: »Und haben wir jemals Ursache gehabt, stolz auf unser Vaterland zu seyn; so ist es gewiß der gegenwärtige Zeitpunkt.« Die Gründe dafür muten ziemlich hergeholt an: nicht nur Friedrich und Joseph, auch »Gustav, der nordische Salomo ist unser; die große Katharina ist unser ...«, und die deutsche Kriegskunst habe »beynahe das Maximum erreicht.« Das klingt geradezu chauvinistisch, und nicht anders kann man spätere Behauptungen nennen, deren objektive Verrücktheit nur durch Schubarts Franzosenhaß erklärbar ist: »Jede große Erfindung ist deutschen Ursprungs. Die Geschichte kanns Ihnen beweisen. Und Jede kleine Erfindung ist französischen Ursprungs. Auch diess beweist die Geschichte« (D. Ch. vom 6. November 1775).

Solche Exzesse stehen nicht einmal vereinzelt da, und doch gestatten sie nicht, Schubarts Patriotismus und Vaterlandsliebe insgesamt als nationalistisch und chauvinistisch im modernen Sinne abzustempeln. Solche Sicht wäre unhistorisch, falsche Optik würde verzerrte Bilder liefern. Gewiß, wer heutzutage

Betrachtungen über den Niedergang Deutschlands mit den pathetischen Worten »Klage, Teutonia«, einleitete, und dies gleich an der Spitze von sechs Absätzen (D. Ch. vom 17. Oktober 1776); wer eine »vaterländische Thräne« journalistisch vergösse; wer – noch dazu als ein Binnenländer, der das Ausland überhaupt nicht kennt – behauptete »Teutschland ist bei all diesem noch das einzige Land in Europa, wo sich's am besten und sichersten leben läßt«; wer eine Zeitung in solchem Stil zu machen suchte, würde sich nicht einmal als rechtsradikales Winkelblättchen behaupten können. Heute. Aber Schubart schrieb in den siebziger Jahren des 18. Jahrhunderts, und damals herrschten ganz andere Voraussetzungen.

Das Wort »Vaterland« war noch nicht so vernutzt wie durch den Wilhelminismus, nicht so diskreditiert wie durch den Mißbrauch Hitlers. Es war für alle Patrioten, die nicht stumpf als Untertanen dahinvegetieren wollten, ein erregend aktuelles Wort, ja, ein Siegel der Hoffnung. So wie der Stolz aufs Vaterland, der Stolz, ein Deutscher zu sein – von Schubart oft und »in heiliger Glut« beteuert – das Gegenteil von nationaler Hybris bedeutete: nämlich eine Trotzreaktion auf offenkundig jämmerliche Zustände, als Aufruf zu einer tapferen Dennoch-Haltung. Hoffnungsstreifen am düsteren Horizont der deutschen Wirklichkeit gab es ja nun wieder. Keine machtpolitischen. Zwar hatte der Preußenkönig Friedrich II. vor kurzem erst sogar die Russen und die Franzosen geschlagen, was seit Menschengedenken nicht mehr geschehen war und deutsche Herzen, über alle Stammesgrenzen hinweg, höher schlagen ließ. Andrerseits lag der bewunderte preußische Monarch ja mit den Kaiserlichen, den Reichstruppen im Krieg. Wer von der Wiederherstellung der Macht und Herrlichkeit des alten Reiches träumte, war wirklich ein abseitiger Träumer. Schubart gehörte nicht zu ihnen. Sein Patriotismus, seine Vaterlandsliebe sind ganz frei von machtpolitischer Aggression.

Er wollte niemandem etwas wegnehmen, nur den Deutschen etwas wiedergeben: ihre verschüttete Identität, ihre unterdrückte Freiheit, ihre von Gallomanie bedrohte Sprache, ihr Vertrauen in eine bessere Zukunft. Wenn alle diese halb utopischen Vorstellungen, von einem hochbegabten, aber politisch ungelehrten, journalistisch unerfahrenen Schriftsteller in der Begrenztheit einer jungen Zeitung kundgetan, mit dem Begriff Patriotismus abzudecken sind, so war Schubart ein ganz und gar unimperialistischer Patriot. Einer, dem der Mensch, seine Kultur, Sprache und Musik vor allem, viel mehr am Herzen lagen als die politische Organisation der Macht.

Damit befand er sich im Einklang mit den besten deutschen Geistern der Zeit. Der neue Patriotismus, der etwa seit der Jahrhundertmitte aufflammte, nährte sich ja nicht von irgendwelchen staatsmännischen Taten des Reiches – dessen Siechtum schritt hoffnungslos fort –, sondern von glänzenden schöpferischen Leistungen der Dichter, Philosophen und Komponisten. »Genies« – das Wort wurde geradezu zum Kultbegriff der progressiven Jungen. Hundert Jahre hindurch, seit der Katastrophe des Dreißigjährigen Krieges, schien deutsche Kultur, literarisch überfremdet und frustriert, nur noch musikalisch, sozusagen sprachlos, gedeihen zu können: im sicheren Schoße protestantischer Tradition, aus dem sich zu Hause Bach, in der Fremde Händel zu höchsten Höhen erhoben. Die von Frankreich geprägte europäische Bewegung der Aufklärung entfesselte in Deutschland zwar philosophische Kräfte, von Leibniz bis Kant, zu säkularen Leistungen (den genialen Eigenbrötler Lichtenberg nicht zu vergessen), blieb aber literarisch eher im Mittelmaß der Gottsched oder Gellert samt ihrem Kritikerpapst Friedrich Nicolai stecken. Wenn sich Wieland, der elegante, klare, über das aufklärerische Mittelmaß erhob, so durch seine Phantasie: Was bei ihm ein spielerisches, immer der Ironie nahes Element war, dunkelten die Repräsentanten des zeitgenössischen Gegenstromes deutscher Geistigkeit ein. Aber sie waren es, die die aktuelle Zukunft einläuteten.

Der raunende »Magus des Nordens«, Johann Georg Hamann aus Königsberg, ganz im Süden die Schweizer Haller, Bodmer und der Pfarrer Lavater, der es fertigbrachte, Freimaurerei und tief christliche Dichtung auf einen Nenner zu bringen und der mit seinen »Physiognomischen Fragmenten« zugleich Goethe wie Schubart zu Gesinnungsfreunden gewann. Protestantischer

Theologe und Goethefreund war auch Herder, durch seine Sammlung »Stimmen der Völker in Liedern« (mit einem Band »Deutscher Lieder«), für die literarische Erweckung der Volksdichtung aktuell bahnbrechend, zur Erkenntnis von Shakespeares Genius beitragend und die Gefühlswelt der Stürmer und Dränger mit Formulierungen befruchtend wie dieser, im Grunde antiaufklärerischen: »Das liebe, matte, ärgerliche, unnütze Freidenken, Ersatz für alles, was man vielleicht mehr brauchte: Herz, Wärme, Blut, Menschheit, Leben.« Sätze, die auch Schubart geschrieben haben könnte, wenn er, ein »fragmentarisches Genie« wie Herder, über dessen intellektuelle Kraft verfügt hätte und sie nicht, soweit doch vorhanden, am Wirtshaustisch in süffigen Viertele von gutem Württemberger Wein ertränkt hätte.

Herders Namen nannte Schubart »mit Ehrfurcht«, er empfahl sogar dessen schwierige »Philosophie der Geschichte der Menschheit« schon bald nach dem Erscheinen, im Jahre 1774, seinen Lesern. Aber viel öfter tat er dergleichen mit den Werken seines Abgottes Klopstock. Der hatte mit seinem gigantisch anspruchsvollen Versepos »Der Messias« nicht nur ein spracherneuerndes erstes Großwerk deutscher Dichtung geschaffen; er legte auch mit seinen Oden, die seit der Jahrhundertmitte erschienen, den Grund zu ideeller Neubesinnung: auf die deutsche Sprache wie auf ihre altgermanischen Ursprünge. Auch wenn er sich in seinem langen Leben selbst überlebte, kaum ein jüngerer, zukunftsweisender deutscher Dichter, Schiller und Goethe eingeschlossen, blieb von Klopstock unberührt. Alles »Teutonische« in Schubart ging letztlich auf ihn zurück. Klopstock, in dänischem Sold großgeworden und alles andere als ein deutscher Chauvinist (auch wenn er mit »Hermanns Schlacht«, dem ersten sogenannten »Bardiet« einer dramatischen Trilogie, bis zu Kleist vorauswies), wirkte auf seine und die unmittelbar folgenden Generationen durch die üppige, herrschaftliche Macht seines Pathos, seiner schöpferischen Wortgewalt, die er von seinem »heiligen Luther« ableitete. Sein unerschütterliches protestantisches Christentum ging Hand in Hand mit einer mythischen Begeisterung für die deutsche Vorzeit. Er besang in seinen

Oden einen Ahnherrn namens Thuiskon, er erfand eine Teutona als Personifikation der deutschen Sprache und ließ in Teutoniens Hain den alten Germanengott Wodan walten.

Das hatte aber alles nichts mit Deutschnationalismus zu tun. Vielmehr flutete eine breite Welle, teils antiaufklärerisch, teils einfach national-auflehnerisch, durch die ganze europäische Landschaft. Der Schotte James Macpherson gab 1764 Gesänge eines angeblichen keltischen Barden Ossian heraus, die in Großbritannien kaum mehr Aufsehen erregen mochten als im literarischen Deutschland. Goethe legte seine Begeisterung dem Ossian-Lieder anstimmenden Werther in den Mund, im Göttinger Hainbund der Klopstockianer blühte uriges Bardenwesen. Es war nicht entscheidend, daß sich die mythischen Ossian-Gesänge als – anerkannt genialische – Fälschung entpuppten. Ein halbes Jahrhundert später veröffentlichte der tschechische Student Václav Hanka zwei angebliche Handschriften mittelalterlicher tschechischer Epen, die sogar den Olympier Goethe entzückten und zwei Generationen von nationalen »Wiedererweckern«, vom Komponisten Smetana bis zum Politiker Palacký, hellauf begeisterten. Auch hier eine Fälschung, auch hier eine gewaltige patriotische Wirkung, nationale Identitätsfindung, durch die Sprache.

Die »alte deutsche Sitt' und Art« unter der kulturellen Tünche des »Französismus« freizulegen wurde der Chronikschreiber Schubart nie müde. Auch für den jungen Goethe war es eine Offenbarung gewesen, als er auf dem Turm des Straßburger Münsters die Herrlichkeiten alter, lange Zeit als barbarisch verkannter deutscher Kunst entdeckte; seine Worte »Das ist deutsche Baukunst, unsre Baukunst, da der Italiener sich keiner eignen rühmen darf, viel weniger als der Franzos« sind objektiv so wenig haltbar wie Schubarts antifranzösische Ausfälle, aber zeitgeschichtlich charakteristisch. Wenige Jahre später stand Schubart auf der Plattform eines anderen großen deutschen Münsters, in Ulm, und ließ sich zu einem neunzehnstrophigen patriotischen Gebet enthusiasmieren, mit dem er, nach hymnischen Leitartikelsätzen, die Neujahrsnummer der Teutschen Chronik von 1776 einleitete:

Patrioten, die am Eichenstamme
  Mit gesenktem, trübem Blicke stehn;
Ach, sie sehn, mit unterdrückter Flamme,
  Teutsche Sitt' und Freiheit untergehn.

. . .

Unsern Kaiser! Laß die Fürsten leben!
  Dir nachahmend, ohne blutgen Zwist!
Aber laß sie vor dem Donner beben:
  Daß du Richter aller Fürsten bist!

. . .

Stärk den Müden, der des Lebens Plagen,
  Seine Lasten duldet; friedsam, still!
Donner sollen den Tyrannen schlagen,
  Der des Schweißes Frucht ihm rauben will!

Schon die Interpunktionsflut zeugt von überströmender Emotion. Da haben wir den ganzen naiven politischen Moralisten Schubart: Gottesfürchtig, die guten Fürsten ins Gebet schließend, die Tyrannen mit Donner bedrohend, teutsche Sitt' und Freiheit biederherzig beteuernd, soziales Mitgefühl nicht vergessend. Alle diese Komponenten seines patriotischen Weltbildes hat der Journalist in seiner Deutschen Chronik hundertfach abgewandelt.

Merkwürdigerweise nahm der Musikfachmann in seinen Artikeln kaum Notiz von den bahnbrechenden Beiträgen des zeitgenössischen deutschen Musiktheaters, also praktisch des Singspieles, zur Wiederbesinnung auf deutsche Art. Daß man in einer Zeit, da die Hoftheater immer noch ganz von der neapolitanischen Sängeroper beherrscht wurden, in reichen Bürgerstädten und sogar in aufgeklärten Residenzen wie Mannheim oder Wien auf der Bühne deutsch zu singen begann, das ging offenbar an Schubarts Bewußtsein vorbei. Immerhin waren in Mannheim schon in den frühen siebziger Jahren zwei von Wieland textierte deutsche Opern aufgeführt worden; von Leipzig aus strahlte das junge deutsche Singspiel aus, das auch Kaiser Joseph II. in Wien förderte; der Monarch bekannte sich ja mit betontem Stolz als

Deutscher. Wichtige Meilensteine auf dem nationalen Weg der deutschen Oper wurden freilich in einer Zeit gesetzt, deren Echo Schubart als weltabgeschiedener Gefangener nicht mehr erlebte. So die 1777 in Mannheim mit Riesenerfolg uraufgeführte deutschsprachige Oper »Günther von Schwarzburg« des Kapellmeisters Ignaz Holzbauer, textiert vom Hofdichter Anton von Klein. Der musikalische Stil konnte das allmächtige neapolitanische Vorbild nicht verleugnen, aber gesungen wurden höchst vaterländische Worte:

> O Deutschland, Deutschland!
> Wie klein bist du zerteilt durch Zwietracht!
> Wie groß durch Brüdereinheit!
> Entnervender als Zwietracht ist Hang zu fremder Sitte –
> Stolz, deutsch zu sein – ist eure Größe!

Diesen Freiherrn Anton von Klein, er gab auch ein »Leben großer Deutscher heraus«, begrüßte Schubart schon 1775 als patriotische Hoffnung; in einem Brief an ihn schwang er sich zu einem Gedicht auf, das so endet:

> Und die Wellen von dem alten Rhein
>   schlagen Beifall brausend drein,
>   wenn der deutsche Lehrer Klein
> Deutsche fleht, sie sollen Deutsche sein.

Sogar der wahrhaft nicht nationalistische Mozart, der die Premiere auf seiner Mannheim-Station nicht mehr erlebte, wurde von einer patriotischen Welle erfaßt und schrieb dem Librettisten Klein:
»Wäre nur ein einziger Patriot am brette – es sollte ein anders gesicht bekommen! – Doch da würde vielleicht das so schön aufkeimende National-theater zur blüthe gedeihen, und das wäre Ja ein Ewiger Schandfleck für teutschland, wenn wir teutsche einmal im Ernst anfiengen teutsch zu denken – teutsch zu handeln – teutsch zu reden, und gar teutsch – zu Singen!!!«
Man sieht, daß zeitgebundene Eigenarten des Sprachgebrau-

ches nicht »modernisiert«, nicht als Teutonismus mißdeutet werden dürfen. Das gilt für Mozart wie für Schubart. Der große Komponist (von dem der kleine Komponist Schubart so gut wie nichts kannte) fühlte sich nie als österreichischer Künstler, sondern immer nur als teutscher; so wie für Schubart, ungeachtet seiner Preußen-Begeisterung, Wien stets die Hauptstadt Deutschlands blieb und Joseph II. »unser Kaiser«. Querelles allemandes, die das Ausland nie verstand und eher spöttisch-verächtlich zur Kenntnis nahm. Eben darunter litt Schubart. Man könnte aus den Tausenden von Seiten der Chronik zumindest Dutzende Belege zitieren, die, gereimt und in Prosa, die deutschen Leser zu mehr Nationalstolz aufrufen.

Da französische Zivilisation damals übermächtig war, da die feinen Leute sich französisch kleideten, in ihrer Sprache französelten und nach Kräften Pariser Chic nachmachten – die Duodez-Höfe tonangebend –, so mußte sich die kritische Stoßrichtung des sprachbewußten Patrioten Schubart notwendig gegen »Gallomanie« richten. Die soziale Komponente bedingte dabei die nationale. Schubart fühlte immer mit den kleinen Leuten. Sie, von den weithin analphabetischen Bauern bis zu den Schulmeistern und Pfarrern, den bürgerlichen Kulturverbreitern, repräsentierten die gute, alte deutsche Art. Französisch parliert und gepudert, welsch gesungen wurde ausschließlich bei Hofe – und in ganz Schwaben, wo der Landadel längst entmachtet war, gab es nur einen Hof, den des Herzogs Karl Eugen.

Verteidigte Schubart die Deutschen vor Verachtung durch das Ausland, so seine literarisch rückständigen Schwaben vor deutscher Unterschätzung. Das konnte als Apologie geschehen: »Dummer Schwabe! ist ein Sprichwort, das in Sachsen jeder Straßenjunge weiß – ... Man nennt die Schwaben dumm. Haben sie nicht Teutschland weise Herrscher gegeben? ... Haben nicht die Schwaben in den Zeiten der Minnesänger, die man das Schwäbische Zeitalter nennt, herrliche Dichter aufgestellt, die's mit unsern heutigen Liederdichtern aus allen Theilen Teutschlands aufnehmen? Haben sie nicht das Gefühl der Menschheit und der edlen Freyheit von jeher gehabt: Wo findet man mehr freye Reichsstädte als in Schwaben, die sich durch

weise Gesetze selbst regieren, und bey ihrer Freyheit schützen?«
(T. Ch. vom 12. Februar 1776).

Manchmal schien dem Chronikschreiber aber auch eine derbe
Philippika für seine »lieben Schwaben insgesammt« angemessen:

> Unüberwindlich groß und stark,
> In ihren Knochen Löwenmark,
> War eurer großen Väter Art;
> Jetzt seyd ihr zärtlich, winzig, zart,
> Tragt statt der Waffe Degelein,
> Mit Bändern dran, gar hübsch und fein,
> Und sprecht mit eurem lieben Sohn
> Französensprach im Nasenton'.
>
> . . .
>
> Ihr haschet nur nach Rauch und Dunst,
> Und nicht nach Wissenschaft und Kunst;
> Drum gilt bey euch der Gauch und Tropf
> Mehr, als der Weise und der Kopf.
> Der Jüngling sitzt beym Wein so kalt,
> als wär er achtzig Jahre alt,
> Und säße auf der Alpen Höh
> Mit bloßem A** im ew'gen Schnee.
>
> (D. Ch. vom 6. März 1775)

Man sieht, es konnte ganz spaßig zugehen in der Deutschen
Chronik. Keinen Spaß verstand ihr Schreiber jedoch, wenn es
ihm um die Sache der Freiheit ging; da war es ihm bitter ernst,
und die sprachliche Tonskala bewegte sich dann zwischen politisch eindringlicher Argumentation und Pathos. Schubarts Vaterlandsliebe ist mit Freiheitsliebe durchtränkt. Die mag, wenn sie
deutsche Altväterart als Vorbild preist, romantisch verklärend
und unhistorisch sein. Wenn sie sich aber an gegenwärtigen Ver-
hältnissen mißt, so zeigt der Zeitungsschreiber einen scharfen,
unbestechlichen Blick. Seine Bewunderung für die liberaleren
Staats- und Gesellschaftsverfassungen in England, in Holland, in
der Schweiz, zugleich auch für Englands aktuelle amerikani-

schen Kriegsfeinde, beruhte nur auf Angelesenem. Die eigene, viel unfreiere Wirklichkeit erlebte er persönlich.

Schon in seinem neuen Beruf. Er war, fast jede Zeile seiner Chronik zeugt davon, ein höchst engagierter, begeisterter Zeitungsmacher. Das hinderte ihn nicht daran, die Problematik eines Publizisten in seiner Zeit klar und bitter zu erkennen und gelegentlich auch zu Papier zu bringen. Schon in Augsburg hatte er ja, wahrhaft existenziell, die Grenzen der Pressefreiheit selbst in einer Freien Reichsstadt erfahren. Im protestantischen Ulm sah es damit etwas besser aus. Es gab keine einengende konfessionelle Parität, keine fanatische Jesuitenpartei. Aber es gab doch Rücksichten auf Mächtigere, vom nahen württembergischen Herzog bis zum einflußreichen ortsansässigen Repräsentanten des Kaisers. Und es gab eine veritable städtische Zensur. Der Zensurbeamte namens Dr. Hartmann übte sein Amt ziemlich streng aus; vor Schubart war ein Ulmer Verleger wegen antijesuitischer Anekdoten nicht nur mit der Verbrennung seines Buches und empfindlicher Geldstrafe, sondern sogar mit persönlicher Haft bestraft worden, und wenn dieser Hartmann, den Schubart durch persönliche Besuche geneigt zu machen suchte, bei den vielen Beschwerden gegen die Chronik deren Schreiber eine gewisse Narrenfreiheit zuzubilligen suchte, so darf das nicht zu der Annahme verführen, Schubart habe irgendeine verläßliche Rückendeckung beim Ulmer Magistrat gefunden. Man ließ ihn ja auch am Ende bedenkenlos fallen. Die reichsstädtische Ulmer Pressefreiheit war sehr relativ. Daß Schubart sie immerhin zwei Jahre durchstehen konnte, vernebelte ihm nicht die Einsicht in die Problematik seines Brotberufes.

»Wie ängstlich ihr Zeitungsschreiber euren Lesern jeden Bückling vorerzählt, den die Majestäten und Durchlauchten der Meng' zunicken! – Das kalte Belächeln des Höflings ist euch lieber als der zürnende Eifer, womit der Weis' und Patriot seine ausgearteten Zeitgenossen bestraft – und der Anblick einer Königstafel, wo hundert Speisen auf goldnen Schüsseln aufdampfen euch wichtiger, als der arbeitende Bauer, der schwitzende Bürger, der unter Sorg' und Armuth jene Speisen und Schüsseln herbeyschaffte...« (T. Ch. vom 12. August 1776).

Ein temperamentvoller Ausfall gegen rückgratverkrümmte feige Berufsgenossen. Aber was konnten sie tun? »Ich verdenk' es den Zeitungsschreibern nicht, wenn sie jetzt ihre Blick von Europa abkehren und sie auf Amerika richten... – Unter allen kriechenden Kreaturen des Erdbodens ist der Zeitungsschreiber die kriechendste. Wie er da mit kindischer Bewunderung den Pomp der Großen anstaunt!... Wie er mit dem Hütlein unterm Arm krumm und sehr gebückt im Vorsaal steht und dem niessenden Fürsten und Höfling sein Salus entgegenkeucht!« (T. Ch. vom 20. Mai 1776). Oder, ein knappes Jahr früher, halb resigniert, halb wetternd und fordernd, Schubart konnte nie aus seiner Haut heraus: »Alle unsere Zeitungen sind nichts andrs, als wiedergekäute Gewäsche von Alltagsgeschichten und Lobsprüchen auf Regenten, die wir nicht einmal kennen. Den Zeitungsschreiber möcht' ich sehen, der vors Publikum hinträte und mit Gewitterberedsamkeit spräche: Dieser Fürst legt seinen Unterthanen unerträgliche Lasten auf; jener Staat verkennet die Grundgesetze der Menschlichkeit; dort klirren die Fesseln des schrecklichsten Despotismus; da leckt ein gieriger Selbstherrscher an den Gränzen einer friedsamen Republik, in jenem Freystaat ächzt der Freygeborne unterm Fußtritt des Archonten; hier oder da oder dort schleicht der Aberglaube schwarz, wie die Nacht und verbirgt den blinkenden Dolch unterm Priestergewande;... – !!! Eine solche Zeitung möcht' ich lesen.«

Er konnte sie lesen, wenn er im Wirtshaus »Zum Baumstark« die druckfrischen Exemplare der »Deutschen Chronik« im Kreis seiner Freunde durchblätterte. Und wenn er in den Spiegel blickte, so konnte er in dem schon etwas fett werdenden, im Gesicht von vielen Vierteln aufgedunsenen, breitschultrigen, liebes- und lebenslustigen jungen Mannes von 37 Jahren immerhin ein menschlich-gedämpftes Ebenbild seines idealen Freiheitshelden erblicken; beide, den Mann im Spiegel, den zu tausenderlei Kompromissen genötigten und sein geistiges Idol verband jedenfalls das Wort Freiheit. Eine Utopie – von Pressefreiheit im modernen demokratischen Sinn konnte damals noch nicht einmal geträumt werden, und Schubart träumte auch gar nicht von einer völlig unbeschränkten Publikationsfreiheit; gegen den

Staat, gegen die Religion, gegen die »guten Sitten« sollte auch nach seiner Meinung nicht hemmungslos geschrieben werden dürfen.

In der »Chronik« tadelte er einmal »Phantasten«, die »das Volk am Narrenseil 'rumzuführen« imstande wären, ein andermal lobte er den französischen König, weil »die Bücher-Censur in Paris auf höchsten Befehl sehr strenge eingerichtet werden soll«. Hier darf jedoch der patriotische Grund nicht übersehen werden: »Diese Stadt hat unser armes Deutschland seit einiger Zeit mit Schriften überschwemmt, die im Modeton – Unglauben, frechen Spott über die wichtigsten Dinge, seichte Philosophie, verführerische Gemälde der Wollust... zu verbreiten suchte!« Wenn es gegen die übermächtigen Franzosen ging, konnte sich der freiheitliche Rebell Schubart sogar zum Lobredner strenger Zensur machen! Ein Schubart-Paradoxon? Nicht, wenn man im Auge behält, daß er von Natur aus ein Mensch mit vielen Widersprüchen war. Man muß Leit- und Nebenlinien in seinem Charaktergewirr zu trennen suchen. Mit allen einschränkenden Wenn-Bedingungen blieb die Göttin Freiheit Schubarts Idol. Eine Utopie, der er in der »Deutschen Chronik«, aller labyrinthischen Nebenwege eingedenk, energischer, wortkräftiger, in den gesetzten Grenzen wirkungsvoller zustrebte als jede andere Zeitung von damals.

Das bedeutet keinesfalls, daß ihr Alleinverfasser ein Revolutionär, gar ein Anarchist gewesen wäre. Der vieldeutige Begriff »Rebell« trifft allenfalls charakterlich zu. Schubart war weder ein eindeutiger Demokrat, noch ein Republikaner, so sehr er beiden progressiven Positionen zuneigte. Sein eigener, in der Chronik verfochtener politischer Standort war ganz gefühlsbetont, wenn auch immer durch die Dominanzforderung der Freiheit bedingt. Er begeisterte sich für die nordamerikanischen Sezessionisten um Washington; obwohl sie gegen das von Schubart hochverehrte »Engelland« kämpften, weil sie eben für die Freiheit kämpften. Aber warum sollte Freiheit – dereinst, irgendwann – nicht auch unter »guten Fürsten« verwirklicht werden können? Gewiß, angesichts der trostlosen Gegenwart, der Wirklichkeit des schrankenlosen Absolutismus, eine Utopie. Der politische

Zeitungsschreiber Schubart wurde dennoch nicht müde, diese Fata Morgana zu beschwören.

»Willst du nie dich zeigen / der bedrängten Welt?« rief noch eine Generation später Max von Schenkendorf der Freiheit zu, die er meinte. Dem Chronisten Schubart zeigte sie sich nirgends im zerrissenen unfreien Vaterland. Wohl aber bei Nachbarn, England vorweg und in der weiten Ferne jenseits des Ozeans. In seinem allegorischen Märchen von der Freiheit, die vom Olymp zur Erde herabgestiegen war, ließ Schubart sie in Boston ihren Sitz nehmen, ein andermal schrieb er unter dem Titel »Aus dem Lande der Freyheit«: »Wir nennen die Amerikaner, diess Volk, das unter der Fahne der Freyheit ficht, – Rebellen. O der Schmach! o der Schande! Unsern Zeitungsschreibern eckelts vor diesem reichhaltigen herzerhebenden Stoffe . . . Ja wir spotten der heiligen Freyheit, und mit Ketten und Fußeisen wird sie ihre Schmach rächen.« Ausführlich begründete Schubart, warum der Kampf der amerikanischen Aufständischen eine so gute Sache sei: Weil nicht »der ungestüme Geist, der in Zügellosigkeit ausartet, sondern ein Geist, der von Weisheit, Mäßigung und Standhaftigkeit gelenkt wird« ihn beseele. Man sieht: »Rebell« ist für Schubart ein ähnlich negativ besetztes Wort wie heutzutage »Terrorist«, Mäßigung und Weisheit hingegen freiheitliche Tugend. Wobei man sich immer fragen muß, wo für den Chronikschreiber, den von Zensur bedrohten, die augenblinzelnden Zwischentöne beginnen, der Appell zum Zwischen-den-Zeilen-Lesen.

Nicht ganz so ungeteilt wie Schubarts Begeisterung für die amerikanischen Freiheitskämpfer gab sich seine Sympathie für England. Das hat nichts zu tun mit monarchischer oder republikanischer Verfassung, sondern mit politischer Moral. Seine vielen Lobpreisungen englischen, parlamentarisch fundierten Freiheitsgeistes werden nicht nur die noch größere Sympathie für die Amerikaner, sondern auch durch einen Korrespondenten aus London, also durch Lokalaugenschein, relativiert: »Glaubs, Bruder! Die brittische Grösse ist nicht selten optischer Betrug. Da meynen gute ehrliche Deutsche, sie träfen in London lauter große Christophel an und finden meistens sehr gewöhnliche

Menschengestalten, die sich durch nichts, als durch bizarre Laune von uns unterscheiden... Ihre so hoch ausposaunte Großmuth und Menschenliebe ist meistens ein Hirngespinst... Welche scheußliche Rolle haben sie nicht schon in den fernsten Welttheilen gespielt! In 4 Welten stehen schon ihre Schandsäulen... Gott lob, daß kein solcher Fluch auf uns Deutschen ruht!« (D. Ch. vom 7. August 1775).

Auch die stolzen Söhne der weltbeherrschenden Britannia waren also nur Menschen, sogar viel grausamere als die Deutschen, die auch noch, Schubart vermerkt es in einer genüßlichen Fußnote, das unbegabte England mit Musik versorgen müssen. Das vermindert seinen Respekt vor der britischen Verfassung und Liberalität nicht, und er weiß, wie schwer es ist, frei zu leben: »Es gehört mehr Geist dazu, sich in die Freyheit, als in die Sclaverey zu schicken. Ein dummes Volk muß man, wie Hunde, unter der Peitsche halten. Nur die Weisen, die Edeln, die Rechtschaffenen sollten unter allen Nationen frey sein« (D. Ch. vom 19. Januar 1775). Das klingt nach einigermaßen elitärem Bewußtsein, und tatsächlich war Schubart, bei allem sozialen Mitgefühl, weit davon entfernt, ein Demokrat im modernen Sinne zu sein. Von den drei Idealen der Grande Révolution, die er später so warm begrüßte – Liberté, Egalité, Fraternité –, galt ihm zeitlebens das der Gleichheit als das fremdeste, Volksherrschaft als völlig abwegig.

Nicht einmal als Republikaner läßt er sich vereinnahmen, obwohl doch diese revolutionäre Regierungsform gerade im Begriff war, von den bewunderten Amerikanern verwirklicht zu werden, und obwohl Tyrannenhaß ihm selber tief im Herzen saß. Aber fast ebenso tief steckte in ihm der Untertan, der im Monarchen den gottgegebenen Herrscher sah; er stammte nun einmal aus einem Pastorenhaus; die von dort und von Jugend auf genährte Schwärmerei für »Cäsar Friedrich« begleitete unveränderlich sein ganzes Leben. Der Rebell Schubart blieb im tiefsten Grunde ein Monarchist. Seine Rebellion richtete sich nicht gegen die Fürsten, sondern gegen die schlechten Fürsten. Für ihn ein fundamentaler Unterschied. »Sprich den Fürsten nicht Hohn, Freyheitstrunkner Jüngling, der du vielleicht als Mann zu ihren Füßen kniest! . . . Aber träume nicht von Freiheyt, so lange noch an jedem Hof jeder Laut des Muths verstummt, . . . so lang unser Blut eine Lands- und Domainenwaare bleibt . . .« (T. Ch. vom 23. Mai 1776.)

Kurzum, die Fürstenverhältnisse dazumal waren nicht so. Wer hätte das bitterer erfahren als Schubart. Aber deshalb die Republik der Monarchie vorziehen? Letztlich blieb er auch als Chronik-Leitartikler konservativ. Für die republikanische Regierungsform, für die »Freystaaten« begeisterte er sich desto eher, je ferner sie in der Vergangenheit lagen, Sparta oder Rom etwa. In den zeitgenössischen, so in Venedig und Genua, im Kanton Bern und in Holland, erkannte er Verfallserscheinungen durch »allgemeinen Kaufmannsgeist, . . . der den kriegerischen Geist erdrückte«, und der Schlußsatz dieser pessimistischen europäischen Rundschau mündete in die Worte: »Keine Staatsverfassung ist natürlich daurender, als die Monarchische; wird ja doch Himmel und Erde monarchisch regiert« (D. Ch. vom 15. Dezember 1774). Kann man hier einen Schuß Ironie herauslesen? Schließlich läßt ja auch die Überschrift dieses Artikels, »Klage eines Republikaners«, einigermaßen in der Schwebe, wo des Verfassers Sympathien wirklich liegen.

Aber auch wenn er sich von den republikanischen »Kolonisten« in Nordamerika einen »Staat von ganz sonderbarem Zuschnitt« erhoffte und ihn freudig begrüßte, so war er, mit all seiner gefühlsbetonten Launenhaftigkeit, doch realistisch genug, eine bessere Zukunft seines geliebten Deutschland ausschließlich in der Hand der Fürsten zu sehen. Es mußten eben gute sein. Dann waren ihm auch absolute Monarchen recht, ohne Rücksicht auf Stamm und Religion. Er verehrte die alte Kaiserin Maria Theresia und ihren liberaleren Sohn, und Friedrich II. blieb auch dann noch sein Held und Abgott, wenn er ihn, etwas verlegen, wegen seiner evidenten Verachtung der deutschen Kultur in Schutz nehmen mußte: Wer französisch schreibe, werde ja dadurch noch kein Franzose. Erst in der nachaspergischen Chronik, nach dem Ausbruch der Pariser Revolution, konnte er eine neue Form der Monarchie, die konstitutionelle, als eine reale Möglichkeit erleben und – in den verengten Grenzen eigener journalistischer Möglichkeiten – warm begrüßen. In der Augsburger und Ulmer Chronik hatte er es mit der praktisch einzig denkbaren, der absolutistischen Monarchie zu tun, und hier konnte der Chronikschreiber nur an die Moral der Fürsten appellieren, sie durch Darstellung guter und schlechter Taten in gute und schlechte Fürsten scheiden.

Selbstverständlich war Namensnennung schwierig, wenn es um Missetaten ging. Also vor allem um den empörenden Menschenhandel, den Verkauf von gewalttätig in die Soldatenuniform gesteckten Landeskindern ins Ausland. Durch Schillers »Kabale und Liebe« wurde dieses mörderische System, die durch Mätressenwirtschaft und Versailles-Nachäfferei chronisch notleidenden Hofkassen aufzufüllen, ein national bewegendes, literarisches Ereignis. Aber volle acht Jahre vor dieser glorreichen Mannheimer Uraufführung hatte Schubart den geradezu tollkühnen Mut, den Menschenhandel der deutschen Fürsten öffentlich anzuprangern. Unter dem unterspielenden Allerweltstitel »Einige politische Texte« (ein Indiz für die gelegentliche Klugheit des Zeitungsmachers, wenn er ganz nüchtern war), schrieb er (T. Ch. vom 25. März 1776):

»Hier ist eine Probe der neusten Menschenschatzung! – Der Landgraf von Hessenkassel bekommt jährlich 45 000 Thaler für seine 12 000.tapfere Hessen, die gröstentheils in Amerika ihr Grab finden werden. Der Herzog von Braunschweig erhält 65 000.Thaler für 3964.Mann Fußvolks und 360.Mann leichter Reuterey, wonach ohnfehlbar sehr wenige ihr Vaterland sehen werden. Der Erbprinz von Hessenkassel giebt ebenfalls ein Regiment Fußvolk ab, um den Preis von 25 000.Thaler. 20 000.Hannoveraner sind bekanntlich schon nach Amerika bestimmt und 3000.Meklenburger für 50 000.Thaler auch. Nun sagt man, der Churfürst von Bayern werde ebenfalls 4000.Mann im Englischen Sold geben. Ein fruchtbarer Text zum Predigen für Patrioten, denen 's Herz pocht, wenn Mitbürger das Schicksal von Negersklaven haben und als Schlachtopfer in fremde Welten verschickt werden. – Über 50 000 Mann werden also in Amerika gegen die Provinzialisten kämpfen, die da stehen und die Hasser ihrer Freyheit muthigt erwarten.«

Ein historisches Dokument frühdeutschen politischen Journalismus. Ob alle Details und Zahlen stimmen, erscheint angesichts der beschränkten Recherchenlage von damals viel unerheblicher als der Mut zur Publizierung. Schon die Formulierung »Menschenschatzung« spricht für den engagierten und erfinderischen Journalisten, und hätte es damals schon einen Pulitzer-Preis gegeben, Schubart hätte ihn als erster verdient. Daß der Artikel, der jedermann aus der Seele sprach, durch die Ulmer Zensurmaschen ging, lag wohl nur daran, daß der mächtige Nachbar, der Herzog von Württemberg, hier nicht betroffen war. Auch in der folgenden Nummer der »Teutschen Chronik« (28. März 1776) ließ der Zensor »Eine Sage« – so lautete der wiederum verhüllende Titel – durchgehen: »Der Herzog von Württemberg soll 3000.Mann an Engelland überlassen, und diess soll die Ursache seines gegenwärtigen Aufenthalts in London seyn.« Eine Sage –, soll –, alles so unverbindlich wie möglich formuliert. Aber jetzt war der Mann doch beim Namen genannt, und damit jeder Leser es nur ja nicht überlese, schloß Schubart unmittelbar noch dieses ungewöhnliche Hinweiszeichen an:

$$\blacktriangleright - ! \, ! \, !$$

Ob der Zensor nun diese paar Zeilen übersah oder unter der benevolenten Lizenz der Narrenfreiheit für so windige Gesellen wie Journalisten durchgehen ließ, Herzog Karl Eugen, schon wegen seiner politischen Intelligenz und Neugier Leser der Chronik, bewahrte sie in seinem bekannt hervorragenden Gedächtnis. Vier Zeilen bloß – wahrscheinlich schicksalhafte Zeilen für Schubart.

Auf allen tausenden Seiten der Chronik findet sich sonst kaum etwas Despektierliches über Württembergs Autokraten. Schubart hatte allen persönlichen Grund, ihn zu hassen; er war klug genug, diese Regung als Chronikschreiber zu bändigen. So oft er fürstliche Leuteschinder und Freiheitsunterdrücker anprangerte – »O Despotismus! Despotismus! Du frisst am Herzen von Europa . . .«, ein Zitat von vielen –, Namen zu nennen war nicht nur gefährlich, sondern praktisch unmöglich. Es sei denn, es gab

Erfreuliches zu berichten. Schubart brachte, ob wahr oder erfunden, viele erbauliche Geschichten oder Anekdoten über löbliche Taten adeliger Häupter. Er pries Karl Eugen mehrfach als Gründer der Militärschule auf der Solitude, lobte gar den vom »Durchlauchtigsten Herzog« erlassenen Generalpardon für Deserteure, obwohl er sicher wußte, daß diese Maßnahme durch eine das ganze, ohnehin wacklige Heerwesen des Herzogs gefährdende massenhafte Fahnenflucht einfach erzwungen war. Mehr noch, und sichtlich freudiger, lobte er den benachbarten Markgrafen von Baden-Durlach als einen guten Fürsten; unter dessen weiser Regierung gehöre das Ländchen »unter die glücklichsten und besteingerichtetsten Staaten der Welt, auf den andere Provinzen mit nachahmender Eifersucht hinblicken«. Nur durch solche Abstufungen im Positiven, zumal unter wohlbekannten Nachbarn, konnte Schubart Wertungen ausdrücken. Die Leser verstanden es wohl; um so mehr der intelligente Leser Karl Eugen. Er machte sich sicher seinen Reim darauf, und der war fürchterlich. Sehr wahrscheinlich kannte er auch das in die Gleichnisform einer Tierfabel eingekleidete Gedicht »Das Eingebinde«. Frau Löwin hat ein Knäblein geboren:

> Da war im ganzen Reich kein Thier,
> Das nicht dem Prinzen oder ihr
> Was eingebunden hätte.

Es waren höchst giftige Eingebinde. Zumindest zwei Strophen dieser grimmigen Satire auf zeitgenössische Fürstenwillkür erscheinen zitierenswert:

> Drauf goß der Tiger wohlgemut
> Drey Löffel voll von seinem Blut
> Dem Löwen in den Rachen:
> Nun kannst Du kalt auf Leichen stehn,
> Rief er, und ohne wegzusehn
> Der Unschuld Thränen lachen.

Gleich einem Stutzer balsamiert
Ließ nun der Geißbock hochfrisirt
Sich mäkernd also hören;
Nimm hin die Kunst zum Zeitvertreib,
Der Wittwe Kind, des Armen Weib,
Hochfürstlich zu entehren.

Sollte der erprobte Deflorator und Frauenentehrer Karl Eugen
die Anspielung nicht verstanden haben? Das Gedicht erschien in
der »Teutschen Chronik« vom 18. November 1776. Wenige
Wochen später lag sein Autor in des kidnappenden Herzogs Kerkerloch.

So wie mit der Monarchie und ihren Fürsten, so hielt es Schubart mit der Kirche und ihren Priestern. Er bekämpfte nicht sie,
sondern die »Pfaffen«, was für ihn eben schlechte Priester bedeutete (und meist eine antikatholische Schlagseite hatte). Die guten
nahm er ausdrücklich in Schutz:

»Würdige Priester verdienen als Beispiele aufgestellt zu werden,
zu einer Zeit, wo man Alles aufhäuft, ihren verehrungsvollen
Stand verächtlich zu machen!« (T. Ch. vom 14. Januar 1776.)

Bald darauf lobte er sogar die katholischen Mönche, die, falls sie
»gute Leute« waren, es nicht verdienten, daß sogar der Papst
ihnen abgeneigt sei. Immer waren für Schubart moralische Kriterien maßgebend. Unerbittlich blieb er gerade deshalb gegen
volksverdummende Teufelsaustreiber wie den schon genannten
Pfarrer Gassner und seine jesuitischen Beschützer. Deren Fanatismus hatte ihn schon aus Augsburg vertrieben. Aber dort verbrannte man ja auch ein 1774 veröffentlichtes »Märchen« betitel-
tes Gedicht, das eigentlich ein harmloser in Hans-Sachs-Manier
gereimter Spaß ist – harmlos freilich nicht für diejenigen, die
sich als »Pfaffen« getroffen fühlten. Es geht da um ein Bäuerlein,
das in den Himmel kommt und dort darüber staunt, daß man
beim Erscheinen eines frommen Priesters ein wahres Halleluja-
Fest anstimmt:

»So müssen«, fiel der Bauer ein,
»Im Himmel lauter Feste sein,
Weil's ja viel tausend Priester gibt,
Und jeder seinen Herrgott liebt.«
St. Peter lachte laut dazu,
Und sprach: »Du liebe Einfalt du!
Ich der ich bald zweitausend Jahr,
Thürhüter in dem Himmel war,
Hab' vor den Pfaffen gute Ruh';
Doch solche Bauernkerls wie du,
Die kommen oft so häufig an,
Daß ich sie nimmer zählen kann.«

Immer sind nur die schlechten Diener der Kirche Zielscheiben von Schubarts Spott oder Polemik. Nie die Kirchen selbst, und schon gar nicht die Religion. Er war und blieb auch als Chronikschreiber ein frommer Mensch. Freilich ein äußerst toleranter. In derselben Chroniknummer (vom 23. Februar 1775) beklagt er den Verfall des Christentums, das von der »liebenswürdigen Einfalt« des Religionsstifters längst abgewichen, von exorzistischem Aberglauben wie von »Freygeisterey« bedroht sei und lobt zugleich die überhandnehmenden Freimaurer: »Ihre Grundgesetze verdienten die Grundgesetze der ganzen Welt zu seyn: Fürchtet Gott, seyd der Obrigkeit gehorsam, und liebt einander als Brüder!« Der (sehr gelegentliche) Freimaurer-Freund Schubart stand dem dezidierten Freimaurer Lessing, dem Verkünder der religionstoleranten Ring-Parabel des weisen Nathan, nicht nur hier nahe. In einem in Ulm veröffentlichten Gedicht »Der rechte Glaub« läßt er »drey abgeschiedne Seelen«, einen Katholiken, einen Calvinisten und einen Lutheraner, die sich an St. Peters Tor um ihre Qualifikation für die ewige Seligkeit zanken, erst dann Gnade vor dem Wächter der Himmelspforte finden, nachdem sie sich zu der »mit großem Schall« verkündeten Formel zusammengerauft haben: »Wir glauben all an Einen Gott!«
    Schubart und Lessing: Welten der rein literarischen Überlebensgröße scheiden beide, Gleichklang utopischer religiöser Toleranz nähert sie an. Wobei der geistige Abstoß beim durch

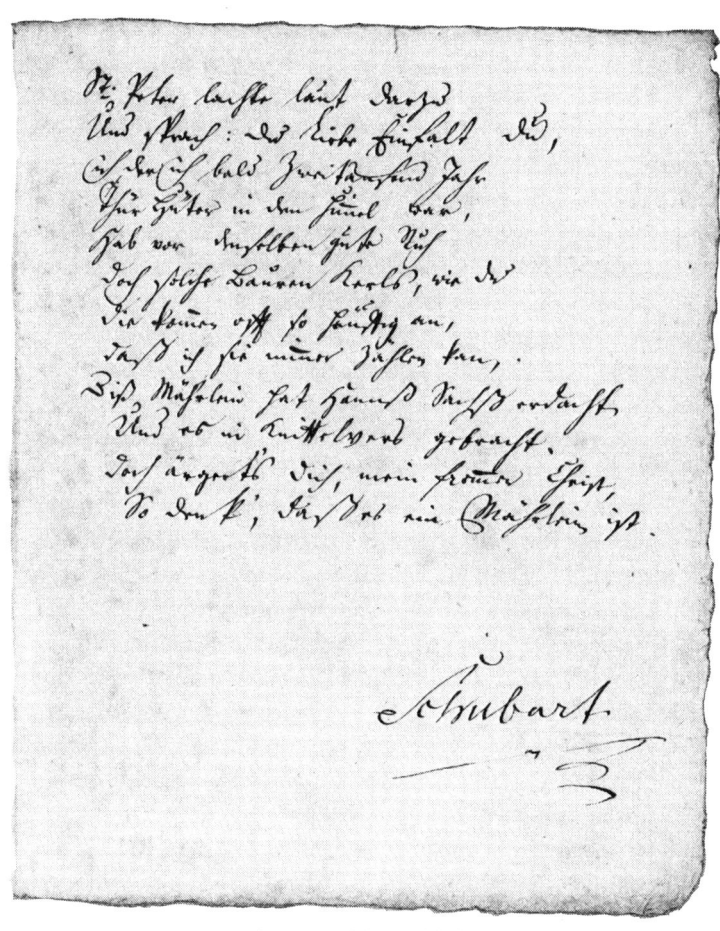

»Märchen«, Gedicht (Schlußzeilen)
1774 veröffentlicht

engere Verhältnisse geprägten protestantischen Christen Schubart sicher persönlich schwieriger war. Aus lutherischem Geisteserbe sind auch die – stets anlaßbedingten, nie systematischen – Äußerungen zu sozialen Fragen der Chronik-Zeit genährt. Um von unten zu beginnen, da Schubarts Herz instinktiv mit den Niedrigen schlug: Die Niedrigsten, die vielen, die ganz Rechtlosen in der Hierarchie des Ständestaates waren die Bauern. Mitleid – gewiß: »Stell dich zumal in einigen Europäischen Provinzen, wo der Soldatengeist alles angefressen hat, auf die Landstraßen: Wirst sehen hagere, ausgehöhlte, gelbhäutige Bauren, klein und ungestalt hinterm Pflug keichen, vor dem Pfluge einen koppenden, meelmaulichten Gaul, den ein Soldat zu schanden geritten...« (T. Ch. vom 8. Jänner 1776). Aber all dieses Elend empfand der Chronikschreiber als unabänderlich; darin konservativer als sein bewunderter Kaiser Joseph II., der Bauernfreund: »Die böhmischen Bauern freuen sich auf die hoffende Freyheit von allen Frohndiensten, ohne zu bedenken, daß diess ohnfehlbar ihren Untergang beschleunigen muß... Sind die Bauren von den Robatten frey, wer wird künftig den Edelleuten die Last dieser Beysteur aufbürden können?« gab er zu bedenken. (T. Ch. vom 1. Juli 1776.)

Da wird der moralische Utopist Schubart zum kleinmütigen beschränkten Realisten. Seine Sozialkritik erschöpft sich immer im Mitgefühl. Das ist manchmal gar nicht gering. Schubart, der Künstler, rühmt den französischen König Ludwig XVI., weil er ein Viertel der Gelder für Oper und Theater »Findlingshospitälern« zuwendete; er äußert Mitleid mit den damals noch längst nicht gleichberechtigten Juden, empört sich, »wie ungerecht man gegen diess arme Volk verfahre« und breitet die Geschichte von einem zu Unrecht des Mordes verdächtigten und grausam geräderten jüdischen Mannes aus. In seinem zeitlebens unerschütterlichen, von den sonst so häufigen Widersprüchen freien Eintreten für die immer noch in Gettos verbannten Juden zeigt sich Schubart als über seine Zeit hinaus fortschrittlicher Geist, christliches Mitleid und aufgeklärten Humanismus wie sonst nur sehr selten vereinigend. Man muß bedenken, daß damals selbst die menschlich so warmherzige Kaiserin Maria Theresia religiösen Antisemitismus und Judenverfolgung praktizierte! Schubart erkannte wohl die zeitgenössischen Probleme der Judenemanzipation, aber er schrieb gegen Gettos und Diskriminierung und fand die Art, wie Christen Juden behandelten, einfach unchristlich; außerdem, und hier wirkte Schubart primitiven Vorurteilen entgegen: »Durch unser bisheriges Betragen gegen die Juden zwingen wir sie, entweder Müßiggänger oder Betrüger zu werden« (D. Ch. vom 31. Juli 1775). Schubart war kein sentimentaler Philosemit, keiner seiner namhaften deutschen Zeitgenossen war es. Daß er entschieden, nie schwankend, den wie immer – religiös oder wirtschaftsneidisch, nie rassisch – motivierten Erscheinungsformen von Antisemitismus entgegenwirkte, ehrt gleicherweise sein Herz wie seine Journalistenfeder.

Sogar für die fernen Negersklaven in Amerika bricht er eine Lanze: Man »würde staunen, so viel Herzhaftigkeit, Größe der Seele und Heldenmuth bei Sklaven anzutreffen . . . kurz, man bemerkt bey den Negern, daß sie alle menschliche Anlagen haben, und daß sie nur der Sklavenstand, den sie so schrecklich dulden müssen, unter uns herab setze« (T. Ch. vom 15. Juli 1776). Das erscheint überdurchschnittlich sensibel, von stumpfen Vorurteilen seiner Zeit unabhängig, fortschrittlich gesinnt.

Viel konservativer gab sich Schubart den Frauen gegenüber. »Gelehrte Weiber« blieben ihm zeitlebens ein Graus, und wenn sie gar »Franzosensitte nachäffen, lieben und schelmäugeln, . . . und Mutterpflichten, Weiberpflichten, Christenpflichten drüber vergessen«, »wenn sie meine Richter in der Literatur und Kunst werden wollen; wenn sie meinen deutschen Geschmack mit ihrem Zuckerwerk, ihren Brühen und Sulzen verderben wollen: Dann ruf ich mit dem edlen Unwillen des Archimedes: zerstört mir meine Zirkel nicht!« Womit der Frauenliebhaber Schubart gewiß des Beifalls seiner Leser, und nicht nur der männlichen, sicher sein konnte.

Um politische Nachrichten oder Kommentare – beide waren oft ineinander verquickt – leicht verständlich, mundgerecht unter die Leute zu bringen, bediente sich Schubart der verschiedenartigsten Formen. Keine moderne Zeitung kann sich solcher Buntheit rühmen. Welche dürfte es heute wagen, mit einem erdachten Dialog (was Schubart öfter tat) »aufzumachen«? Unerschöpflich erfinderisch war Schubart in der Formulierung der Titel, mit denen er die Leser neugierig machen und, manchmal mit bedeutsamen Nuancen, den mitzuteilenden Stoff charakterisieren wollte. Eine kleine Blütenlese: Politische Galanteriewaaren – Ausritt auf meinem Steckenpferde – Rhapsodische Anmerkungen – Vaterländische Klagen – Flüge – Blicke – Frag-

mente – Novellistischer Mischmasch – Rapporte – Tändeleyen –
Ein Windstoß – Politische Tabagie – Raritätskasten. Das mutet
oft verspielt oder kauzig an, verrät aber jedenfalls journalisti-
sches Talent. Manchmal greift Schubart zur seit Lafontaine und
Gellert beliebten Form der Fabel, um politische Inhalte zu trans-
portieren, manchmal zu frei erfundenen Anekdoten aus möglichst exotischen Ländern: Die Zensur zwang dazu, die Leser
würden das Augenzwinkern schon verstehen.

»Seine Sultanische Hoheit sind seit einigen Tagen in tiefer
Traur. Sie haben ihren besten arabischen Hengst durch einen
frühzeitigen Tod verlohren ... Der Sultan ließ diesen Gaul
prächtig begraben. Die Stallknechte giengen hinter seiner Trag-
baare her und klatschten ihn mit großen Kourierpeitschen ins
Grab ... Der König von Persien läßt sich das Wohl seiner
Unthertanen außerordentlich angelegen seyn. Ein Franzos, der
sich seit einigen Jahren in Ispahan aufhält, lehrte ihn das Filetstricken. Ganz Ispahan staunt über das große Genie des Schachs,
der es in kurzer Zeit so weit brachte, daß er seiner liebsten
Beyschläferinn ein Halstuch stricken konnte. Man behauptet,
daß dieser weise Monarch die große Summe, welche sonst
unnöthiger Weise für die Armen, Wittwen, Waisen, Unterstützung verfallner Handelshäuser, Belohnung der Gelehrten und
Anbauung des Landes bestimmt war, zur Errichtung eines
prächtigen Hauses für Gaukler und Taschenspieler verwenden
werde« (D. Ch. vom 18. September 1775). Konnte man in
wenigen Zeilen drastischer vor Augen führen, was viel nähere
Potentaten als wahre Sultane taten oder unterließen, von der
Mätressenwirtschaft über die Französelei bis zum verschwenderischen Opernluxus? Ironie machte es allein möglich.

Ihrer, eines eigentlich sehr intellektuellen Wirkungsmittels,
bediente sich Schubart auch dann sehr gern, wenn er sein Reimtalent in Form des polemischen Epigramms der politischen
Wirksamkeit seiner Chronik dienstbar machte. In sogenannten
»Neujahrschilden, ausgehängt im Januar 1775«, verkreuzten sich
politische, literarische, persönliche, rein menschliche Zielrich-
tungen. Beispiel:

An Mops.
Sey dumm!
Dies wünsch' ich dir zum neuen Jahr!
Warum?
Weil Dummheit in dem alten Jahr
So manches Schöpsen Glück gebar.
Darum
Sey dumm!

Das ist, wer immer jener Mops war, echt epigrammatisch formuliert.

Oder, im Rahmen der Chronik, folgende Aufforderung »An den Hutmacher Städele in Memmingen«:

Hanns Marx von Hochgebohrnem Blut
Bestellt bey dir 'nen neuen Hut,
Recht fein gestutzt, klein, flüchtig, süß,
Nach Geckenmode in Paris;
O Städele, sey doch so gut,
Mach ihm den Kopf gleich mit dem Hut.

Die Sprache, deren er sich in seiner »Deutschen Chronik« zu bedienen hatte, wenn er nicht der Zensur zum Opfer fallen wollte, war notgedrungen zahm und ganz und gar erotisch unanstößig. Aber auch der Journalist Schubart verleugnet nicht die sprachschöpferische Persönlichkeit (und nicht die Zeitgenossenschaft des Sturm und Drang). Nur nichts Blasses, Pedantisches, von Amtsdeutsch und fader Gelehrsamkeit Angekränkeltes! Dann schon lieber eine forcierte Volkstümlichkeit, die uns heute nicht ganz echt vorkommen mag: ».. . 'nunter... 'nmal... bist 'n Baier...« Der ungeheure literarische Widerhall von Goethes »Götz von Berlichingen« ließ eine Biedersprache gedeihen, die man damals wohl als altdeutsch empfand: »Hab's ...willst's ...«, grundsätzlich ohne das persönliche Fürwort. Bieder zu sein wie die deutschen Altvorderen galt als Tugend angesichts der französelnden Untugenden des verweichlichten Gegenwartsgeschlechtes. Der Biederton, ja sogar das Biedervaterland wurden in der »Deutschen Chronik« gepriesen, dem Saft- und Kraftstil der Stürmer und Dränger folgten zahllose Wortbildungen: Kraftmann, Kraftdeutscher etwa, und manchmal genügte auch ein simpler Kerl oder Mann, um Hochachtung für deutsche Art zu bezeugen: »Mann Herder.« (Man kann hier, da sich Schubarts Stil zeitlebens kaum veränderte, auch die nachaspergische Chronik mit einbeziehen.) Manchmal erfand er ganz neue Wörter. Das substantivisch gebrauchte Adverb hellauf (»mein Hellauf«) ist Schubarts genialisch selbstbezeichnender Eigenbau, auch »sehnenschraff« (als Eigenschaft kräftiger Jungmänner) oder »Ausblitzung« hat noch keine Feder vor ihm geschrieben.

Schier keine Grenzen setzte er seiner Phantasie, wenn es um neuartige Wortzusammensetzungen ging. In den zwei Jahrhunderten seither ist diese besondere Fähigkeit der deutschen Sprache vom Amtsschimmel fast zu Tode geritten worden. Aber noch für Goethe bot sie ein sprachschöpferisches Feld (»Weltliteratur«, »Weltkind«, »Wahlverwandtschaft«) und schon gar zu Schubarts Zeiten. Besonders auf dem Fruchtboden von Herz und Gefühl sprossen seine Neuwörter aufs üppigste: Herzigkeit und Vollherzigkeit, Herzgefühl, Großgefühl und Tiefgefühl, Feuerseele und Feuerungestüm, Urnichts und Urgrundsatz (kein schlechtes Synonym für Grundprinzip), Geisterkreis, Geistmann (so nannte er Schiller).

Manches mutet heute puristisch-teutonisch an, aber vergessen wir nie: Schubart stand am Anfang! Die deutsche Sprache tastete sich eben erst aus jahrhundertelanger Überfremdung zu eigener Art heran. Eindeutschen von Fremdwörtern bedeutete zunächst einmal Stutzen der überwuchernden Französelei. Schubart gebrauchte viele Fremdwörter und war durchaus kein Sprachpurist: »Daß die Itälmen – oder Kamtschakdalen Barbaren sind, beweiset folgende Anekdote: Sie leiden ernstlich kein fremd Wort in ihrer Sprache. Stößt ihnen etwas Neues auf: So geben sie ihm einen Namen, der alsobald durchs ganze Land läuft« (T. Ch. vom 8. Juli 1776). Ob das nun halb oder ganz ironisch gemeint war, Schubart ging mit Eindeutschungen jedenfalls wählerisch um. Er hielt sich an Wissenschaftswörter wie Rhapsodie oder Sonate, schrieb aber Posse für Farce, Renner für Courier, Gewaltjagd für Parforcejagd, Umriß für Kontur, Entscheidewort für Ultimatum. Einiges erscheint kühn und hat sich nicht durchgesetzt, anderes ist für uns heute schon selbstverständlich: Ebenso selbstverständliches Schicksal eines sprachbewußten, reformfreudigen Zeitungsschreibers.

Wer so in der Sprache lebte, von dem konnte, auch wenn die »Deutsche Chronik« – nie zu vergessen! – vorwiegend eine politische Zeitung zu sein hatte, die zeitgenössische deutsche Literatur nicht unbemerkt bleiben. Gerade in den Augsburger und Ulmer »Chroniken« nimmt Anzeige und Kritik von neuen Büchern einen großen Raum ein; später, in der nachaspergischen Zeit, wird er geringer. Schubart hat sich zu allen großen deutschen Dichtern seiner Zeit geäußert, dazu zu Dutzenden kleiner, die heute vergessen sind. Sprachgewaltig, wie er selber war, muß er als einer der ersten bedeutenden deutschen Literaturkritiker gelten. Andrerseits, er konnte eben nicht aus seiner angeborenen Haut heraus, überwog das Gefühl die nüchtern wertende Vernunft, die Sympathie alle sachliche Objektivität so sehr, daß man nach den Beispielen der »Chronik« doch zögert, ob Schubart, über seine unbestritten wichtige historische Funktion als Zeuge und Reflektor damaliger deutscher Literatur hinaus, ein wirklich Früh-Großer unter den Kritikern war.

»Genie ohne Herz ist nur halbes Genie.« Das schrieb Schubart viel später, erst 1790, aber dieses Credo könnte im Grunde auch fünfzehn oder zwanzig Jahre früher formuliert worden sein. Herz und Gefühl führten auch dem Augsburger und Ulmer Chronikschreiber die Feder, wenn er über Dichter schrieb. Dem frühen Schubart-Monographen Gustav Hauff – für den sein Held »überhaupt einer der ersten Kritiker Deutschlands«, nicht nur der (ohnehin unbestritten) bedeutendste Kritiker Süddeutschlands war – glückte folgende plastische Formulierung: »Mit Zweifel bewundern, mit Bewunderung zweifeln einem Meister gegenüber, wie Lessing verlangt, konnte er nicht.« Das ist klar gesehen, und damit sind auch Schubarts Grenzen erkannt. Innerhalb ihrer bemühte sich Schubart jedoch aufrichtig um Maßstäbe. In seinem »Memento für Krittler« gab er in

»sieben Geboten« gleicherweise Ratschläge wie eine Bilanz seiner literaturkritischen Erfahrungen: Denn dieses – ungeahnte – Vermächtnis erschien in der allerletzten von ihm in Freiheit verfaßten »Chronik«, am 23. Januar 1777; tags drauf lief er dem Herzog in die Falle.

»Erstes Gebot, ehe man rezensiert: ›Verstehst' s Buch auch?‹ – Zweites: ›Schlag nicht gleich mit dem Schwert drein‹« – da spricht der gutherzige Mensch Schubart: Es könnte einen armseligen alten Mann oder einen furchtsamen Jüngling treffen. Schonung auch für »bescheidne Schriftsteller«, keine jedoch für anmaßende: »Scheu nicht des Giganten Tritt und seinen Jast und sein Hohnsprechen; sondern nimm Stein und schleudr' ihn zur Erde. Nur Demuth verdient Schonung; Arroganz aber Wurf und Tod.« Schließlich: »Überlaß das meiste der richtenden Zeit... Siehst du, wie gelehrtes Spreu aufführt in der Waagschaal und des Sturmwinds Raub wird? – Und über alles, Krittler, bedenke das Ende; so wirst du nimmermehr Uebels thun...«

Das ist so persönlich, auf du und du formuliert wie Schubarts Kritiken selbst. Man darf sie nicht an denen Lessings messen. Schubart bewunderte den großen Dichter uneingeschränkt; zu dessen analytischer, ins Ästhetisch-Grundsätzliche vordringender kritischer Geistesschärfe, wie sie auf den tausenden Seiten der »Beiträge, die neueste Literatur betreffend«, des »Laokoon« und der »Hamburgischen Dramaturgie« zu finden sind, war er ganz unfähig. Erst in der nachaspergischen Chronik versuchte er theoretische Kategorien für die Kritik aufzustellen, aber auch diese »Kritische Skala der vorzüglichsten deutschen Dichter« bleibt fragmentarisch und höchst persönlich. In der Augsburg-Ulmer »Chronik« gab sich literarische Rezension schon gar subjektiv, parteiisch, kulturpolitisch gefärbt. Ihr informativer Wert insgesamt wiegt geringer als der Reiz dieser temperamentsprühenden, mit Herzblut, nicht mit dünner Tinte schreibenden Feder. Unmittelbare Zitate sollen davon zeugen. Wir stellen zwei gegenüber. Das erste als Beispiel für den überschwenglichen Sturm-und-Drang-Stil, wenn es zu rühmen galt; das zweite, wenn ein Höchstverehrter, derselbe Goethe, dennoch kritisiert werden mußte.

Über Goethes Roman »Die Leiden des jungen Werthers« schrieb, nein: stammelte verzückt – man merkt es, die »Chronik« wurde gesprochen, diktiert! – der Kritiker (D. Ch. 5. Dezember 1774):

»Da sitz ich mit zerfloßnem Herzen, mit klopfender Brust, und mit Augen, aus welchen wollüstiger Schmerz tröpfelt, und sag dir, Leser, daß ich eben die Leiden des jungen Werthers von meinem lieben Goethe – gelesen? – Nein, verschlungen habe. Kritisieren soll ich? Könnt ichs, so hätt ich kein Herz. Göttin Critica steht ja selbst vor diesem Meisterstücke des allerfeinsten Menschengefühls aufgethaut da. Mir wars, als ich Werthers Geschichte las, wie der Rahel im IIten Gesang des Meßias, wie sie im himmlischen Gefühl zerrann und unter dem Gelispel des wehenden Bachs erwachte. – Ein Jüngling, voll Lebenskraft, Empfindung, Sympathie, Genie, so wie ungefähr Goethe, fällt mit dem vollen Ungestüm einer unbezwinglich haftenden Leidenschaft auf ein himmlisches Mädgen. Die ist aber schon verlobt und vermählt sich mit einem braven Manne. Aber diese Hindernis verstärkt nur Werthers Liebe. Sie wird immer unruhiger, heftiger, wütender, und nun – ist jede Wonne des Lebens für ihn tod. Er entschließt sich zum Selbstmorde und führt ihn auch aus. Diesen simplen Stoff weiß der Verfasser mit soviel Aufwand des Genies zu bearbeiten, daß die Aufmerksamkeit, das Entzücken des Lesers mit jedem Briefe zunimmt. Da sind keine Episoden, die den Helden der Geschichte, wie goldnes Gefolg einen verdienstlosen Fürsten, umgeben; der Held, er, er ganz allein, lebt und webt in allem, was man liest; er, er steht im Vorgrunde, scheint aus der Leinwand zu springen und zu sagen: Schau, das bin ich, der junge lebende Werther, dein Mitgeschöpf! So mußt ich volles irdenes Gefäß am Feuer aufkochen, aufsprudeln, zerspringen. – Die eingestreuten Reflexionen, die so natürlich aus den Begebenheiten fließen, sind voll Sinn, Weltkenntnis, Weisheit und Wahrheit. Thomsons Pinsel hat nie richtiger, schöner, schrecklicher gemalt als Goethes. Soll ich einige schöne Stellen herausheben? Kann nicht; das hieße mit dem Brennglas Schwamm anzünden und sagen: Schau, Mensch, das

ist Sonnenfeuer! – Kauf's Buch, und lies selbst! Nimm aber dein
Herz mit! – Wollte lieber ewig arm seyn, auf Stroh liegen, Wasser trinken, und Wurzeln essen, als einem solchen sentimentalischen Schriftsteller nicht nachempfinden können. Ist bey Stage
zu haben.«

Und so polemisierte Schubart gegen Goethes übermütigen
Angriff auf Wieland (sozusagen mit verkehrter Front: Denn
eigentlich stand er mit dem Herzen mehr auf der Seite des jungen Goethe, aber Gerechtigkeit galt ihm auch etwas, und außerdem konnte er eine Prise Patriotismus beimischen. D. Ch.
2. Juni 1774):

»Hier liegt eine Posse* vor mir, die mich fast zu Tod ärgert. –
Götter, Helden und Wieland betitelt. Nicht als wenn diese Posse
schlecht geschrieben wäre; nein! Ein Meisterstück ist sie, und
niemand kann so dialogisieren, als der Verfasser des Götz von
Berlichingen. Nur der Angriff auf unsern Wieland, dem wir in
aller Absicht so viel zu danken haben, mißfällt mir . . . Leider
muß ichs sagen! Keine Gelehrte sind zu Ungezogenheiten, Zän-
kereien und wechselseitigen Beschimpfungen geneigter, als die
Deutschen. Wenn Liliputier mit ihren Nadelpfeilchen aufeinan-
der schießen; so lacht man. Wenn aber Brodingrags ihre Riesen-
fäuste heben, dann zittert man vor Gefahr. – Und Gefahr ists für
unsre Literatur, wenn sich die besten Köpfe entzweien und ihr
Feuer, das sie zu unsterblichen Werken verschwenden sollten, in
Zank und Schmähschriften weglodern lassen.

Von den verehrten Alten zwischen Homer und Shakespeare
abgesehen, galt Goethe dem Chronikschreiber als der Größte
unter den Dichtern – in gebührendem Abstand nach Klopstock.
Man muß sich da immer die damalige Sicht, die Geburtsjahr-
gänge, vor Augen halten. Klopstock war um fünfzehn Jahre
älter, Goethe um ein Dezennium jünger als Schubart. Der
Schöpfer des »Messias« schwebte für ihn stets wie ein Halbgott

* »Warum dann Farce? – Weg mit französischem Plunder, wo wir ihn entbehren
können.«

in erhabenen Dichterwolken, Goethe war noch kein Klassiker und Olympier, sondern ein junger Literat, der gerade erst mit dem urigen »Götz von Berlichingen« und dem empfindsamen »Werther« die deutsche literarische Szene zu erobern begann, ein provokatives Sturm-und-Drang-Talent, kein unbestrittener Meister. Daß Schubart damals schon Goethes Genie erkannte und verkündete, bezeugt seinen gesunden Instinkt: Er schwamm einfach auf derselben Welle.

So wie sie – scheinbar – verlassen wurde, schwamm auch der Kritiker Schubart nicht mehr mit; das Drama »Clavigo«, das von der altdeutschen Götz-Verklärung weit abbog, verriß er maßlos enttäuscht (»Himmel! Wie unendlich weit unter dem Göz von Berlichingen! ... Die besten Situationen sind verhunzt ...«). Vom Faust-Dichter konnte Schubart noch nichts ahnen, eine Notiz gab 1776 lediglich kund, daß Goethe an einem Doktor Faust arbeite, neben Lessing und Maler Müller. Dennoch: Der junge Goethe galt ihm damals schon als »unser Shakespeare«. Ein Ehrentitel, der dadurch entwertet wird, daß Schubart ihn gewissermaßen in *einem* Atemzug, nämlich im selben Brief an seinen Bruder (vom 17. November 1775), auch dem Straßburger Goethe-Genossen Friedrich Maximilian Klinger zuteilte: »Göthe war auch hier – ein Genie, groß und schreklich, wie's Riesengebürg; Klinger war bei ihm – unser Shakespear*.«

Literarische Wertungen Schubarts darf man nie auf die Waage legen. Dieser Frankfurter Klinger, mit Goethe nicht nur durch Jugendfreundschaft, sondern auch durch fünf halb erzählende, halb dramatische Bücher über »Fausts Leben, Taten und Höllenfahrt« verbunden, war gewiß kein deutscher Shakespeare, gab aber mit seinem 1777 erschienenen Schauspiel »Sturm und Drang« einer ganzen deutschen Literatepoche ihren Namen. Ein dichterisch unbedeutendes, eigentlich possenhaftes Stück

---

* Zu einer Begegnung zwischen Goethe und Schubart ist es nicht gekommen. Schubart würde dieses für ihn doch hochbedeutsame Ereignis sicher erwähnt haben; das tat er jedoch weder in seinen Briefen, noch in der »Deutschen Chronik«, noch in seinen Lebenserinnerungen. Es ist nicht einmal ganz sicher, ob Goethe, damals mit Klinger auf der Reise in den Schwarzwald, in Ulm überhaupt Station machte.

über die Erbfeindschaft zweier Adelsfamilien, das ursprünglich »Wirrwarr« heißen sollte. Gar nicht unzutreffend: »Mir ist so gut, so verwildert gut«, bekennt einer. Das mutete shakespearisch an und traf zugleich mit dem Zeitgeist jener siebziger Jahre, der von »Götz« und »Werther« geprägten Geniezeit, auch den poetischen Nerv des Chronikschreibers.

Daß er des jungen Goethe überragende Bedeutung für die erwachende deutsche Literatur klar erkannte, spricht für sein Gespür, daß er dem Abgott Klopstock allezeit treu blieb, für die Lebensbeständigkeit von Jugenderlebnissen. Es war ihm ja nicht verborgen, daß die neue, zwischen aufklärerischem Rationalismus und kraftprotzendem Sturm und Drang zerrissene Zeit allmählich über Klopstocks Ideale hinweg und dieser sich als Denkmal seiner selbst überlebte. »Wer wird nicht einen Klopstock loben? Doch wird ihn jeder lesen? – Nein« – dieses Lessing-Epigramm spiegelt die Realität schon bei Zeitgenossen. Für Schubart bleibt der Sänger des »Messias« und der spracherneuernden Oden »Deutschlands gröstes Genie... so wie er der gröste Mann seiner Zeit ist«. Solche Superlative wurden immerhin dann und wann durch bescheidene kritische Anmerkungen differenziert. Zu Klopstocks geistlichen Gedichten etwa, selbst zum mangelnden Realismus von »Messias«-Gesängen.

Wieland gegenüber mußte Schubart sich ungleich gespaltener fühlen. Nie vergaß er, dankbar, wie er war, daß der Biberacher Landsmann ihn einst zum Dichten ermutigt hatte, und als dieser in Weimar längst zum berühmten Meister eleganten, an französischem Esprit orientierten Stils aufgestiegen war, unterdrückte der Chronikschreiber seine Einwände und ließ den großen Mann einen großen Mann sein. Was ihn an ihm störte, vertraute er lieber privaten Briefen an: »Schöpfergeist, Philosophie... alles ist hier – nur nicht ein durch den Geist der Religion geläutertes Herz.«

Das hätte er bei Lessing ebensowenig auf orthodoxe Art finden können, aber bei diesem großen protestantischen Freisinnigen störte ihn das nicht. Er schrieb nie abträglich, aber recht wenig über Lessings Werke. Einfach, weil er vor allem über Neuerscheinungen referierte und Meisterwerke wie »Minna von

Barnhelm« oder die für das neue deutsche Trauerspiel bahnbrechende »Emilia Galotti« eben nicht das Neueste vom Tage
waren. Daß »Minna«, wie er berichtete, in Paris auf französisch
aufgeführt wurde, konnte Schubart sich überhaupt nicht vorstellen; so unübersetzbar deutsch erschien ihm das Lustspiel. Als
Galionsfigur der Aufklärung mochte er Lessing nicht gelten lassen. Gegen die allzu rationalistischen Erzaufklärer behielt er ja
seine Reserven. Um so überraschender, daß er des Berliner Auf-
klärer-Papstes Friedrich Nicolais Roman »Sebaldus Nothanker«
als »den besten deutschen Roman pries«; sicher ein Fehlurteil,
aber doch ein Indiz für Schubarts gelegentliches Bemühen um
Objektivität.

Mit dem Herzen war er freilich hier nicht dabei. Sondern bei
den literarischen Gegenfüßlern der Epoche, den gefühlsbetonten, stürmenden und drängenden oder »sentimentalischen«
(Schubarts Wort zu Goethe) Dichtern. Herder bewunderte er, es
wurde schon erwähnt, mit scheuem Respekt. Der Vordenker
einer ganzen Literaturepoche war ein fragmentarisches Genie;
diesen so formulierten Ehrentitel hat man später auch Schubart
zugebilligt, aber das bruchstückhaft eingeschränkte Hauptwort
stand dem Goethe-Präceptor, Kulturkritiker und Volkslied-Pio-
nier (»Volkslied« ist eine Herdersche Worterfindung) gewiß
unbestreitbarer zu. Schubart empfahl Herders schwierige und
dunkle, antiaufklärerische Geschichtsphilosophie, die er damals
(D. Ch. 4. Mai 1775) nur aus der kleinen, aber kennzeichnenden
Schrift »Auch eine Philosophie der Geschichte« beurteilen konnte,
in seinem hochpersönlichen Stil aufs wärmste: »Schwabe, hast
noch 'n Magen, der starke Speisen verdauen kann, so studir'
diess Buch: 's wird dich im Bauch grimmen, ist aber heilsame
Speise. «

Weniger Bauchgrimmen konnte Schubart versprechen, wenn
er die neuen Produkte der Klopstock-Jünger vom »Göttinger
Hain« vorstellte. Mit ihnen fühlte er sich nicht nur weltanschau-
lich, sondern auch persönlich verbunden. Die Brüder Stolberg,
Friedrich Leopold und Christian, besuchten damals Ulm, man
umarmte sich brüderlich und leerte gewiß viele Becher zusammen. Für den Provinzler Schubart bedeutete das Begegnung mit

großer Dichterwelt. Die beiden Stolberg kannten ja den vergötterten Meister Klopstock, sie huldigten ihm seit 1772 in einem unter »heiligen Eichen« begründeten, verschwärmten, kurios ritualisierten Bund der Freunde – immer blieb ein geschmückter Platz für den abwesenden Meister reserviert –, zu dem sich die widersprüchlichsten Persönlichkeiten der jungen, also der 25- bis 30jährigen Generation, zusammengefunden hatte. Sie alle einte, so tief die Kluft zwischen dem sanften Matthias Claudius oder dem von Schubart als »süßmelancholisch« gepriesenen Lyriker Hölty (Brahms nahm ihn mit einigen Vertonungen ins Nachleben mit) und dem wüsten Balladendichter Gottfried August Bürger (der ideologisch dazugehörte) auch gewesen sein mag, sie alle, den biederen Homer-Übersetzer Johann Heinrich Voß eingeschlossen, einte Gemeinsames: Sie verachteten das literarische Establishment, personifiziert im berühmten Aufklärer und Französling Wieland, sie fochten mit aller Macht des Gefühls für alte deutsche Art in Sprache und Lebenshaltung. Immer auf den erhabenen Spuren des Meisters Klopstock. Wie hätte da der Chronikschreiber nicht ins idealistische Horn einstimmen sollen?

Alles, was die Freunde des Göttinger Hains zu Papier brachten, wurde beifällig in der »Chronik« registriert. Eine literaturhistorische Verzerrung, sicher. Aber die »Deutsche Chronik« war eben kein Registrierblatt, sondern Meinungspresse (so würde man es heute nennen). Und wenn dann noch persönliche Freundschaft ins Spiel kam, so darf man bei Schubart schon gar nicht Objektivität erwarten. Es kann nicht verwundern, daß der Chronik-Literaturkritiker den Roman »Siegwart. Eine Klostergeschichte« in den höchsten, ganz und gar unkritischen Tönen mehrfach pries. Das war damals so etwas wie ein »Frauenroman«: Hätte es regenbogenfarbene Illustrierte gegeben, die rührselige Geschichte von den unterdrückten Liebesnöten des in den Mönchsstand geflüchteten Bruders Siegwart wäre ein Hit gewesen. Er war es zeitgeschichtlich ohnehin; der Theaterprinzipal Emanuel Schikaneder, in jenen siebziger Jahren noch fern von der Mozart-Partnerschaft an der »Zauberflöte«, allzeit gezwungen, nach der Abendkasse zu schielen, verwurstete Millers Siegwart-Roman hoffnungsvoll zu einem Schauspiel. Miller war daran völlig unschuldig, Tantiemen und Autorenrechte gab es dazumal noch nicht. Dieser Johann Martin Miller (1750–1814) war ein ziemlich mäßiger Poet, aber menschlich gesehen, zumal im Kontext von Schubarts Vita, bei aller Sentimentalität ein wahrer »Kerl«. Auch wenn der Chronikschreiber, aus welchen Gründen immer, ihn nie mit diesem Ehrentitel bedacht hat.

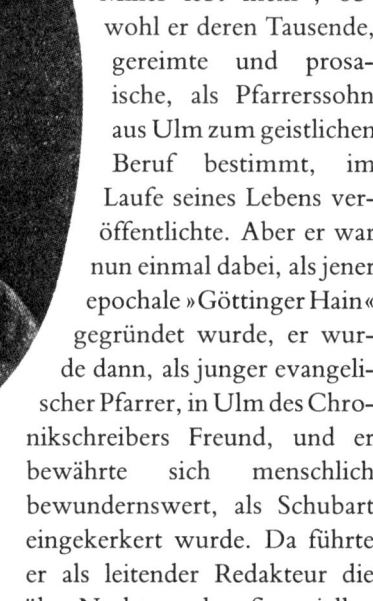

Johann Martin Miller

Keine einzige Zeile von Miller lebt mehr*, obwohl er deren Tausende, gereimte und prosaische, als Pfarrerssohn aus Ulm zum geistlichen Beruf bestimmt, im Laufe seines Lebens veröffentlichte. Aber er war nun einmal dabei, als jener epochale »Göttinger Hain« gegründet wurde, er wurde dann, als junger evangelischer Pfarrer, in Ulm des Chronikschreibers Freund, und er bewährte sich menschlich bewundernswert, als Schubart eingekerkert wurde. Da führte er als leitender Redakteur die »Teutsche Chronik« weiter, der über Nacht vor dem finanziellen Nichts stehenden Frau Helene uneigennützig dienend; das im Jahr 1781 erfolgte Dahinscheiden der gezähmten, als »Ulmische Teutsche Chronik« dahinsiechenden Zeitung konnte er auch nicht verhindern. Miller hatte sein Möglichstes getan, aber das

* Einzige Ausnahme: Das in der Burschenherrlichkeit vielzitierte Lied »Was frag ich viel nach Geld und Gut«.

war nicht genug, es reichte bei weitem nicht an Schubarts journalistische Effektivität heran.

Solange er relativ frei schreiben konnte, pries Schubart die Produktionen seines Freundes Miller. Sicher weit über Gebühr. Hingegen ehrt es ihn, wenn er den im unerreichbar fernen Norden wirkenden Matthias Claudius als Dichter erkannte und rühmte. Eine Ausgabe der »Sämtlichen Werke des Wandsbeker Bothen« (D. Ch. 14. September 1775) empfahl er seinen Lesern als »Eine Frucht, wie Ananas, die man auf Königstafeln zum Nachtisch setzen könnte. Deutschheit, Empfindungsfülle, Religions- und Wahrheitsliebe, ächte deutsche Laune sind der Charakter des Bothen zu Wandsbek«. Das sagt aber mehr über Schubarts als über Claudius' stilistische Eigenart. Der »Wandsbecker Bote« wurde damals schon nicht mehr von Claudius redigiert und war am Eingehen. Als diese im Norden so bedeutsame Zeitschrift tatsächlich ihr Erscheinen einstellte, kommentiert das der Chronikschreiber ein wenig von oben herab, aus der Perspektive des Erfolgreicheren. Aber den Dichter Claudius schätzte er allezeit; er brachte einige seiner Gedichte in der »Chronik».

Daß Schubart, der seiner ganzen Art nach selber ein Stürmer und Dränger war, mit den Dichtern dieser rebellischen Bewegung besonders sympathisierte und viele von deren Werken rezensierte, kann nicht verwundern. Ebensowenig, daß er die – gegenüber den geistigen Anregern Hamann oder Gerstenberg – jüngere Generation der um 1750 Geborenen bevorzugte, also den Kreis um den jungen Goethe; Lenz, Klinger, Wagner vor allem. Das ergab sich aus der Aktualität der »Deutschen Chronik«. Von der Überschätzung Klingers war schon die Rede. Auch dessen längst verschollene Trauerspiele »Otto« und »Das leidende Weib« nahm Schubart rühmend in Schutz gegen bissige Parodie. Bei dieser Gelegenheit brach er eine Lanze für die ganze Richtung: »Freuen muß sich der Patriot, daß die deutsche dramatische Muse, die, wie Kain, unstät und flüchtig herum irren muß, von so jungen rüstigen Jünglingen wie Göthe, Klinger, Lenz, Leisewitz und Unzer sind, mit Werken unterstützt wird, denen die neuern Ausländer nichts entgegensetzen können« (D. Ch. 25. September 1775).

Goethe als rüstiger Jüngling – das klingt kurios, hatte aber mehr historische Berechtigung für sich als die Behauptung von der ausländischen literarischen Inferiorität. Da waren natürlich vor allem die Franzosen gemeint, deren zeitgenössische Romane (»übertriebene Leserey« wirft Schubart jungen deutschen Frauenzimmern vor) er ein paar Monate zuvor so verdammt hatte: »Unsittlicher ist wohl niemalen von einer Nation etwas geschrieben worden, als von den Franzosen. Da verzuckern sie die leichtfertigsten Grundsätze mit spielendem Witze, und... pudern dem Teufel den Schwanz, und vergulden ihm die Hörner, daß man sich nicht vor ihm fürchten soll.« Objektivität war eben nicht des Patrioten Schubart Sache.

Wo ihm hingegen etwas Herzenssache war, zeigte der Literaturkritiker scharfen Spürsinn. Den armen Reinhold Lenz, Goethes Straßburger Jugendfreund und – laut Goethe – »krankes Kind«, er war ja wirklich periodisch geisteskrank, als genialischen Dichter zu erkennen, erforderte Mitte der siebziger Jahre neben einfühlender Sympathie auch Unterscheidungskraft. Schubart schrieb nicht unkritisch über den Autor der Schauspiele »Der Hofmeister« und »Die Soldaten«. Er verriß geradezu die aktuelle Komödie »Der neue Menoza«: »Gott! Wie gehen die Leute mit ihrem Genie um. Um Originale zu werden, werden sie albern.« Aber schon daß er das stofflich tollkühne Schauspiel »Der Hofmeister« – der Titelheld kastriert sich in sozialer Verzweiflung! – zuerst irrtümlich Goethe zuschrieb und dem »Götz von Berlichingen« an die Seite stellte (»Strom der Leidenschaft und der altdeutschen Kraft und Macht«), schon dieser Irrtum bezeugt Sinn für neuartige dramatische Qualität. »Mit inniger Freude und patriotischem Vergnügen« korrigierte Schubart bald darauf das Versehen und pries desto begeisterter den wahren Autor Lenz als »junges aufkeimendes Genie aus Kurland«.

Die Tragödie »Die Soldaten« erwähnte er 1776 kurz, aber demonstrativ rühmend als Schauspiel, »das alle neue Französische Geburten aufwiegt«. Das war gegen die zeitgenössischen Franzosen so ungerecht wie fast immer formuliert; so prophetisch, wichtige deutsche Literatur betreffend, wie selten. Es dauerte ja, nach dem jämmerlichen Tod des Dichters Lenz in der

Moskauer Gosse und dem Vergessen ein Jahrhundert lang, bis man den Gratwandler zwischen Genie und Irrsinn als Großen, als Propheten revolutionärer literarischer Formen und Inhalte neu entdeckte, zum Librettisten einer prophetisch-progressiven Oper (»Die Soldaten« von Bernd Alois Zimmermann, ein schwer zu realisierender Geheimtip für formal eingeschworene Fortschrittler) und gar zum Kammeroper-Helden erhob. Schubart hatte das komplizierte Genie Lenz schon damals erspürt. Auch Sympathie kann hellsichtig machen. Mehrfach behandelte Schubart Arbeiten des um zehn Jahre jüngeren Pfälzers Friedrich Müller, der, eine zersplitterte Doppelbegabung, als Maler Müller in die Literaturgeschichte eingegangen ist. Obwohl ihm der volkstümliche Lyriker und Dramatiker »im alten teutschen Losenlatz« persönlich so sympathisch war, daß er ihm schriftlich das Du anbot, erwies er sich hier als wirklicher Rezensent, zwar meist lobend, aber doch auch tadelnd und gute Ratschläge erteilend. Er druckte auch einige Gedichte von Maler Müller ab.

Wenn der Chronikschreiber zeitgenössische schwäbische Literatur behandelte, verleugnete er, daß er eigentlich auch Kritiker war: Er rezensierte weniger als er vorstellte. Fairneß, so würde man es heute nennen, bestimmte ja schon die resümierende Richtlinie seiner Ratschläge für »Krittler«, und da das literarische Schwaben damals gegenüber Deutschlands Norden, mit Weimars Goethe und Wieland favorisierender Residenz eines »guten Fürsten« als vorwärtsweisender Mitte, so klar im Hintertreffen lag –, was konnte da der bewußte Wahlschwabe Schubart anderes tun, als mit seiner Zeitung, die weit hinausstrahlte, für die heimatlichen Underdogs zu werben?

Man könnte Dutzende halb politische, halb literarische, immer schwäbisch-patriotische Plädoyers des Chronikschreibers zitieren. Hier darf man weniger denn je Objektivität verlangen. Wann immer sich Schubart über schwäbische Literaten seiner Zeit äußerte, und das tat er ausgiebig, so gut wie nie kritisierte er sie wirklich. Sie vorstellen, aus der provinziellen Anonymität in das überlokale Licht der Chronik-Beachtung zu führen war Schubarts Absicht. Das ging so weit, daß er die mittelmäßigen

Produktionen des Stuttgarter Pfarrers Haug immer über Gebühr lobte – so ganz unbestechlich war eben auch der Rebell Schubart nicht; Haug, der ältere, galt als literarische Autorität, er hatte Schubart einst nach Ludwigsburg empfohlen, dann äußerst negativ beurteilt, was nicht unwichtig war, da der kluge Anpasser immer auf der Welle der Mächtigen mitschwamm – kurzum, es war gefährlich, den lokalen Ruhm eines Literaturpapstes anzukratzen, und bisweilen ließ sich auch Schubarts Feder von Rücksicht und Klugheit leiten.

Wenn der Chronikschreiber hingegen die anderen schwäbischen Schriftsteller seiner Zeit beachtete, war er frei von aller mentaler Korruption. Was konnte er schon gewinnen: Ob er nun freundliche Loblieder für den alten Freiherrn Eberhard von Gemmingen, für den Tübinger evangelischen Stiftler Gottlob David Hartmann, für den ausgewanderten, früh verstorbenen Thomas Abbt aus Ulm, den späteren Chronik-Fortsetzer Stäudlin, den Busenfreund Miller sang. Schubarts Lobpreis der Gedichte von Johann Ludwig Huber – »Huber! Ha! Willkommen deutscher Mann, der du glühend vor Andacht betest vor dem Unendlichen. Lange hast du geharrt wie der Adler auf 'm Felsennest...« – ist bemerkenswert durch Schicksalsgemeinschaft. Dieser Amtmann Huber, der, weil er Herzog Karl Eugens Steuerwillkür widerstanden hatte, brutal eingekerkert wurde, war Schubarts tapferer, ebenso unschuldiger Vorgänger auf dem »Felsennest« des Hohenaspergs, freilich nur ein halbes Jahr lang.

Zum erstenmal erfuhr Deutschland durch die weitverbreitete »Chronik«, daß sich da unten, bei den ländlich »dummen« Schwaben, auch dichterische, noch dazu fortschrittliche Kräfte regten. Ein paar Jahre später, nach dem gesamtdeutsch so glorreich erwiesenen Ruhm von Schiller über Hölderlin bis Uhland und Mörike, war das keine Entdeckung mehr – wohl aber für den Chronikschreiber der siebziger Jahre. Das bleibt sein literaturgeschichtliches Verdienst, kein geringes.

Da Schubart auch in Augsburg und Ulm neben seinem journalistischen Brotberuf Musiker blieb, indem er Klavierstunden gab, Orgel spielte, gelegentlich in Konzerten mitwirkte – wie hätte sich diese alte Liebe, die zweite Komponente seines Mehr-fachtalentes, in der »Deutschen Chronik« verleugnen können? Zwar enthält sie weniger musikalische als literarische Artikel. Das erklärt sich sehr einfach. Einmal ging der deutsche Dichter-frühling dem musikalischen zeitlich voraus; die ersten siebziger Jahre waren für Schubart eine Zeit vor Haydn und Mozart. Beide erlebte er in der schwäbischen Provinz überhaupt nicht. Postum zusammengebastelte Brücken zwischen Schubart und Mozart tragen nicht. Denn die einzige rühmende Erwähnung des neunzehnjährigen Komponisten der »Finta giardiniera«, in der Chronik vom 27. April 1775 (»Genieflammen zückten da und dort; aber 's ist noch nicht das stille ruhige Altarfeuer, das in Weyrauchswolken gen Himmel steigt ... Wenn Mozart nicht eine im Gewächshaus getriebene Pflanze ist; so muß er eines der grösten musikalischen Komponisten werden, die jemals gelebt haben«), diese visionäre Erkenntnis eines blutjungen Zukunfts-genies ist nicht Schubart gutzuschreiben, sondern einem namen-losen Korrespondenten aus München.

Daß auch andere zeitgenössische Größen der Musikgeschichte in den Schatten von längst verschollenen Tagesberühmtheiten traten, ergibt sich aus dem provinziell abgeschiedenen Standort des Chronikschreibers. Wie hätte er in der Kleinstadt Ulm von den musikalischen Premieren der Metropolen Wien oder Paris Kenntnis nehmen können? Glucks ruhmreiche Pariser Reform-opern gingen mangels Korrespondenten so spurlos an den Chro-niklesern vorüber, wie Haydns bahnbrechende Streichquartette und Symphonien. Heute mag es kurios anmuten, wenn man etwa folgende Autorennamen in einem gleichsetzenden Atem liest: »Telemann, Graun, Bach, Schweizer und Seifert (sind) unerschöpflich an Melodie.« Die Tagesprominenzen Schweitzer und Seifert waren für einen Chronisten einfach beachtlich, und daß er Bach überhaupt miterwähnte (sofern hier, was nicht ganz klar ist, Johann Sebastian und nicht einer seiner Söhne gemeint war), schon das würde überdurchschnittliche Einsicht bezeugen. Bach befand sich ja damals, selbst von seinen Söhnen als »alte Perücke« verkannt, im tiefsten Wellental seiner Geltung. Man mußte schon ein außerordentlich spürsinniger, dazu als Organist professionell werkerfahrener Musiker sein, um schreiben zu können: »Es gibt keine Orgelspieler mehr! . . . Unsterblicher Geist des großen Sebastian Bachs, auf welchem Planeten lebst du? Und setzest die Mitgenossen deiner Seeligkeit durch Himmelsakkorde in Erstaunen? – Nur Geduld! Noch ist nicht alles verlohren. Sein großer Sohn Friedmann lebt noch . . .« (D. Ch. 6. Juni 1774).

Schubarts Erkenntnis und Verehrung Bachs kommt der Klopstocks gleich, wird aber erst in den späteren Musikschriften verdeutlicht, vor allem in der »Ästhetik der Tonkunst«. Das musikkritische Panorama der frühen »Chronik« nährt sich von Dutzenden Namen, die heute nichts mehr bedeuten. Den Tod Niccolò Jomellis, des einstigen Musikpapstes am Ludwigsburger Hoftheater, war dem Chronisten zwei Textseiten und Superlative wert: »Der große musikalische Pan ist todt . . . Europa (hat) an ihm den grösten Tonkünstler verlohren.« Aber neben vielen ähnlichen Überschätzungen, auch sogenannter Kleinmeister, finden sich doch hellsichtige, vorwärtsweisende Artikel. Johann André mag eine musikhistorische Null sein; aber daß Schubart seine Vertonung von Bürgers Ballade »Lenore« ausführlich und äußerst fachmännisch rezensierte und als überhaupt erstes »Strophe für Strophe« durchkomponiertes, also nicht nur nach Zeitbrauch einstrophig vertontes deutsches Lied erkannte, das spricht für Weitblick.

Schubart bezeugte seinen Respekt vor dem virtuosen Glanz der herrschenden neapolitanischen Belcanto-Oper, auch wenn er sich gelegentlich über die Kastraten etwas lustig macht (»Weiß nicht, warum ich den heulenden Gesang der Castraten nicht leiden kann! – es scheint ihm doch etwas zu fehlen«). Holzbauers deutschpatriotische Mannheimer Oper »Günther von Schwarzburg« ließ er 1776 noch vor der Uraufführung von einem Mannheimer Korrespondenten als »heilsame Revolution des Geschmacks . . . Ein teutsche Oper aus der teutschen Geschichte!« mit Vorschußlorbeeren feiern. Volkslieder galten damals aufgeklärten deutschen Gebildeten als verächtliche Dienstboten- und Bauern-Kuriosität; der Chronikschreiber pries sie: »Wir haben noch Volkslieder, die über hundert Jahr alt sind; aber wie unge-

künstelt, wie leicht sind sie auch!« (D. Ch. 9. Januar 1775). Das
bedeutete damals, Herders poetische Volksliedentdeckung war
noch gar nicht erschienen, vorwärtsweisendes künstlerisches
Denken. Wie Schubart auch in seiner Musikpolitik – mehrfach
setzte er sich für die Gründung von deutschen »Singschulen« ein
– und sogar in speziellen musikalischen Fragen fortschrittlich
gesinnt war. Einmal, wieder bot jener André mit einer Liedersammlung den Anlaß, bemängelte er eine falsch betonte Stelle
(T. Ch. 5. Februar 1776): »Man sagt nicht:

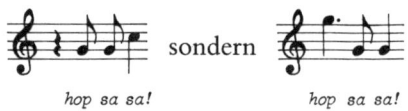

hop sa sa!   hop sa sa!

Solche »natürliche« Deklamation bei der Vertonung war
damals ungewöhnlich. Selbst Mozart (»Dies *Bild*nis ist bezau-
bernd schön«, Zauberflöte) und Schubert (»Das *Was*ser rauscht’,
das *Was*ser schwoll«), ja noch der mittlere Wagner, die Großmeister deutscher Sprachmelodie, sanken gelegentlich hinter den
kritischen Bewußtseinsstand Schubarts zurück. Der musikalische Chronist mutete seinen Lesern noch spezielleres Fachwissen
zu. Einmal ließ er sich ausführlich über sogenannte Rosalien
(Modulieren mit Septimengängen) aus, ein andermal über das
»Treffen« (». . . beym ersten Anblick was vom Blatt wegspie-
len«).

Der Musikkritiker Schubart steht dem Literaturkritiker in der
Fülle und, bedingt durch mehr oder weniger zufällige Noteinen-
gänge und Konzerte, in der einigermaßen repräsentativen Erfas-
sung der zeitgenössischen Produktion nach. Er kam ihm gleich
in der Lebendigkeit und Bildhaftigkeit des Stils, und er übertraf
ihn in der kulturgeschichtlichen Relevanz. Vom poetisch-feuille-
tonistischen Musikkritiker Schubart führen tragfähigere Brük-
ken in die Zukunft, zu E. T. A. Hoffmann, Schumann etwa, als
vom Literaturkritiker.

Der Komponist Schubart kam in jenen drei Jahren nur soweit
zum Zuge, als er dem Dichter beistand. Viele seiner Gedichte,
ob innerhalb der Chronik, ob außerhalb, vertonte Schubart sel-

ber. Die meisten dieser im gängigen Volkston gehaltenen, mit einfacher Klavierbegleitung versehenen Kompositionen sind verschollen; in der ersten großen Liedersammlung »Sang und Spiel«, 1783 auf dem Hohenasperg zusammengestellt, hat der Autor einige davon gerettet. Kein Wunder, daß so viel verschwand. Die Lieder, zumal die kleinformatigen, entsprangen geselliger Laune und waren gewiß nicht für die Ewigkeit bestimmt. Im Vorbericht zum 1. Band der späteren Herausgabe seiner Gedichte schrieb er, er habe »nie einen prosaischen Aufsatz oder ein Klavierstück ausdrücklich zum Druck bestimmt. Ich machte sie meist für meine Freunde, meine Schüler und Schülerinnen und ließ sie damit als ihrem Eigentum hausen.« Jeder konnte sich, wenn ihm ein Lied gefiel, Abschriften davon machen. Das muß recht oft geschehen sein. Der Sohn Ludwig führt eine stattliche Liste von Liedern auf, »sämmtlich mit Melodien von ihm«, die »man jetzt fast in allen Provinzen Deutschlands, oft ohne ihn als Verfasser zu kennen, im Munde des Volks findet«. Ludwig sagt über die Entstehung: »Er machte diese Lieder ganz mit der Leichtigkeit, die man ihnen ansieht – bald den Text, bald die Musik zuerst; sang sie sodann seinen Freunden vor: Diese nahmen Abschriften, und so kamen sie in den Kreislauf der Dinge.«

Diese volkstümlichen Lieder, textlich meist in der Chronik veröffentlicht, erscheinen bei aller Harmlosigkeit heute noch als das gelungenste der damals weder sehr umfangreichen noch sehr bedeutenden Produktion des Dichters Schubart. Heute mag schwer nachzuvollziehen sein, weshalb das erzbiedere Lied »Der Provisor«, oder auch seine spätere Neufassung, so populär wurde:

> Mein liebes deutsches Vaterland
> Hat bei so mancher Zierde,
> Doch keinen ehrenvollern Stand,
> Als die Provisorswürde.
> Drum freu' ich mich
> Oft königlich,
> Wenn mich die Leute müssen
> Als Herrn Provisor grüßen.

Schubart hatte in Wirklichkeit viel weniger königliche Erfahrungen als langjähriger Provisor in Geislingen. Aber vielen gefiel solche beschönigte Idyllik, und Schubart war eitel genug, um gerne Beifall zu finden. So besang er auch den gottergebenen Bauern bei der Ernte und im Winterbehagen, den ebenso gottesfürchtigen Handwerksmann. Gelegentlich mischte sich ein Vers aus der Gebildetenlyrik (»Als die hellen Zähren mir / In den Augen stunden«) in ein sogenanntes Bauernlied ein, aber eben dieses »An Lischen« findet in seinen dreizehn Strophen doch den ungezwungenen Volkston, der wenigen Zeitgenossen so verfügbar war wie Schubart:

> Sieh, ich bin dir doch so gut!
>   Sey mirs auch ein Bißchen
> Mehr noch, als mein eigen Blut,
>   Lieb ich dich, mein Lischen.

Oder wenn der Bauer »Jerg« bei seinem Schwabenmädel wahrhaft zeitlos schwäbische Tugenden besingt:

> Sie schaft dir früh, und schaft dir spät,
> Das giebt einmal ein Weib.
> Wenn sie die runde Spindel dreht,
> So hüpft mir's Herz im Leib.

Überhaupt überwiegen bei den vielen Liebesliedern dieser lebens- und liebesfreudigen Jahre die heiter-erotischen. Da gibt es Lucia, Zilla, Lina, Röschen, Sybillchen als Adressatinnen – unerforschlich, wer damit jeweils gemeint war. So wie auch kaum eindeutig zu erweisen ist, welcher Schönen die Aufforderung »An Gival« gilt:

> Nim Schnee mit Blut getuscht u. male mir die Brust,
> Den Thron der Liebe und der Lust.

Gival ist der württembergische Hofmaler N. Guibal, der das neue Jagdschloß Solitude bei Stuttgart ausgestattet hatte; Schubart erteilte dort in seiner Ludwigsburger Zeit wahrscheinlich der Mätresse Franziska von Leutrum Klavierunterricht. Wäre sie gemeint, dann müßte das 1774 in der Chronik veröffentlichte Gedicht schon damals entstanden sein. Es wäre eine absurde Pointe: Der kleine Musikus als platonischer »Rivale« seines allmächtigen herzoglichen Peinigers! Gar nicht platonisch, sondern saftig und sinnlich geht es in den vielen Liebesliedern Schubarts zu. Im – ausnahmsweise nicht gereimten – Gedicht »Der erste Schnee« sieht es nur am Anfang nach zarter Naturlyrik aus; bald steckt Röschens Hand unter des Sängers Schlafrock, und seine an der Geliebten Busen:

> Durchs Winterfenster schlüpft ein weißes Flöckchen,
>   Und fällt auf ihre Brust,
> Bläht sich und schmilzt mit einem Seufzer:
>   Röschen, dein Busen ist weißer, als ich!

Das scheint fast Heines romantische Ironie vorwegzunehmen. Auch in die epigrammatischen »Neujahrsschilde« von 1775 mischte Schubart deftige Erotik ein (»Der Kupferstecher nach der Mode«):

> Ein Kupferstecher stach
> Ein Kind in einer Wiege.
> Wie schön! die Unschuld sprach
> Aus jedem seiner Züge. –
> Ein schönes Mädchen sah in Ruh'
> Dem schlauen Kupferstecher zu.
> Sie spricht – so süß, wie Mädchen sprechen –
> Mit Unschuld im Gesicht:
>   »Ach! können Sie denn nicht
>   Mir auch ein solches Kindchen stechen?«
> Der Künstler lacht, und geht:
> Die Schöne schleicht ihm nach –
> Nun weiß ich weiter nicht,
> Was er dem Mädchen stach.

Der als Schubarts Biograph verdienstvolle Pfarrer Gustav Hauff unterschlägt das Gedicht in seiner »historisch-kritischen« Gedichtausgabe von 1884, die er – mit Recht – die umfangreichste nennt. Nur sittlich domestizierte Fragmente von Schubarts erotischer Muse galten den puritanisch-pastoralen Editoren als vorzeigbar. Selbst das harmlose »Brautlied der Liesel« mußte sich die Kastrierung der folgenden, echt schubartisch-derben Strophe gefallen lassen:

> Roth wird mein Gesicht,
> Wann der Michel spricht:
> Runter mit dem Mieder
> Liesel leg dich nieder . . .

Das Gedicht »An Tilla« wurde erst in neuester Zeit, abseits der alten Ausgaben, herausgefischt:

> Hier ist, o liebes Weibchen!
> Ein kleiner Wunsch für dich.
> Ich wünsche dir, mein Täubchen,
> Ein kugelrundes Leibchen,
> Und ach! – zum Autor – mich!

Unbeschwert derb gab sich Schubart in seinen privaten Briefen. In einem – undatierten – Neujahrswunsch an seinen Bruder blödelte er:

> Kein bloser Hintern fahre
> Dir in das Angesicht;
> Es hol in diesem Jahre
> Dich auch der Teufel nicht . . .
> Dich fressen nicht die Läuse
> Und auch die Schweine nicht,
> Und keine Schwalbe scheiße
> Dir in das Angesicht . . .

»Er hatte mehr Blut als Knochen, mehr Temperament als Charakter«, laut David Friedrich Strauß' treffender Charakterisierung. Dazu ein übersprudelndes geselliges Unterhaltungstalent – wie hätte er sich da versagen sollen, was seit Boccaccio und Rabelais literarischer Brauch war? Wer wollte Goethes oder Balzacs erotische Lyrik missen? Schubart war kein Großer, keine Autorität in den herkömmlichen Bereichen der Lyrik. So konnten seine postumen Herausgeber, meist Pastoren, ohne ernste Skrupel, ja mit bester moralischer Absicht, den ohnehin schon so Anstößigen kastrieren, indem sie soviel Spuren wie möglich verwischten. Durch das Aussprechen und Niederschreiben von Unaussprechlichem die Tabu-Gesellschaft, die Pfaffen und Heuchler herausfordern, was hätte den Rebellen in Schubart kräftiger jucken können? Wie viele freche Manuskripte mag falsche Pietät vernichtet haben! Wenn es je einen Autor gab, der ohne die Zeugnisse seiner erotischen Phantasie verkrüppelt erscheint, so war es Schubart.

»Ich habe zwei poetische Pferde im Stall stehen, einen Postgaul und ein Flügelroß«, sagte er einmal. Den hochtrabenden Pegasus sattelte er gern auf Klopstocksche Manier. »In eine Messiade« heißt ein Poem, in dem jede Strophe mit einer Messiashuldigung schließt: das göttliche, das christliche, schreckliche, menschliche, himmlische Gedicht. Aber da in der Augsburger und Ulmer Zeit die religiöse Dichtung ziemlich zurücktrat, so findet man die Klopstocks Oden nachgelauschten, pathetisch rollenden freien Rhythmen nur gelegentlich, jedenfalls viel seltener als etwa bei den beiden befreundeten Grafen Stolberg. So etwa, wenn Schubart sein Mitgefühl mit dem von Kriegen zerfleischten unglücklichen Land Polen herausschleudert:

> Da irrt Polonia
> Mit fliegendem Haare,
> Mit jammerbleichtem Gesichte; . . .
> Doch sie stirbt nicht!

Das ist eines der vielen in die Chronik eingestreuten politischen Gedichte (die sonst fast durchweg gereimt sind). Sie verzahnen sich manchmal mit der Prosa und führen rhetorisch verstärkt weiter, was Schubart zu den Fragen seiner Zeit kritisch zu sagen hatte. Nächst den volkstümlichen Liedern hat er als politischer Dichter sein Bedeutendstes geleistet. Natürlich vor allem mit den großen Asperg-Gedichten. Aber in der Chronik-Zeit finden sich mannigfaltige Ansätze. Den deutschen Patrioten auf dem Ulmer Münsterturm haben wir bereits zitiert. Dort mahnte er mit feierlichem Pathos, er konnte aber auch derb-spöttische Pfeile abschießen. Auf einen unvaterländischen »Weltbürger« zum Beispiel:

> Fleuch hin zur Krippe, draus' du frißt,
> Und nenne sie dein Vaterland!

Oder er verhöhnte »Ihro Gnaden«, den »französisch durch die Nase« sprechenden, Deutschland beschimpfenden Stutzer mit dem lapidaren Schlußvers: »Mein Seel! Sie sind von Adel!« Hingegen galt seine Bewunderung auch in Versen den amerikanischen Kämpfern für Unabhängigkeit. Das »Freyheitslied eines Kolonisten« ist eines der frühesten Zeugnisse deutscher politischer Lyrik. 1775, ein gutes Jahr vor der Unabhängigkeitserklärung geschrieben, nahm es tapfer Partei für die Republikaner und gegen die europäischen Fürstensöldner: »Sie braucht ein Treiber, ein Tyrann / Für würgbares Vieh.« Mitgefühl mit mutigen Freien, Mitleid mit hoffnungslosen Verzagten, mit Bettlern. »Der Arme« darf rebellische Töne in seine Klage mischen:

> Reiche rasseln mit dem Wagen;
>   Fett vom Haber ist ihr Pferd; –
> Rasselt nur, daß ihr die Klagen
>   Eines armen Manns nicht hört.

Vier Prosaarbeiten fielen als Nebenfrüchte ab. Die biographischen Schriften über Papst Clemens XIV. und über den bayrischen Rechtsgelehrten und Fürstenerzieher Ickstatt sind weniger bemerkenswert als zwei neue Varianten jener Geschichte von den ungleichen feindlichen Brüdern, die, schon in Geislingen in Form eines Schuldiktates umrissen, in der neuen, erweiterten Gestalt der Erzählung »Zur Geschichte des menschlichen Herzens« die Grundlage zu Schillers dramatischem Erstling »Die Räuber« bildet.

Die Erzählung veröffentlichte Schubart 1775 im »Schwäbischen Magazin für gelehrte Sachen« seines einstigen Protektors Balthasar Haug. Die Handlung folgt ganz der des Geislinger Diktates, sie ist nur breiter ausgesponnen, die Charaktere sind schärfer ausgeprägt. Der böse Wilhelm, der einen Mordanschlag auf seinen Vater inszeniert, wird zum Prototyp eines heuchlerischen Frömmlers. Am Ende büßt er nicht mehr in einem »erträglichen Zuchthaus«; dank der Großmut seines Bruders, der den Vater um Vergebung für die »Brut der Hölle« anfleht, darf er in einer Stadt in Freiheit unter den »Bissen seines Gewissens« weiterleben. Der Bösewicht schert sich jedoch nicht um Reue, er wird »Haupt einer Sekte, die man die Sekte der Zeloten nennt«. Eine ironische Schlußpointe, ein letzter Hieb auf religiöse Heuchler: Schubart hatte ja seine Erfahrungen mit Zeloten, der Spezial Zilling war unvergessen.

Der edle, ungestüme, herzensgütige Bruder heißt jetzt nicht mehr Louis, sondern Carl – Schiller machte ein K daraus. Literaturhistoriker rätselten, warum der Autor der »Räuber« nie Schubarts Erzählung als Quelle seines Dramas angab. Er kannte sie: Sein Jugendfreund Friedrich Wilhelm von Hoven hatte ihn auf sie aufmerksam gemacht, sie sei ein »zu einem Drama trefflich geeignetes Sujet«.* Schubart hatte geradezu zu einer Dramatisierung eingeladen, wenn er im Vorwort schrieb, er gebe das »Geschichtchen« »einem Genie preis, eine Komödie oder einen Roman daraus zu machen«. Wobei natürlich unter Komödie nichts Spaßiges, sondern Theatralisches als Gattung gemeint ist.

Literarisch war die jetzt sechsseitige Erzählung weniger schubartisch geprägt als vieles in der »Chronik«, und sie wirkte immer noch ziemlich skizzenhaft. Eben dies führte der Autor in der kurzen Vorbemerkung als Grund an, warum er wenig später

---

* Biographie des Dr. Friedrich Wilhelm von Hoven, k. bayrischen Obermedizinalrats, Mitglieds mehrerer gelehrten Gesellschaften und Ehrenbürgers von Nürnberg, von ihm selbst geschrieben und wenige Tage vor seinem Tode noch beendigt, herausgegeben von einem seiner Freunde und Verehrer, Nürnberg 1840, S. 55.

eine abermals neue Fassung im Ulmer »Intelligenzblatt« vorstellte. Aber das war allenfalls die halbe Wahrheit. Zur ganzen rundet sie erst das liebe Geld. Das »Intelligenzblatt« brachte, provinziell und unliterarisch, wie es war, keine Ehren ein, aber ein paar Gulden. »Ich vindiciere hiemit mein Gut und teil' es meinen Lesern stückweis im Intelligenzblatt mit«: Dieser Satz aus der Vorrede beleuchtet schlaglichtartig die triste Situation eines deutschen Schriftstellers in jener Zeit. Heute wäre solches »Vindizieren« eines bereits verarbeiteten Stoffes undenkbar. Aber damals gab es eben keinen Urheberschutz, Raubdrucke waren die Regel – warum sollte da ein Autor nicht Räuber seines eigenen Gutes sein?

In der Letztfassung heißt die Erzählung »Beitrag zur Geschichte des menschlichen Herzens«, ist auf über zehn Seiten in sechs »Kapitelchen« angeschwollen, bleibt aber noch fragmentarischer: denn die (etwas abgewandelte) Handlung bricht plötzlich ab, als der Held Carl die Liebe der Leonore gewonnen hat und wieder ins Feld zieht. Warum Schubart keine weiteren Fortsetzungen schrieb, niemand weiß es. Wichtiger und auch beachtlicher als die immer noch mäßige literarische Qualität der Erzählung erscheint die autobiographische Komponente in ihr. Dieser Carl, nun mit neuen, reicheren Charakterfarben ausgemalt – das ist ganz und gar ein »Kerl« nach Schubarts Sinn. Ein »feuriger Geist«, der schon als Jüngling alles Wissenschaftliche leicht begriff, der als Student in Leipzig, »die Messiade in der Tasche«, den Klopstock als »Mann unserer Nation« pries, sich über Gellert und Wieland höchst salopp äußerte und als »Freigeist« verschrien war. Und während sein duckmäuserischer Bruder Wilhelm, der täglich bei offenem Fenster sein heuchlerisches Morgengebet verrichtete, Tanz, Spiel und Tonkunst floh wie die Pest, Nasenstüber und Maulschellen demütig einsteckte, bewährte sich Carl in »Friedrichs Heere« als wahrer Kriegsheld. Bei Torgau haute er seinen Major heraus, die österreichischen Husaren schlug er zu Scharen in die Flucht, und dann rettete er auch noch einem wackeren Edelmann das Leben und dessen Tochter Leonore die Unschuld.

Hier hat man Schubarts ideales Ego vor sich. So sah er sich.

So wäre er gerne geworden, so heroisch, ein solcher Kerl. Er durfte es nicht einmal mit seiner Feder sein. Die Zeitumstände, mit drohender Zensur und hunderterlei wirtschaftlichen Rücksichten, zwangen ihn zu Kompromissen, noch ehe die Qual der Kerkerhaft ihm das Rückgrat des freien Mannes brach.

Zwei Jahre in Ulm, zwei glückliche Jahre. Erst ganz zuletzt, unter dem Druck der »Ulmischen Obrigkeit«, schrieb er seine geliebte Chronik »meistens aus Zwang und Noth, und selten mehr mit dem feurigen Ausguß des Geistes«. Vorher war er ganz in seinem Element. Gleich zu Anfang hatte ihn der Stadtammann Häkhel freundschaftlich aufgenommen. Sein geselliges, am Wirtshaustisch höchst amüsantes Naturell und seine Talente als Literat und Musiker machten ihn bald zum Mittelpunkt des künstlerischen Lebens in der Reichsstadt. Eines freilich bescheidenen Lebens; der Memoirenschreiber nennt Ulm ein Grab für die Künste, aber immerhin: An der Orgel im Münster, »einer der besten in Deutschland«, waltete der tüchtige Musikdirektor Martin seines Amtes, bei den alljährlichen Kreisversammlungen spielte man Konzerte – wobei sich Schubart auch ein Zubrot verdiente – und »komische Operetten«, gegen die er Sturm lief, schon weil er sie als »deutsche Nachpfuschungen« französischer Vorbilder empfand. Literarisch fand er nicht nur bei den gut ausgestatteten Ulmer Buchhändlern reiche Anregung, sondern auch im persönlichen Verkehr. Mit dem Freund Martin Miller vor allem, mit dem er in sentimentalen Dichterspaziergängen schwärmte, »dem hohen Danubius hinunter, und lassen kein keimendes Gräßchen, kein Blümchen, keinen Blütenzweig, kein vorüberziehendes Frühlingswölkchen unbemerkt«. Der Ästhetiker Sulzer, von Schubart überschwenglich als »deutscher Plato« betitelt, und der wegen seiner Liberalität von den Orthodoxen angegriffene Dr. Bahrdt werden in den Lebenserinnerungen als Geistesfreunde hervorgehoben.

Ulm war kleiner als Augsburg, aber nicht zu klein, und dem Zuzügler erschien vieles besser. »Der Karakter der ulmischen Reichsstädter ist viel derber und freier, als der augsburgische. Da sie den Zaum der Parität nicht fühlen, so tummeln sie sich weit freier und muthiger auf ihrem Gemeinplatze herum... Die Wirthshäuser in und außer der Stadt sind allgemeine Versammlungsplätze, wo man Patrizier, Priester, Kaufleute, Soldaten, Bürger und Studenten, Handwerksbursche und Bauern oft im buntesten Kartengemisch durcheinander antrifft.« So demokratisch-freiheitlich, wie der Memoirenschreiber das gesellschaftliche Leben beschreibt, war das politische schon längst nicht mehr. Das »stolze republikanische Gefühl ist nun in den meisten Ulmern verloschen: sie kriechen, schmeicheln, bestechen, bis sie Aemter haben, dann nagen sie an ihrem Knochen und lassen die Grundveste ihrer öffentlichen Freiheit zusammenkrachen, so laut sie will«. Ein klarer Spiegel der Wirklichkeit in einer altberühmten, ohnmächtig gewordenen, vor den benachbarten fürstlichen Landesherren katzbuckelnden Reichsstadt.

Der brave Familienvater – oder mehr der triebhafte Liebhaber? – Schubart hatte gleich zu Anfang des Jahres 1775 die Ehefrau Helene und beide Kinder aus Geislingen abgeholt. Es gab dort tränenreiche Umarmungen, nach zwei Jahren der Trennung zog man wieder in eine gemeinsame Wohnung. Erst in eine kleine an der Donau gelegene in der »Krone«, dann in eine stattlichere über der Engel-Apotheke in der Nähe des Münsters. Ludwig ging ins Gymnasium, genoß dazu noch Privatunterricht und wurde als Musiker ausgebildet; auch Julie lernte singen und Klavier spielen. Vater Schubart erwies seinem Sprößling gegenüber gegensätzliche Proben seines ungestümen Temperaments. Er konnte sehr jähzornig sein; so sinnlos, daß er einmal das Söhnchen, das er ins Kaffeehaus mitgenommen hatte, wütend von einer Altane herabwarf, weil es nach Mitternacht (!) in einem Winkel eingeschlafen war. Aber der Vater warf sich auch einem bissigen Hund entgegen, der den Kleinen angefallen hatte, und als Ludwig beim Baden am Donauufer am Ertrinken war, stürzte er, obwohl er gar nicht schwimmen konnte, ihm nach, brachte ihn ans rettende Ufer und mußte dann selber gerettet werden.

Man hatte zu essen, Schubart hatte zu trinken, das neubegonnene eheliche Leben blieb dennoch mehr bürgerliche Fassade als wirkliche Lebensgemeinschaft. Mehrere Briefe an den Bruder

Schubarts Wohnhaus in Ulm über der Engel-Apotheke

Konrad, den Stadtschreiber in Aalen, deuten die Gründe an: »Mein Weib ist immer kränklich und krankes Reißgerät taugt nicht . . . Ich alter Narr zähl' schon 36 Jahre! und 's schmekt mir noch Essen, Trinken und Beischlaf« (13. April 1775). »Sie ist nicht lebendig und nicht tod. Es ist so ein Hinbrüten, Seufzen, Klagen, Weinen . . .« (18. Mai 1775). ». . . hab einen Engel zum Freund und – ein krankes trübseliges Weib« (17. November 1775). Man braucht keinerlei Phantasie, um sich das ewige Gejammer Helenes vorzustellen, und ebenso, ob Folge oder Ursache, des Gatten erotische Kompensationen bei Röschen, Zilla oder Tilla.

Die Chronik machte Schubarts Namen weithin bekannt. Sie trug neue Freunde ein, verhärtete aber auch die klerikale, antiliberale Front alter Feinde. Sein grimmiger Kampf gegen den Teufelsbeschwörer Gassner wurde 1775 sogar durch ein kaiserlich josephinisches Machtwort bestätigt, das den Scharlatan aus dem Verkehr zog. Aber daß Schubart bald darauf den katholischen Fanatiker Pater Merz in Augsburg angriff und als »lächerlichen Popanz« hinstellte, brachte ihm außer dem Beifall von evangelischen Augsburger Freunden nichts ein. Inzwischen war in der unmittelbaren Nachbarschaft ein grauenvolles, mörderisches Ereignis geschehen, und der Chronikschreiber hatte, statt die Fackel seiner freiheitlichen Empörung aufflammen zu lassen, klein beigegeben und keine Zeile darüber zu schreiben gewagt.

Im wenige Meilen entfernten Kloster Wiblingen, einem der dreihundert autonomen Herrschaftsgebiete des Heiligen Römischen Reiches Deutscher Nation, wurde am 1. Juni 1776 auf einem Hügel an der Iller der sechsundzwanzigjährige Student Josef Nickel öffentlich »enthauptet und dann verbrannt«. Was hatte er getan? Gegen den Unfug von Gassners Wunderheilerei gewettert, im Klosterbräu »einige voltairische Maximen« ausgeplaudert, wie Schubart vermutet; das genügte, um vom Gericht des katholischen Abtes in Wiblingen wegen Gotteslästerei verurteilt zu werden – zum Tode! Schubart kannte den jungen Mann, einen ehemaligen Augsburger Jesuitenzögling, er hatte ihm in Ulm einen Roman geliehen. Die Schreckensjustiz des Klosterabtes, die weder die benachbarte Freie Reichsstadt, noch den Herzog von Württemberg, noch den Kaiser in Wien aufregte, beleuchtet die noch immer halbmittelalterlichen Rechtszustände im damaligen Deutschland.

Solche Greuel autonomer geistlicher Gerichte ereigneten sich auch später noch. 1782 fand Ignaz Fessler, Verfasser aufklärerischer Romane, in den Verliesen des Wiener Kapuzinerklosters vier Mönche und Laienbrüder, die wegen lächerlicher Delikte – einer hatte auf Beschimpfungen des Paters Guardian mit spontanen Ohrfeigen reagiert – für fünfzig und vierzig Jahre eingekerkert waren und im Sterben lagen. Fessler meldete die fürchterliche Entdeckung dem Kaiser Joseph II., der belohnte ihn mit einer Professur und sorgte für Abhilfe.

In Ulm zuckte man von Amts wegen die Achseln über die benachbarte Untat, und Schubart fügte sich dem Wink des Zensors. Dabei hatte er kürzlich erst den Haß katholischer Fanatiker fast am eigenen Leib erfahren. Auf der Fahrt von Augsburg kehrte er in Günzburg in einem Wirtshaus ein, an einem Stammtisch ergingen sich »dicke Braunbierkehlen« in wüsten Drohungen über den – ihnen unbekannten – Chronikschreiber, dem man verhieß, man werde ihm »d' Zung rausschneiden, und da Käza lebendig verbrennen«. Worauf sich Schubart, übermütig wie er war, unter die Stammtischbrüder mischte und, unerkannt, die Schimpfkanonade auf sich selber verstärkte. Den geistlichen Justizmord in Wiblingen mußte er verschweigen; er bewies aber doch so viel Mut, den katholischen Zeloten Merz anzuprangern.

Zuvor hatte er seinen Schwager Böckh in Nördlingen besucht und dort auch seine alte Mutter nach langer Trennung in die Arme geschlossen. Sie tat es gerührt und weinend: »Das Hauptbrett zu deines Vaters Sarg ist von dir!«, wie der reuige Sünder vom Hohenasperg berichtet. Auf der Rückreise machte er Station im Schloß des Grafen Wallerstein, der sich eine stattliche Hofkapelle hielt; deren Leiter, dem musikalischen Hauptmann Beecke, sprach der stets entflammbare Schubart »Geniezüge« zu – Mozart nannte ihn einen »seichten Kopf«. Eine Reise führte zu Verwandten nach Aalen, eine nach Memmingen, wo Schubart ein Konzert gab und sich mit dem in der Komposition dilettierenden Gastwirt »Zum weißen Ochsen« Christoph Rheineck anfreundete, der viele Schubart-Gedichte vertonte. Auf dem Heimweg traf ihn ein neuerlicher, der zweite Schlaganfall, von dem er sich aber schnell erholte.

Das letzte Ulmer Jahr vergällten ihm Interventionen auswärtiger Fürsten, die Widerrufe in der Chronik verlangten, und anonyme Drohungen. Zu einem geplanten Roman konnte er sich nicht aufraffen. Aus Karlsruhe kam Anfang 1777 die Einladung, sich um den freigewordenen Posten eines Hofkapellmeisters zu bewerben; »ich werds vermuthlich annehmen« schrieb Schubart seinem Bruder. Es kam nicht dazu. Ahnungslos tappte er in die Falle, die Herzog Karl Eugen ausgelegt hatte.

Er hätte gewarnt sein können. Die »Ketzerei« des armen Nikkel kreideten katholische Eiferer dem Chronikschreiber mit an, und auch in der evangelischen Reichsstadt Ulm waren die Katholiken nicht ohne Einfluß. Schon durch den Repräsentanten des Habsburgerhofes, den kaiserlichen Ministerresidenten General von Ried. Diesen »stolzen, hochtrotzenden Mann«, wie Schubart ihn in seinen Memoiren nennt (in einem Brief gar »Ulmische Geißel«), hatte er sich mehrfach zum Feind gemacht. Einmal, als er im Haus des Generals Klavierspielen sollte, schlug er den Deckel des Instruments brüsk zu, weil es verstimmt sei – ein ausgesprochener Affront des kleinen Musikers gegen einen mächtigen Herrn. Daß der Chronist sich so als enragierter Preußenverehrer gab, konnte ihn dem österreichischen General nicht sympathischer machen. Eine Falschmeldung besiegelte wohl nur noch beschlossenes Verhängnis. Am 6. Januar 1777 stand in der »Teutschen Chronik«, Kaiserin Maria Theresia sei vom Schlag gerührt worden. Sofort verlangte General von Ried eine Richtigstellung. Schubart brachte sie erst zwei Nummern später, weil er zuvor bei dem unzuverlässigen Korrespondenten in Wien nachgefragt hatte. Aber da war sein Schicksal bereits entschieden. Schubart war auch dem Magistrat der Freien Reichsstadt Ulm reichlich unbequem geworden. Im Ratsprotokoll vom 23. Dezember 1777 – vier Wochen vor der Verhaftung! – ist eine Mahnung an Schubart vermerkt, sich »ohngebührlicher Ausdrücke« zu enthalten, mit Androhung von Maßnahmen gegen die »Chronik«. Ein ausgesprochenes Ultimatum also.

Ob der Herzog davon wußte, ob er vom General von Ried zum Handeln bewogen wurde – Nachforschungen in den Wiener Archiven brachten jedoch nichts darüber zutage –, jedenfalls schickte er am 18. Januar 1777 einen Erlaß an den Kloster-Oberamtmann Scholl in Blaubeuren, also an seinen Beamten; Durchlaucht sei »schon seit geraumer Zeit auf den Entschluß gebracht« worden, den wegen seiner »sehr bösen und sogar Gotteslästerlichen Schreibart« in Ludwigsburg weggejagten Mann, der in Ulm seine »Unverschämtheit so weit gebracht, daß fast kein gekröntes Haupt und kein Fürst auf dem Erdboden ist, so nicht von ihm in seinen herausgegebenen Schriften auf das freventlichste angetastet worden«, diesen Schubart also zu verhaften. Scholl bekam den Auftrag, ihn auf württembergisches Gebiet zu locken, wo er »sofort gefänglich niedergeworfen werden könnte«. Unverbrüchlichstes Stillschweigen war befohlen, herzogliche Ungnade angedroht. Selten wurde ein fürstliches Gangsterstück so ordnungsgemäß, in sorgfältig verschnörkelter Behördensprache, »Höchstdero gnädigstem Willen gemäß« in die Wege geleitet.

Der arme Scholl erfüllte seinen Auftrag unter Gewissensbissen, aber in der Furcht seines Herrn; er war Familienvater von elf Kindern. Er besuchte Schubart, den er kannte, in Ulm, lud ihn zum Essen ins Wirtshaus »Baumstark« und dann nach Blaubeuren ein, wo sein Schwager den bekannten Verfasser der »Teutschen Chronik« gern persönlich kennenlernen wolle. Schubart nahm an, er ahnte nichts Schlimmes. Dabei waren ihm, wenn man seinen Memoiren hier glauben kann, im Traum die »schwarzen Kutten«, die ihn schon einmal in Geislingen im Schlafe heimgesucht hatten, wieder als Peiniger erschienen, »mit satanischem Lächeln« ankündigend: »Wir tödten nicht plötzlich, wir martern unsre Feinde langsam zu todt!«

Schubart stellte noch die nächste Nummer der Chronik zusammen – die letzte! –, gab abends ein Konzert und fuhr am nächsten Vormittag mit Scholl im Schlitten nach Blaubeuren. Das Klosterdorf mit seinem von Mörike später poetisierten

Ansicht des Klosterhofes zu Blaubeuren
Nach einer kolorierten Lithographie

»Blautopf«, der märchenhaften Wohnung der »Schönen Lau«, liegt nur etliche zwanzig Kilometer westlich von Ulm – aber eben jenseits der Grenze zum Herzogtum Württemberg. Im Kloster stand plötzlich, statt des vorgeblichen Schwagers, der Major von Varenbühler vor Schubart und erklärte ihn für verhaftet. Der Oberamtmann Georgi, der Kammerherr Graf von Sponeck und der unglückselige Amtmann Scholl waren die Zeugen. Die Herren zeigten sich mitfühlend, Scholl lief jammernd umher: »Mir ist's leid!« Später wandte er sich, weil die Leute seiner Umgebung ihn ihre Verachtung spüren ließen, in Bettelbriefen an den Herzog; aber er bekam keinen Judaslohn.

Man verbrachte Schubart in eine herzogliche Kutsche. In Kirchheim, einem Dörfchen unterhalb der Schwäbischen Alb, wurde übernachtet, am nächsten Tag nahm der General von Rieger, der Kommandant der Festung Hohenasperg, den Häftling in Empfang. Herzog Karl Eugen hatte sich eigens in das Gefängnis begeben und Franziska mitgenommen. Beide blickten durch die Fenster herunter, als man Schubart in den schlimmsten Kerker dieses Staatsgefängnisses, in den Turm einsperrte. Auf Schubarts verzweifelte Bitte, er möge sich für Helene und die

"Ich hoffe man werde mich nicht-
ungehört verdammen &c."

Schubarts Gefangennahme. Titelkupfer zum zweiten Teil
von »Leben und Gesinnungen«, 1793

Kinder einsetzen, brachte Rieger die Kunde, der Herzog habe geruht, Schubarts Weib 200 Gulden jährlich auszusetzen und beide Kinder in die Stuttgarter Akademie aufzunehmen.

Schubart erfuhr nie, wessen man ihn bezichtigte. Es gab keine Anklage, kein Gerichtsverfahren, kein Urteil – es gab nur die Macht eines Despoten. Die in dem zitierten herzoglichen Befehl zum Menschenraub angeführten Gründe wurden dem Häftling nicht mitgeteilt; es waren ja auch nur Scheingründe. So gut wie nichts daran stimmte. Schubart hatte in seiner »Chronik« durchaus nicht alle Fürsten »auf das freventlichste angetastet«, sondern allenfalls den schlechten einen Spiegel vorgehalten, die guten hingegen oft gerühmt. Den Herzog von Württemberg behandelte der Chronikschreiber, sicher aus gebotener Vorsicht, schon gar mit journalistischen Samthandschuhen. Die antipfäffischen, antikatholischen Ausfälle konnten Karl Eugen ebensowenig aufregen. Er war zwar Taufscheinkatholik, verfuhr jedoch mit evangelischen wie mit papistischen Kirchendienern gleicherweise von oben herab. Und was Schubarts »schlechte und ärgerliche« Aufführung betrifft, so hatte es der herzogliche Libertin gerade nötig, sich als Sittenrichter aufzuspielen! Er tat das ja auch eher mit dem Zynismus eines Machthabers, der seinen Bütteln ein paar Moralbrocken zur Motivierung ihres schäbigen Geschäftes hinwirft.

Warum also diese Grausamkeit gegen einen Mann, den er immerhin, wenn auch mit zweideutigem Akzent, »unsern Voltaire« nannte? Hatte ihn Schubart in weinseligen Wirtshausrunden beleidigt? Nichts davon ist belegbar. Lange Zeit sah man in folgendem Vierzeiler einen möglichen Grund für Karl Eugens Verletzung und Rache:

> Als Dionys von Syrakus
> Aufhören muß
> Tyrann zu sein,
> Da ward er ein Schulmeisterlein.

Dieser Dionys war eine den Gebildeten bekannte Figur aus Wielands Roman »Agathon«; Karl Eugen, der sich in seinen reifen

Der Hohenasperg,
Kupferstich aus
der »Topographia Sueviae«
von Merian, 1643

Jahren als großer Pädagog seiner Untertanen fühlte – auch Schubart hatte öfter die Gründung der Karls-Akademie gerühmt –, konnte sich durch dieses Epigramm durchaus beleidigt fühlen. Nur: Es stammte gar nicht von Schubart und wurde auch nie, entgegen phantasievollen Romanschreibern, in der Chronik veröffentlicht. Es ist abgedruckt im »Taschenbuch für Dichter und Dichterfreunde« (Leipzig 1775, 5. Abt., S. 92) und mit »Göckingk« gezeichnet.*

Dieser aus Halle stammende Leopold Friedrich Günther von Goeckingk, als Hainbündler Schubart wohlbekannt, hatte in seinen zweihundert Sinngedichten ab 1772 solche bald harmlose, bald auch schärfer zugespitzte Vierzeiler reichlich produziert. Ein Beispiel, »Grabschrift auf einen Faulenzer«:

* Karl Goedeke, *Grundriß zur Geschichte der deutschen Dichtung*, 2. Aufl. 1891, Bd. 4, S. 336. – Karl Maria Klob, *Schubart*, Ulm 1908, S. 225. – Konrad Gaiser, Christian Friedrich Schubart, Stuttgart 1929, S. 350.

Hier ruht Herr van der Klee,
Wie er geruht im Leben,
Nur daß man statt des Kanapee
Ihm diesen Sarg gegeben.

Das könnte, denkt man an die »ausgehängten« Neujahrs- und Fastnachtsschilde, auch von Schubart stammen. Bei der damaligen Sorglosigkeit im Umgang mit Urheberrechten ist es auch durchaus möglich, daß man ihm, dem vom württembergischen Herzog Geschaßten, jenes Epigramm vom Schulmeisterlein zuschrieb. Oder hatte er nicht so sehr den Herzog, als seine Mätresse beleidigt? War *sie* die treibende Kraft bei der grausamen Rache? Hier läge in der Tat von Schubart Formuliertes vor. In einem Brief an Haug, vom 14. März 1775, hatte er aus Ulm berichtet: »Ihr Herzog ist hier durchpassirt und war ungemein gnädig. Er hat einen hiesigen Patriciersohn in die Sklavenplantage auf der Solitude aufgenommen. Seine Donna Schmergalina saß neben ihm, wie Marianne an Achmets Seite. Aller Fürstenglanz ist in meinen Augen nicht mehr als – das Glimmen einer Lichtpuze – es glimmt und stinkt. «

Mit der Sklavenplantage ist Karl Eugens »Herzogliche Militär-Akademie« gemeint – man sieht, um wieviel ehrlicher Schubart in seinen Briefen ist denn als Chronikschreiber! –, mit dem Achmet der türkische Sultan, der später in der Chronik als lächerlicher Lustbold verspottet wurde, mit der Donna Schmergalina die Mätresse Franziska. Das kuriose Wort soll aus dem Ulmer Dialekt kommen, wo schmergeln so viel bedeutet wie: nach Fett riechen. Auch könnte Schmergalina als spöttische Bezeichnung für eine Tugendpredigerin gemeint sein, und das würde ja auf die als fromm bekannte Franziska zutreffen*. Sie mochte sich also beleidigt fühlen – aber wie erfuhr sie überhaupt von diesem Spitznamen? Ist dem Hofprofessor und allezeit anpassungswilligen Untertanen Haug, auch wenn er seit der Ludwigsburger Affäre seinem einstigen Protegé ziemlich kritisch gegenüberstand, eine solche gefährliche Indiskretion zuzu-

---

* Gustav Hauff, *Christian Friedrich Daniel Schubart*, S. 163, Stuttgart 1885.

trauen? Oder plauderte Schubart auch am Wirtshaustisch des »Baumstark« ungeniert von Donna Schmergalina und dem württembergischen Sklavenhalter, und irgendein Spitzel trug es nach Stuttgart weiter? Fragen, die nicht mehr eindeutig zu klären sind. So wie auch die Rolle, die Franziska in dem Drama von Schubarts Verhaftung und Einkerkerung spielt, in einem seltsamen, für sie nicht schmeichelhaften Zwielicht bleibt.

Die württembergische Geschichtsschreibung gab ihr sehr gute Noten in Betragen: der Ehebrecherin und Mätresse, die sich zur frommen Mustergattin wandelte, der späteren Landesmutter, die auf ihren herzoglichen Gatten einen so guten Einfluß ausübte, daß er seine Verschwendungssucht zumindest eindämmte und als Gründer der Akademie und der École pour Demoisellen, als Förderer von Gewerbe und Landwirtschaft im Alter einigermaßen gutzumachen suchte, was er in seinen üppigen Jahren an Volksausbeutung geleistet hatte. Der Vergleich mit der anderen württembergisch-berühmten, um zwei Generationen älteren herzoglichen Mätresse, der Grävenitz, kam Franziska zugute: dort die schlimme, zeitlebens gewissenlose Person aus Mecklenburg (deren Luxusgier immerhin, so verschiebt die Geschichte die Akzente, die Pracht des Ludwigsburger Schlosses zu verdanken ist), hier die brave Kirchgängerin, das liebe »Fränzele« und »Engele« des Herzogs, das Landeskind, das ein schweres Schicksal meisterte und den rechten Weg fand, sichtlich an Gottes Hand, wie die gleicherweise gut württembergisch wie gut protestantisch gesinnten Historiker und Hofschreiber des 19. Jahrhunderts erkannten.

Franziskas Lebensweg war tatsächlich spektakulär. Geboren wurde sie 1748 auf einem hochverschuldeten Gutshof in Württemberg, als Sproß der kinderreichen Adelsfamilie der Bernardin. Erziehung, Mitgift gab es nicht; sie wurde mit sechzehn Jahren einfach verschachert. Ihr Ehemann, der Graf von Leutrum, war kleinwüchsig und häßlich, aber er brachte Geld mit. Herzog Karl Eugen sah sie, verliebte sich in sie und praktizierte seine bewährte Technik der Mätressenmacherei, mit gewohntem Erfolg: für 6000 Gulden und einen gutdotierten Kammerherrntitel kaufte er sie dem zähneknirschenden, aber vor dem Hohentwiel oder dem Hohenasperg zitternden Gatten ab und holte sie nach Ludwigsburg. Franziska machte mit. Ihre Ehe wurde 1772 geschieden, eine neue mit dem liebeshungrigen Herzog kam aber nicht in Frage, die legitime Gattin lebte ja noch im selbstgewählten Bayreuther Exil. Ein Jahr später erhob Karl Eugen die Mätresse Franziska zur »Reichsgräfin von Hohenheim«, mit Exzellenz anzusprechen, wieder ein Jahr darauf ließ er sich mit ihr »zur linken Hand« trauen, 1785 wurde die Ehe nach langwierigen Verhandlungen mit dem Vatikan und nachdem die abtrünnige Friederike das Zeitliche gesegnet hatte endlich legalisiert.

Franziska war nun Herzogin. Deutsch schreiben konnte sie immer noch nicht, ihr Tagebuch ist orthographisch erheiternd zu lesen – die Briefe der Goethe-Mutter oder die Mozarts schließlich auch. Sie blieb im Grunde, trotz landadeliger Geburt, eine »Frau aus dem Volke«, die ihr Stadtpalais in Stuttgart gern zugunsten eines Landsitzes vor den Toren, in Hohenheim, vertauschte. Dort trat sie zwar in die Fußstapfen ihrer Mätressen-Vorgängerin, der Sängerin Bonafini, aber erst durch Franziska wurde dieses bescheidene Hohenheim, mehrfach um- und ausgebaut, zum Landessymbol für schwäbische Bescheidenheit und Tüchtigkeit.

In diese Richtung lenkte sie auch den Gatten – wodurch eigentlich? Franziska war hübsch, aber keine Schönheit. Was der erotisch allezeit leicht entflammbare Schubart in seinem Gedicht »An Gival« so poetisch pries, war wohl mehr dem Schmelz einer üppigen jungen Frau gutzuschreiben. Später wurde sie etwas matronenhaft, aber der Herzog, immerhin um elf Jahre älter als sie, hatte sich sexuell beruhigt und tolerierte sogar ihre evangelisch-pietistische Bigotterie. Die Lebensgemeinschaft beruhte auf der ungeschriebenen Abmachung, wonach sich Franziska nicht in die politischen Geschäfte ihres Gatten einmischen durfte. Rechtfertigt das Franziskas schweigende Teilnahme an der Einkerkerung auf dem Hohenasperg, ihr weiteres jahrelanges Schweigen zu des Dichters Elend, auch als sich selbst aus der Ferne viele Stimmen für seine Freilassung erhoben? Die vielgepriesene Güte des »Engeles« Franziska blieb stumpf gegenüber soviel Leid, stumpf auch gegenüber den unterwürfigen Bitten

von Schubarts Frau. Sie war ein Naturtalent im politischen Aus-
nützen ihres weiblichen Einflusses. Schubart kam nichts davon
zugute. Es bleibt ein unentschlüsselbares Rätsel, warum die oft
gutmütige Frau den Qualen und Leiden eines Mannes, den sie
immerhin persönlich kannte (wenn auch kaum erkannte und
schätzte), so kalt und teilnahmslos zusah. Über zehn Jahre hindurch.

So lang dauerte die Haftzeit Schubarts auf dem Hohenasperg.
Eine persönlich völlig unverschuldete, wenn man freie Mei-
nungsäußerung nicht für Schuld hält. »Priesterhaß, der nicht
eher verlischt, als bis er den Gegenstand seiner Wuth zerstört
hat, ist die alleinige Ursache meiner Gefangenschaft.« So Schubarts eigene Worte in seinen Lebenserinnerungen. Aber die sind
im Kerker formuliert und von Angst gezeichnet: Angst vor dem
obersten Kerkermeister, der jederzeit die Haftbedingungen ver-
schärfen konnte. Priesterhaß trug sicher bei, wohl auch die
Machenschaften des österreichischen Ministerresidenten in
Ulm. Aber die Untat verantwortet letztlich nur einer. Der
Mächtigste, der Herzog Karl Eugen.

Macht man es sich zu einfach, wenn man seine grausamen
Einkerkerungen unter Umgehung der Gerichte (nicht nur Schubart fiel ihnen ja zum Opfer!) aus der Perspektive des modernen
liberalen Rechtsstaates beurteilt? Verliert seine Kabinettsjustiz
(das Wort erschien 1784 wohl erstmals, es stammt aus der
Feder des preußischen Juristen Friedrich Carl von Moser) das
Außergewöhnliche der Verwerflichkeit, wenn man sie an der
Praxis seiner Zeit mißt? Das ist tatsächlich geboten, um Karl
Eugens subjektiver politischer Moral gerecht zu werten. Aber
selbst dann bleibt dieser widerspruchsvolle, halbaufgeklärte,
religiös tolerante und Voltaire selbst auf seiner Akademie zulas-
sende, halb barock-selbstherrscherliche Gottesgnadenfürst ein
Reaktionär in Rechtssachen.

Er verfuhr noch immer so, wie die Generation vor ihm. Für
seinen Vorgänger auf dem württembergischen Herzogstuhl war
das Recht, in die Justiz einzugreifen und oberster Gerichtsherr zu
sein, so unangefochten wie etwa für den preußischen Soldaten-
könig Friedrich Wilhelm I. Die juristisch-moralische Wende

vollzog sich fast genau um die Jahrhundertmitte. Da erschien Montesquieus säkulare Schrift »Vom Geist der Gesetze«, Dreiteilung der staatlichen Gewalten und Unabhängigkeit der Gerichte gegenüber dem Herrscher fordernd, und kurz darauf, für Württemberg wichtig, Johann Jakob Mosers »Abhandlung von Kayserlichen Macht-Sprüchen«; diese wurden eindeutig abgelehnt. Karl Eugen anerkannte weder die französische noch die landeseigene theoretische Autorität. Ganz anders dachte sein einstiger Mentor Friedrich II. Der Preußenkönig verurteilte in zwei politischen Testamenten Kabinettsjustiz, und als engagierter oberster Gerichtsherr seiner aufgeklärten Monarchie bewirkte er viel Beispielgebendes in der Humanisierung des Strafrechtes; von der Aufhebung der Folter angefangen – in Preußen wurde sie schon 1740 abgeschafft, in Österreich erst unter Joseph II., in Württemberg gar erst 1806! Theorie und Praxis klafften freilich auch unter Friedrich II. auseinander.

Mehrfach machte er von seinem »Bestätigungsrecht« Gebrauch, indem er Gerichtsurteile kassierte, milderte – oder auch verschärfte. Am berühmtesten wurde der Fall des Wassermüllers Arnold. Da ergriff der König ungeniert um adelige Gerichte, die er der Parteilichkeit verdächtigte, die Partei des armen Mannes, des Müllers – »... so ist der Prinz vor der Justiz dem Bauern gleich« (Friedrichs Kabinettsordre vom 11. Dezember 1779) – und ließ die unbotmäßigen Richter und Staatsdiener mit dreiviertel Jahren Festungshaft bestrafen. Kabinettsjustiz konnte damals eben auch fortschrittlich, »sozial« wirken, wenn sie sich gegen ständischen Machtmißbrauch richtete.

Mit solchen Aktionen ist Karl Eugens Einkerkerungspraxis nicht zu vergleichen. Sie war immer Ausfluß völlig willkürlicher, oft persönlich motivierter Despotie. Der Herzog hätte sich auch nicht damit rechtfertigen können, daß Friedrich II. die Gerichte überhaupt ignorierte, wenn es um höchste Staatspolitik ging: den Cornet Friedrich von der Trenck, einen europäischen Abenteurer, der später auch dem Kaiser Ärger bereitete, warf er wegen Landesverrates zwölf Jahre in Festungshaft, den königlichen Vorleser J. M. de Paradis wegen Spionage ein Jahr. Das galt damals als durchaus legitim und berührte nicht die herrscherlichen »Machtsprüche« in der allgemeinen Strafjustiz, die von den maßgeblichen Rechtsgelehrten der friderizianischen Zeit bereits bestritten wurden. Bei Karl Eugens vielfachen Freiheitsberaubungen ging es jedoch nie um hohe Politik; am allerwenigsten bei Schubart. Und hier gab es auch keinerlei Begründung. Karl Eugens geheime Verhaftungsordre gegen den Dichter und Musiker, der nicht einmal sein Untertan war, gleicht vielmehr den berüchtigten Lettres de cachet im korrupten Frankreich Ludwigs XV. Sie galten auch monarchistisch Gesinnten als verwerflichste Form von Kabinettsjustiz.

Karl Eugen zeigte sich auch in seinen »geläuterten« Jahren im Grunde als der alte, als der spätbarocke Gottesgnadenmonarch. Die Montesquieusche staatsrechtliche Wende vollzog er mitnichten. Seine Willkürakte gegenüber Unschuldigen hätten sich eine Generation früher im Rahmen üblichem Fürstenbrauches bewegt. Nicht so in seiner Zeit. Karl Eugens Kabinettsjustiz empörte aufgeklärte Zeitgenossen deshalb so, weil sie in ihrer Inhumanität so anachronistisch war. Die großen Fürsten, Friedrich wie Joseph, hatten etwas von Montesquieu, Voltaire und Kant gelernt. Der kleine Duodez-Herzog hinkte in seinem Rechtsempfinden weit hinter ihnen her.

GEFANGENER
AUF DEM HOHENASPERG

»Jetzt rasselte die Thüre hinter mir zu, und ich war allein – in einem grauen, düstern Felsenloche allein. Ich stand und starrte vor Entsetzen, wie einer, den die donnernde Woge verschlang und dessen Seele nun im schaurigen Scheol erwacht. – Hier in dieser Schauergrotte, in diesem Jammergeklüfte sollte ich dreihundert siebenundsiebzig Tage verächzen!«

So Schubart in seinen Lebenserinnerungen. Sie sind Jahre später, in einem gemilderten Gefängnis, diktiert, aber das Entsetzen schwingt nach. Der Kerker ist heute noch zu besichtigen. Ein Tonnengewölbe aus uraltem Sandstein, ein doppelt vergittertes Fenster, Bretterbohlen, auch der kleine Eisenofen und der Ring an der Wand zum Anketten störrischer Gefangener sind noch da. Mehr fand auch Schubart nicht vor, außer einer Strohschütte zum Schlafen. Als man ihn einlieferte und die Tür hinter ihm schloß, japste er nach Luft und wäre fast erstickt, so qualmte der Ofen; auf sein verzweifeltes Geschrei hin sorgte ein Feldwebel für Abhilfe – den Kerkerwächtern war ja vom Herzog »das Leben des Gefangenen bei Cassation anempfohlen«. Wie hätte auch sonst die perverse Pädagogik des obersten Kerkermeisters funktionieren sollen?

Düster, rauchig und so feucht, daß dem Häftling die Kleider am Leib verfaulten, blieb das Verlies – vor Zeiten Teil eines längst abgerissenen Schloßbaues – auch weiterhin. In seiner »faulen Luft« soll schon einmal ein Gefangener verendet sein. Sicher ist, daß das fürchterliche Gewölbe noch mehr als zwanzig Jahre nach Schubarts Tod einem inhaftierten »Separatisten«, also

Schubartturm auf dem Hohenasperg
Lithographie

einem radikal-pietistischen »Stillen im Lande«, zum tödlichen
Verhängnis wurde: Da hatte man mitten im Winter nicht einge-
heizt, der Gefangene erlitt Erfrierungen an Händen und Füßen,
an denen er bald darauf starb. Er wie Schubart hatten unzählbare
(denn vermerkt werden auch von den sorgfältig registrierenden
Heimatforschern immer nur die bekannteren) Leidensgenossen
auf dem Hohenasperg. Nämlich als »Staatsgefangene«: So
nannte man unter den despotischen Regimes die politischen, also
nicht strafrechtlich kriminellen Gefangenen. Einer der letzten
Prominenten unter ihnen war der demokratische Staatspräsident

Württembergs Eugen Bolz; er wurde 1933 von den Nationalso-
zialisten auf dem Hohenasperg »in Schutzhaft« genommen, nach
seiner Entlassung von der SS nach Berlin verbracht und dort
ermordet.

Heute sieht man dem Berg und seiner Festung die anrüchige
Vergangenheit nicht mehr an. Neunzig Meter hoch, rundum mit
freundlichen Weinbergen bewachsen, ragt er fünf Kilometer
westlich von Ludwigsburg aus der fruchtbaren und industriereic-
chen Ebene empor, ein ganz vereinzelter Solitär. Eben darum
ein sehr beliebter Ausguck; kein schönerer als der vom Wirtshaus der »Schubart-Stube« oder gar, ein paar Meter weiter, vom
»Schubart-Turm« aus, zu dem, ein Wasserreservoir enthaltend,
der Kerker im 19. Jahrhundert aufgestockt wurde. Man kann
von dort aus auch die Festung gut überschauen; die breiten Wälle
und Gräben ringsum, den mehrere hundert Meter großen Hof
mit den alten und neueren Gebäuden. Jetzt leben darin etwa 300
kranke Strafgefangene aus den Vollzugsanstalten Württembergs,
darunter viele psychisch Kranke – Psychotherapie, Urlaub auf
Bewährung lauten, von Rückfällen unentmutigt, die modern-
humanen Devisen des Hohenaspergs.

Die Festung Hohenasperg, Innenhof
Aquarell von Unbekannt, um 1830

Einst hieß er im Volksmund »der höchste Berg in Württemberg«: Weil man Jahre brauchte, um wieder herunter zu kommen. Für Schubart war er der »Aschenberg«, der »Thränenberg«; der Volkswirtschaftler Friedrich List datierte einen Gefängnisbrief aus dem »Höllenberg«; er wurde zum »Demokratenbuckel«, weil so viele Burschenschafter und Achtundvierziger-Republikaner dort einsaßen. Die Asperg-Literatur führt hunderte Namen von lokalgeschichtlich bedeutenden Männern unter den politischen Häftlingen an, darunter den Vater des Dichters Wilhelm Hauff, den Bruder Eduard Mörikes, die schwäbischen Dichter Berthold Auerbach und Hermann Kurz. Sie überlebten alle, meist nach kurzer und damals schon humanisierter Haft. Von ihren namenlosen Vorgängern aus dem gemeinen Volk läßt sich das nicht sagen. Nach 1853 soll es keine Staatsgefangenen mehr gegeben haben (bis zur Hitler-Diktatur natürlich). Dann hätte der Hohenasperg immerhin über sechshundert Jahre Willkürjustiz auf dem Buckel.

Denn schon 1280 wurde ein Graf von Grüningen, unbequemer Vormund des Grafen von Württemberg, von diesem widerrechtlich auf den Asperg verbracht, wo er bald »mit Tod

Eine andere
Ecke des Innenhofes

abging«; ähnlich 1516 der Weinsberger Vogt Sebastian Breunig, der auf dem Asperg gefoltert und hingerichtet wurde – ein Racheakt des Herzogs Ulrich, der selber ein veritabler Eifersuchtsmörder war (er erstach im Jähzorn seinen Stallmeister und persönlichen Freund); »Jud Süß«, der Hofbankier Joseph Süß-Oppenheimer, wurde auf dem Hohenasperg als Sündenbock für die Verschwendungssucht seines verstorbenen Herzogs Karl Alexander »peinlich verhört«, ehe man ihn in Stuttgart in einem Käfig henkte; Karl Eugens selbstherrliche Privat- oder Rachejustiz an der Sängerin Marianne Pirker, dem Rechtswissenschaftler Moser und dem standhaften Amtmann und Dichter Huber haben wir schon erwähnt. Das waren nur die Prominenten. Von namenlosen Opfern erfährt man gar nichts oder erst im Zusammenhang mit dem berühmten Fall Schubart: Wer hätte ohne ihn vermerkt, daß der Landesvater Schubarts Zellennachbarn nicht weniger als achtundzwanzig Jahre lang schmoren ließ!

Das erste Jahr von Schubarts über zehnjähriger Gefangenschaft war das schlimmste. Für seine Psyche sicher ein lebenslanges Trauma. Zu jäh kam der Sturz: Der gesellige, mitteilungsbedürftige, liebeslustige Mann, noch nicht 38 Jahre alt, wurde über Nacht von aller Welt abgeschnitten. Eine perfekte Isolationshaft unter gleicherweise furchtbaren körperlichen und seelischen Leiden. Dann und wann brachte ein Büttel mageres Essen – 12 Kreuzer täglich waren dafür ausgesetzt, ein Überlebensminimum –, leerte den stinkenden Eimer, fegte allenfalls einmal die muffige Zelle; mit dem Häftling zu sprechen war strengstens verboten. So wie diesem jedes Schreiben: Kann man einen Mann der Feder ausgeklügelter foltern? »Die Langeweile war die erste Geißel, die ich aufs empfindlichste fühlte... Ich wiederholte nach dem Alphabete Alles, was ich aus verschiedenen Wissenschaften und Künsten wußte; aber dieser Zeitvertreib verleidete mir am ersten, denn alle Wissenschaft ist ohne die Wollust der Mittheilung Qual für die Seele.«

Er suchte wenigstens festzuhalten, was ihn bewegte. In eine Bibel, das einzige, was man ihn lesen ließ, prägte er am freien Rande mit dem Dorn der Knieschnalle seiner Hose Buchstaben ein – man nahm ihm die Schnalle weg. Mit der Lichtschere für das kümmerliche Talglicht versuchte er geistliche Gedichte ein-zukratzen – man schliff die Schere stumpf; einmal behielt er vom Essen die Gabel zurück – er wurde ertappt und damit bedroht, man werde ihn mit der Kette am Wandhaken anschmieden, wovor er panische Angst hatte. »Denk an den Tod«, kratzte er verzweifelt an die rußige Kerkerwand. Er tobte und schrie – und schrie stumme Mauern an. Selbstmordgedan-ken kamen ihm, wenn er beim Essen das Messer in der Hand hielt.

Ein halbes Jahr nach seiner Einlieferung peinigte ihn, mit Anfällen von greulichen Halluzinationen, die Angst, irrsinnig zu werden. Dazu traten körperliche Qualen: »Der Dampf des Gefängnisses, – denn keine Luft konnte hindurchstreichen, fraß meine Brust an, preßte mir den Odem, senkte tödliche Müdig-keit in meine Glieder und machte mir den Tod immer wün-schenswerter.« Dennoch blieb er geistig tätig. Heimlich Nieder-gekritzeltes, man weiß nicht, auf welches Papier, nahm man ihm weg, so Gedichte und den Entwurf eines Epos »Der verlorene Sohn« in Hexametern. Alles ist verschollen, aber Schubart lernte sein Gedächtnis trainieren und behielt von späteren Kerkerdich-tungen zahllose Strophen im Kopf.

Im ersten Schock war er schier in religiösen Wahnsinn verfal-len, pries sein Schicksal als gerechte Gottesstrafe für seine Sün-den, und viel später noch, als er seine Lebenserinnerungen dik-tierte, opferte er über 45 Seiten frommen Betrachtungen geistli-cher Zerknirschung. Mit der Nutzanwendung: »Was anfangs Nöthigung war, wird am Ende freies Belieben.« Es mag sein, daß da Angst und Hoffnung gemeinsam die Feder führten: Um endlich begnadigt zu werden, mußte er ja glaubhaft bekunden, daß das herzogliche Erziehungswerk, die Umkehr eines aufsässi-gen, liederlichen Mannes, vollkommen gelungen war. Daß der gekrönte Kerkermeister *recht hatte*. Es hat Schubart, wie man weiß, nichts genützt, wie sehr er sich auch demütigte. Doch läßt sich das, was Karl Eugen dem Dichter antat, und dessen Reak-tionen darauf (ob mit selbstquälerischer Demut oder Wutausbrü-chen) weder ganz rational noch ganz emotional werten.

So verschieden beide waren, der Tyrann und sein Opfer, in

beiden steckte etwas Gemeinsam-Dumpfes, Voraufklärerisches. Schubart war nicht nur der freiheitliche Fechter, mit seinem »Hellauf« und seiner kecken, antipfäffischen Feder; auf dem Grunde seiner Seele nisteten, unentwirrbar verknäuelt, Aberglaube und Religiosität, wobei die Angst vor der Hölle der Verdammnis, Produkt der Erziehung in einem protestantischen Pfarrhaus, wohl noch mächtiger war als der so oft und zumal im Kerker so inbrünstig beteuerte Glaube an göttliche Liebe. Kaum war die Folter gelockert, kaum konnte er wieder schreiben (und trinken), nahm er – in den Grenzen eines Häftlings, danach in denen eines ständig von Ungnade bedrohten Untertanen – das alte, das ihm eigene Leben wieder auf.

War die Zerknirschung im Kerkerloch, die spätere, lebenslange christliche Predigerhaltung äußerlich, gar Maske? Das wäre zu simpel gesehen. Maske schon gar nicht: Schubart konnte sich, unter Zwang oder um eines erhofften Vorteiles willen, zeitweise tarnen (man denke nur an seine absurd-devoten Huldigungsgedichte), aber nicht dauernd. Dazu war er ganz unfähig, einfach zu ehrlich. Im Grunde ehrlich blieb er aber auch in seiner Sünderreue. Der Schock der Einkerkerung, der sie erst auslöste, brach ihm das charakterliche Rückgrat, durchbrach aber zugleich eine Kruste: Jetzt erst glaubte er durch sie auf den Grund seiner Seele blicken zu können, und wie wirr, angstgepeinigt, dämonisch und hoffnungsverzückt es dort aussehen mochte, es war *seine* Seele. Eine – ererbte oder anerzogene – christliche Seele, die barocken Höllenvisionen noch nahe stand. Aus der Sicht des 20. Jahrhunderts muß vieles unerklärlich, vieles befremdlich bleiben.

Um so mehr beim Herzog. Objektiv gesehen, sofern man eben durch das gesellschaftspolitische und moralische Objektiv unserer Zeit blickt, war er ein Verbrecher, der eine Menge strafrechtliche Delikte beging. Subjektiv gesehen mitnichten: Er selbst empfand das, was heute als schreiendes, empörendes Unrecht erscheint, als sein persönliches Recht. Er fühlte sich ja als Monarch von Gottes Gnaden, und das hieß: jedweder irdischen Autorität entzogen, nur der jenseitigen unterworfen. Gottesgnadentum und Kabinettsjustiz sind insofern logisch verknüpfte Begriffe. Urteile der Gerichte umzustoßen, zum Tode Verurteilte zu begnadigen, gehörte ebenso zur Gottesgnadenautorität wie das angemaßte Recht, das allgemeine Recht zu umgehen, selber zu verhaften und in den Kerker zu werfen: Gerichte waren irdisch, durch Brauch und Verträge bedingt, die »höhere Einsicht« der absoluten Monarchen war von Gottes Gnaden inspiriert und deshalb übergeordnet.

Insofern war Karl Eugen ein rückschrittlicher, anachronistischer Despot (sein dritter Nachfolger in Württemberg, der dicke König Friedrich, herrschte aber noch genauso autokratisch). Aufgeklärtheit zu praktizieren lag Karl Eugen fern: Dienen blieb ihm ein unverständliches Fremdwort, Wohltat ein Gnadenakt – Weitergabe von göttlicher Legitimation auf die Erde. Gar nicht anachronistisch, sondern zeitgemäß gab er sich, wenn er seinen pädagogischen Neigungen frönte. Als er sie an Schubart ausließ, befand er sich gerade am ambitionierten Anfang seiner schulmeisterlichen Phase. Er fühlte sich in den siebziger Jahren als wahrer Praeceptor seines Ländchens. Sie solle »einen gebesserten Mann wieder bekommen, gegenwärtig ist Er aber immer noch auf dem irrwege«, so beschied der Herzog in einer Audienz Schubarts demütig bettelnde Frau, ein Jahr nach der Verhaftung. Besserung durch allerhöchste Erziehung also, die ungesetzliche Kerkerhaft als pädagogisches Mittel – der Herzog meinte es ernst damit. Eine pervertierte, menschenverachtende Pädagogik – einem Gottesgnadenmonarchen, der sich eine andere Sorte Mensch, eine unermeßlich erhabenere, dünkte als seine Untertanen, erschien sie legitim. (Daß Schubart gar nicht sein Untertan war, sondern in Geislingen das Ulmer Städterecht für zehn Gulden Gebühr erworben hatte – was für Bagatellen für einen erbosten Autokraten!)

Karl Eugens gewalttätiges pädagogisches Interesse, so verhängnisvoll es seine Opfer traf, war im Grunde die entartete Folge einer großen, fortschrittlichen Zeitbewegung. Darin zeigt sich der durchaus nicht voll aufgeklärte Herzog als Kind seiner Epoche. In der zweiten Hälfte des 18. Jahrhunderts kam die Zeit wahrhaft in Bewegung. Neue technische Mittel, Maschinen, als Vorboten der industriellen Revolution; neue Ideen, die auf Veränderung, Umgestaltung im staatlichen Leben wie im geistigen zielten. Erziehung wurde wie nie zuvor ein aktuelles Schlagwort der Epoche. Pädagogisch wirkten Philosophen wie Kant oder Staatsmänner wie Joseph II.; ein pädagogischer Zug verbindet noch die beiden einflußreichsten schriftstellerischen Antipoden: den Erzaufklärer Voltaire und den antiaufklärerischen Rousseau, dessen Bildungsroman »Emile oder Über die Erziehung« (1762) europäische Wellen schlug. Die aufblühenden Freimaurerlogen, denen die damalige geistige Elite Deutschlands angehörte, sind in ihren moralischen Idealen tief pädagogisch fundiert; im populärsten freimaurerisch inspirierten Kunstwerk, Mozarts »Zauberflöte«, spielt der weitverbreitete Gedanke der Fürstenerziehung die Hauptrolle.

So weit wollte Karl Eugen gewiß nicht gehen. Wenn er aber Untertanen auf seine Weise erzog, glaubte er sich nicht nur von Gottes Gnaden dazu ermächtigt, sondern auch noch auf der Höhe der Zeit. Wie gesagt, subjektiv – was er objektiv bewirkte, bleibt schlimm genug.

Als des Herzogs willfähriger Erziehungshelfer wirkte auf dem Hohenasperg der Festungskommandant General Philipp Friedrich von Rieger. Über fünf Jahre lang genoß Schubart dessen »Zucht«, wie er sie in der Bußstimmung seiner Memoiren nannte und als weise Gotteslenkung verklärte: »Mein Vorsteher erquickte mich bald leiblich, durch Speise, Trank, Arznei, Pflege, bald geistlich, durch sanfte und harte Bestrafungen, durch Beugen und Niederschmettern meines noch hochauffahrenden Geistes...« Erst als sein Zuchtmeister tot war, wagte der Briefschreiber realistischere Andeutungen: »Ich habe bei dem vorigen Kommandanten viel schwere Leiden ausgestanden. Er behandelte die Menschen nicht selten wie Bestien« (im Sommer 1782 an Helene).

Ein merkwürdiger Mann, dieser Rieger. Ihn und seinen um siebzehn Jahre jüngeren Zögling verband eines: grausame Haftstrafe. Rieger hatte sie vier Jahre lang im zweiten württembergischen Staatsgefängnis, auf dem Hohentwiel, durchlitten, als Opfer desselben Herzogs, und er wurde nicht müde, Schubart sein eigenes Schicksal als abschreckendes, zugleich zur Bußfertigkeit und Umkehr einladendes Beispiel einzubleuen: Wie er in einer engen Zelle von allen Menschen, von allen Büchern abgeschlossen war, ohne Licht, ohne Stuhl und Tisch; das Essen erhielt er aus einer Luke in der Decke, seine Exkremente – ein Nachtstuhl wurde ihm verweigert – mußte er durchs Kerkerfenster hinausschaffen. Dennoch, und hier kam die moralische Nutzanwendung, verließ er den Kerker gewandelt und durch Gottes Gnade gestärkt (sie ließ den Soldaten sogar zum Autor eines geistlichen Liedes werden).

In Wirklichkeit war er ein gebrochener Mensch, nun völlig zum rückgratlosen Lakaien seines Herrn verkrüppelt. Willfährig war Rieger immer schon gewesen. Der in Stuttgart geborene Sohn eines Pastors wechselte als Offizier aus zuerst preußischen Diensten in die Karl Eugens über und wurde einer der glänzendsten jungen Hofleute des Herzogs, unentbehrlich durch Aktivität und Rücksichtslosigkeit. Als sein Gebieter in arge Nöte geriet, um den Subsidienvertrag mit dem König von Frankreich zu erfüllen, war keiner so erfolgreich beim Rekrutieren wie Rieger: Brutal prügelte er die über achtzehnjährigen Landeskinder zu Tausenden vom Pflug weg in die Kasernen, holte sie aus den Betten oder schnappte sie beim sonntäglichen Kirchgang. Der Herzog dankte es ihm schlecht. Bei einer Parade vor dem neuen Stuttgarter Schloß riß er ihm vor versammelter Truppe den Degen heraus und die Schulterstücke herunter, degradierte ihn und warf ihn, nach sieben Tagen Asperg, in den Kerker auf dem Hohentwiel. Rieger war durch eine Intrige des ebenso brutalen, aber listigeren Staatsministers Graf Montmartin in allerhöchste Ungnade gestürzt worden. Nach der Haft, zu deren Beendigung die württembergischen Stände beigetragen hatten, mußte er außer Landes gehen, 1772 durfte er zurückkehren, der Herzog fand ihn verzweifelt und brauchbar genug, um ihn als Werkzeug zu benützen: Er machte ihn zum General und Festungskommandanten auf dem Asperg.

Dort befehligte Rieger ein paar hundert Mann kasernierte Soldaten und die Gefangenen. Einer war ihm speziell ans Herz gelegt worden: der freche Zeitungsschreiber Schubart. Rieger entledigte sich seiner Aufgabe als perfekter Erfüllungsgehilfe.

Mit großem, für sein Opfer fürchterlichem Engagement, und mit insgesamt befriedigendem Erfolg. Wenn Schubart am Ende den Hohenasperg ähnlich gebrochen, verwundet verließ wie Rieger einst den Hohentwiel, so war das dessen Verdienst. Außer dem Kerkerschicksal hatten beide auch charakterlich einiges gemeinsam: geistige Begabung, Jähzorn, Launenhaftigkeit, Aberglauben (die Fünf war Riegers Schicksalszahl), Genußfreude; eine gewisse masochistische Neigung, Lust am Leiden paarte sich bei Rieger mit der sadistischen Gegenlust. Davon war Schubart frei; aber seines kerkermeisterlichen Umerziehers Wühlen im Pfuhl der Sünde, sein mit drastischem persönlichem Beispiel untermauertes Insistieren auf Buße und Reue brachte gewiß verwandte Seelensaiten zum Schwingen. Kindheitserziehung hatte beide geprägt: Auch Rieger entstammte einer frommen schwäbischen Familie, ein Bruder wurde Stiftsprediger in Stuttgart.

Gehirnwäsche gehörte, neben der Schockwirkung der Kerkerqual, zum pädagogischen Programm Karl Eugens. Das moderne Wort kannte er nicht, kaum auch das mildere, das etwa die Sieger des 2. Weltkrieges als »Umerziehung« praktizierten. Aber Rieger wußte nur allzugut, was gemeint war: Schubarts »geistlichen Hetzhund« nennt ihn David Friedrich Strauß mit einem treffenden Wort, und das Produkt seiner Zucht einen »Mann, den wir in Ulm strotzend vor Lebenskraft und Lebenslust verlassen haben, zum wimmernden Betbruder zusammengeschwunden«. Die geistlichen Erziehungsmittel, deren sich Rieger bediente, waren so primitiv wie wirkungsvoll angesichts der total frustrierten Leselust eines Literaten. Die Bibel, die Schriften von Schubart senior, dem Pfarrer, und besonders die des schwäbischen Theologen Bengel, mehr bekam er nicht zu Gesicht, oft begleitet von den derben Exempelkommentaren Riegers. Johann Albrecht Bengel war einer der »frommen Schwabenväter« des Pietismus, die dem aufklärerischen Kritizismus der Zeit zugleich durch praktisches, verinnerlichtes Christentum wie durch buchstabengetreuen Bibelglauben zu begegnen suchten. Aus der Apokalypse des Johannes leitete Bengel kühne, bis aufs Jahr genau datierte Untergangsprophetien ab.

Johann Albrecht Bengel
Stich von J. J. Haid

Das Jahr 1836 errechnete er aufgrund der biblischen Zahlen als
letzten Tag der Menschheit – der Irrtum war ja auch noch lange
nach seinem Tod (1752) nicht zu widerlegen; die Menschen-
freundlichkeit seiner Lehren wirkte hingegen tröstlich in einer
Zeit, die so triste Proben von herrscherlicher Entartung und
verknöcherter landeskirchlicher Botmäßigkeit vorführte. Die
unkritische Bibelgläubigkeit der Pietisten, der »Stillen im Lande«,
produzierte so absonderliche Verfahren wie das »Däumeln«;
man schlug das Buch der Bücher beliebig auf, und was dort an
Text erschien, gewann besondere, heilige Bedeutung. Im Ker-

kerschock trug ein solches Erlebnis auch zu Schubarts Zerknirschung bei: daß er gerade dabei auf das Buch Hiob stieß,
erschien ihm als Wink Gottes. Um so tiefer mußte es ihn auf-
wühlen, als ihn im folgenden Jahr, und dann noch einmal, der
Bengel-Jünger Philipp Matthäus Hahn in seiner Zelle besuchte.

Hahn war Pfarrer in Onstmettingen auf der Rauhen Alb, ein
lauterer Pietist, im Nebenberuf Bastler und genialer Konstruk-
teur einer weitbewunderten mechanischen astronomischen Uhr,
die außer der Zeit und den – kopernikanischen und keplerischen!
– Bahnen der Gestirne auch das auf dem Zifferblatt eingravierte
Ende der Welt anzeigte. Bibel- und Bengel-getreu hatte es Hahn
mit dem 67. Jahr nach der Ingangsetzung der Uhr, also gleichfalls auf 1836 fixiert. Sein sich ausbreitender Ruhm als Mechani-
kus und Erfinder – er blieb bettelarm dabei – machte den frommen Mann nicht hochmütig, er fühlte sich zeitlebens im wahren
Beruf als »Wegbereiter für das Reich Gottes«. Sein sanfter geistlicher Zuspruch wirkte lindernd auf den niedergeschmetterten
Schubart ein. Er gedenkt Hahns mit ungetrübter Verehrung.

Mit Hahn kam Ende Juni 1778 – zwei Tage vorher war der
Bruder Konrad abgewiesen worden – der alte Freund Lavater.
Mit dem Inspirator der Stürmer und Dränger, der »Übernatur,
Überkunst, Übergelehrsamkeit, Übertalent« verherrlichte, dem
Schöpfer einer neuartigen Physiognomie-Lehre, an der auch
Goethe mitarbeitete, mit dem höchst einflußreichen Schweizer
Pfarrer und Gefühlstheologen lebte Schubart seit langem in einer
spannungsvollen Freundschaft; eine Belastungsprobe hatte sie in
Ulm zu bestehen, als Lavater dem Teufelsaustreiber Gassner auf
den Leim ging und den Chronikschreiber eindringlich zum Ein-
lenken aufforderte. Lavater kam nicht wieder, setzte sich aber
mit seinem berühmten Namen aus der Ferne für Schubarts Freilassung ein.

Damit sind wir jedoch einem für diesen lebenswichtigen
Ereignis um ein halbes Jahr vorausgeeilt. Das war die Beendigung der Turmhaft am 3. Februar 1778. Schubart wurde in eine
andere Gefängniszelle verbracht, jenseits des Hofes, im sogenannten Arsenalbau. Es war keine besondere Gnade, sondern
absolute Notwendigkeit, wenn das pädagogische Programm des

Philipp Matthäus Hahn
Zeitgenössische Zeichnung

Herzogs weitergeführt werden sollte. Denn Schubart war auch körperlich am Ende, er konnte sich kaum mehr auf den Beinen halten und hatte das fürchterliche Gefühl einer »langsamen Verwesung«. Die neue Kerkerzelle erschien ihm »ein luftiges, trokkenes, heiteres Zimmer, wo ich wieder aufatmete, wie ein Auferstandener«. Wieweit darin Reue-Euphorie mitschwingt, ist nicht mehr zu verifizieren; nach den vielen Umbauten ist dieses Gefängnis örtlich ungewiß. Nachvollziehen kann man jedoch des todkranken, zwölfeinhalb Monate lang völlig isolierten Häftlings Beglückung über den Blick durchs Kerkergitter: Da sah er auf dem Festungshof zum erstenmal wieder Menschen!

»Nie habe ich die Liebe zu den Menschen und ihren unaussprechlichen Werth tiefer empfunden . . .« Aber reden durfte er mit keinem, schreiben nicht einmal seiner Frau. Selbst um die Kommunikation mit seinem Gott mußte der bußfertige, zerknirschte Christ lange betteln.

Welche Laune des Schicksals, daß er nun zum zweitenmale den Spezial Zilling, den in Freiheit so fröhlich verspotteten Pedanten, zum geistlichen Vorgesetzten erhielt! Der Festungspfarrer Payer hatte das heilige Abendmahl in christlicher Milde empfohlen; Zilling blieb sich selber treu, indem er es verweigerte, weil ihm der Büßer Schubart »listig« erschien (was immer er war, das nun gewiß nicht!). Die geistliche Landesbehörde Württembergs sollte entscheiden, und die gestattete dem geknickten Sünder im zweiten Jahr seiner Haft dann doch gnädig den Empfang des Abendmahles.

War Schubart wirklich bekehrt worden? Acht Jahre lang, seit ihn jener stocksteife Zilling exkommuniziert hatte, also in seinen geistig lebendigsten, üppigsten, freiheitlichsten, produktivsten, den wahrhaft besten Jahren seines bisherigen Lebens, hatte Schubart außerhalb seiner evangelischen Landeskirche gelebt. Jetzt schloß er seinen Frieden mit ihr – als Unfreier, als Gebrochener, der sich an jeden Strohhalm klammerte. Man könnte aus der Kulturgeschichte Beispiele über Beispiele ähnlich durch Kerkerschock verwundeter, veränderter Persönlichkeiten anführen. Von dem Künstler Benvenuto Cellini an, der, ein übermütiger Renaissancemensch, im päpstlichen Kerker zur Erkenntnis kam, daß er »in der Gnade Gottes stehe«, über Dostojewski, der in der Petersburger Pauls-Feste durch Todesangst und »krankhafte Träume« völlig zerrüttet wurde und »unter der Glocke einer Luftpumpe« zu vegetieren meinte (dabei war er damals erst fünf Monate inhaftiert, gegenüber Schubarts zehn Jahren!), über den haftschockierten De-profundis-Büßer Oscar Wilde bis zu den unzählbaren Opfern von Hitlers und Stalins Massenvernichtungsmaschinerie. Die geistig Standhaften in dieser Millionenarmee Vergewaltigter, nicht nur körperlich Vernichteter, bleiben, ob berühmt oder namenlos, übermenschliche Ausnahmen. Schubart gehörte nicht zu ihnen. Er durchlitt ein Gefangenenschicksal, das ihn versehrte, wahrscheinlich für den Rest des Lebens im Innersten brach, und dem er nur die durchschnittlichen Widerstandskräfte entgegenzusetzen hatte, die sein Charakter eben hergab – und der war schwach und anfällig.

Aus diesem Blickwinkel sind die schriftstellerischen Dokumente der gesamten Asperg-Zeit zu beurteilen. Mit verschiedener Gewichtung, gemäß den schrittweisen Hafterleichterungen, aber nie ganz ohne die Begrenzung von Mauern, Wällen und stets empfundener Unfreiheit. Daß es überhaupt Dokumente gibt, die diesen Prozeß nachverfolgen lassen, ist zwei klar benennbaren Männern zu danken. Der eine war der – nächst dem Herzog – höchste Kerkermeister, der General Rieger. Er gewann im Laufe der Jahre nicht nur Gefallen an dem bußfertigen Opfer seiner rüden Gehirnwäsche, er fand ihn mit seinen geselligen, dichterischen und musikalischen Talenten auch äußerst nützlich für sein kleines Imperium. Immerhin hausten auf der Feste, außer den nichtigen Sträflingen, doch auch Offiziere und Soldaten eines Bataillons. Mit ihnen mußte ein Kommandant tagtäglich auskommen. So einen guten Unterhalter wie den Schubart konnte der General gar nicht entbehren: Er fabrizierte ja, wenn man ihn nur selber bei guter Laune hielt, nach Bedarf Huldigungsgedichte, Lieder, Kantaten und heitere Theaterstücke zur Unterhaltung der höherständischen Besatzung. Die Vermutung, daß Rieger durch seine an den Herzog gerichteten Berichte über den Erfolg des allerhöchsten Erziehungsprogramms, also über die noch unzureichende Bußfertigkeit des Häftlings Schubart, dessen Entlassung torpedierte, hat viel für sich.

Der andere schriftstellerische Dokumente ermöglichende Mann heißt Herr von Scheidlin. Er war der Zellennachbar von Schubarts drittem Kerkergemach, einem etwas dunkleren, in das man ihn im Juli 1778 verlagert hatte. Einen großen Kachelofen hatten beide gemeinsam, und die Gemeinsamkeit wurde zur Kommunikationsgemeinschaft, als man eines Tages unten einen Stein ausbrach und ein Sprechloch herstellte. Für die Zellennachbarn eine wahre Sensation. Für Schubart sicher die größere: Zum erstenmal seit mehr als einem qualvollen Jahr konnte er mit einem Menschen sprechen, der nicht sein institutioneller Kerkermeister war! Dieser Kerkergenosse und Nachbar Scheidlin vegetierte damals schon seit nicht weniger als neunzehn Jahren auf der Feste Hohenasperg. Ein Opfer des immer noch, bei aller absolutistischen Modernität, im spätmittelalterlichen Ständestaat wurzelnden Württemberg mit seinem »guten alten Recht«. Das war im Grunde ein sehr patriarchalisches, von wirtschaftlichen Interessen bedingtes Recht. Ein Bruder hatte den Augsburger Aristokraten wegen angeblicher jugendlicher Fehltritte, wahrscheinlich jedoch um der Erbschaft willen, beim Herzog von Württemberg angeschwärzt, und der ließ ihn – wer weiß, was für ein Vorteilshandel da im Spiel war – auf dem Hohenasperg schmoren. In den fast zwei Jahrzehnten seiner bisherigen Haft hatte sich Scheidlin gewisse Linderungen ersessen: Er hatte recht gut zu essen und zu trinken, und vor allem, er durfte schreiben. Die beiden Zellennachbarn kamen ins Gespräch, Schubart interessierte den Leidensgenossen für sein Schicksal und brachte ihn dazu, die Memoiren »Schubart's Leben und Gesinnungen« zu Papier zu bringen. Abends, wenn der Feldwebel die letzte Runde gegangen war, legte sich Schubart auf die Bohlen nieder, erhielt von drüben einen Krug Bier und die lang vermißte Pfeife und diktierte durch das Loch am Boden die Stationen seines Lebens und seiner Reue. Monatelang. Bis zum 819. Tag seiner Gefangenschaft, an dem unter dem Datum des 21. April 1779 Schubart seine Büßer-Memoiren abschloß.

Was Scheidlin jeweils, auf einem hölzernen Hocker sitzend, notiert hatte, reichte er dem Verfasser durch das Wandloch hinüber, und der verbarg die Blätter jahrelang erfolgreich unter den Bodenbrettern. 1791 konnte er endlich den ersten Teil publizieren, den Rest gab nach seinem Tod, zwei Jahre später, der Sohn Ludwig heraus; nicht ohne eine Menge freigeistiger Fußnoten, die, bei aller Pietät, der Zerknirschungssucht des väterlichen Autors entgegenwirken sollten. Scheidlin und Schubart wurden im Laufe der gemeinsamen neun Haftjahre – den Edelmann entließ man schließlich etwa zugleich – rechte Brüder und Seelenfreunde. In einem Gedicht (»Selmar an seinen Bruder«), keinem seiner schlechtesten von damals, läßt Schubart den Leidensgenossen seine zahlreichen Jugendsünden bereuen (».. . so trank ich oft, vielleicht ein Glas zu viel; und wenn die Liebe mir aus blauen Augen winkte, so war ich nie ein Klotz, ein Hasser von Gefühl...« – man glaubt Schubart selber zu hören!), dann aber strophenreich den »unmenschlichen« Bruder um Erbarmen anflehen.

Die Liebe aus blauen Augen: sie entbehrte Schubart kaum weniger peinigend als die Freiheit. Man spürt die Qualen, die seelischen wie die körperlichen, in den pathetischen Zeilen des Memoiren-Diktates: »Nichts fiel mir schwerer zu bekämpfen, als die Liebe zum weiblichen Geschlecht... Wälz dich, wie der heilige Benedikt, auf Nesseln und Dornen; iß Wurzeln und trink Pfützenwasser; es kommen doch Stunden, wo sich Mädchengestalten in deine Phantasie stehlen, und es dich fühlen lehren, daß Naturtriebe unmöglich auszuwurzeln sind.« Die Lobpreisung heilsamen Gebetes, die anschließend folgt, fällt erheblich blasser aus. Auch durch die poetische Sublimation eines Gedichtes (»Liebe im Kerker«) schimmert erlebte Qual:

Gezwungen tugendhaft, weil du nicht bei mir bist,
Fluch' ich der Unschuld oft, die mir beschwerlich ist.
Noch bis zur Wuth verliebt soll ich die Liebe zwingen!

Dieses Gedicht ist nur vierzehn Zeilen lang – und eben darum unmittelbarer, plastischer als die vielen geistlichen Poeme, die der zerschmetterte Büßer Schubart zumal in den ersten Haftjahren unter dem Einfluß des verehrten Matthäus Hahn und dessen biblischen und zeitgenössischen Kronzeugen, von Moses und Salomo über Jesus bis zu den neuen Deutern Bengel und dem theosophischen Pfarrer Oetinger, ins Bekehrungstreffen führte. Religiöse Begeisterung ließ das Reimtalent Schubarts üppiger denn je sprießen, wenn auch eher redselig als gehaltvoll. Das Gedicht »Ein Blick ins All« erscheint besonders bezeichnend dafür. Da wird in Klopstockschen freien Rhythmen elf Seiten lang das ganze Alte Testament abgehandelt und mystisch interpretiert, mit den hingestammelten Schlußversen:

O des größten, himmelvollsten Auftritts,
Auf den sich so hinfreut die Gottheit,
So hinfreut der harrende Himmel,
So hinsehnt das ächzende Weltall:
Wenn kein Tod mehr ist!...
Wenn Gott Alles ist in Allen!...

Die vielen Bußgedichte aus den ersten Asperg-Jahren schlagen eine Brücke zurück zu den »Todesgesängen« der Geislinger Zeit, gereift durch erlebtes Leid, getrübt durch erlittene Beschädigung. Dann und wann blitzt hinter endloser Reimerei, die der jedweden Schreibzeugs beraubte Häftling im Hirn speicherte, der Funken dichterischer Begabung durch. Selten genug. Wie konnte es aber anders sein bei so penetranter Gehirnwäsche? Die erste, allerhöchst gestattete Gnade der Teilnahme am Gottesdienst – im zweiten Haftjahr! –, erlebte Schubart als überwältigendes Bußereignis. Bald aber wurden Gottesdienste auch zur musikalischen Verlockung, denn Schubart durfte, während unten die »Galioten« mit ihren Eisenketten schlurften, erstmals wieder Orgel spielen, und von dieser für den Kommandanten Rieger praktischen Funktion war es schließlich nicht mehr allzuweit zu den hafterleichternden Benefizien, die der mit Zuckerbrot und Peitsche hantierende Rieger seinem begabten, unterhaltsamen, im ganzen doch recht nützlichen Erziehungsobjekt im Laufe der Jahre gewährte.

Doch ist nie aus dem Auge zu verlieren, in welch peinigend langsamen, unvorhersehbar launischen Rhythmen solche Gnaden gewährt wurden. Über ein Jahr lang, bis an den Rand des physischen Todes, Isolationshaft in einem mittelalterlichen Kerkerloch, ohne jedwede Verbindung nach außen, ohne Nachricht von Frau und Kindern. Im zweiten Jahre der erste Gottesdienst. Nach zweieinviertel Jahren zum erstenmal mit Menschen sprechen, erstmals Luft außerhalb des Kerkers atmen dürfen! Das bedeutete aber nur stundenweise Bewegung an der Hand des Kerkermeisters. Fast vier Jahre dauerte es, bis Schubart in den Genuß der sogenannten »Festungsfreiheit« kam, also innerhalb der Wälle herumgehen und mit anderen sprechen, zum allererstenmal – schreiben durfte! Und noch viel länger, nämlich insgesamt achteinhalb Jahre, hatte er zu harren, zu betteln, zu hoffen und immer neue Verbotshiebe einzustecken, ehe er mit seiner Frau zusammensein durfte, für herzoglich ausgetüftelte sechs Tage!

Die sexuelle Folter war eine besondere Finesse im pädagogischen Programm Karl Eugens. Bedenkt man, wie ungehemmt der Monarch selber allezeit seine Triebhaftigkeit ausgelebt hatte, und wie befriedigt er sie auch mit seinem »Engele« Franziska genoß, so kann man sich schwerlich der Einsicht entziehen, daß – bewußt oder unbewußt – die despotische Umerziehung eine sadistische Komponente enthält. Echt despotisch (und in jenen Jahren völlig anachronistisch) gibt sich Karl Eugen auch in den willkürlichen Verheißungen seiner Gnade: mal versprach er Linderung von Schubarts Haft, gar bevorstehende Freilassung, das nächste Mal war davon nicht mehr die Rede – wobei jedesmal devoteste Gesuche, Bittaudienzen, Kniefälle stattgefunden hatten. Ob Laune oder Lüge, Hauptsache war die Unberechenbarkeit. Durch sie manifestierte sich übermenschliches Gottesgnadenherrschertum am sichersten gegenüber dem menschlich-unzulänglichen, uneinsichtigen Untertanenpöbel.

Helene Schubart wuchs in den Jahren ihrer unfreiwilligen Witwenschaft in ein respektables Format hinein. Das zeigt sich im erstaunlich ausgefeilten, kraftvollen Stil der vielen Dutzend Bettelbriefe, mit denen sie Miller und andere Freunde und auch den Herzog bombardierte; es muß der ungebildeten Frau unendliche Mühe und Tränen gekostet haben, solche Schreiben zu formulieren. Wesentlicher ist, daß sie nie ermüdete, auf die Freilassung ihres Mannes hinzuarbeiten. Siebenmal erwirkte sie Audienzen beim Herrscher, warf sich nieder, bereit, dem Despoten die Füße zu küssen, die so grausam die Freiheit eines Unschuldigen traten. Unverzagt, auch wenn immer neue vage Vertröstungen und nichteingehaltene Versprechungen hoffnungslos stimmen konnten, bewog sie die siebzigjährige Mutter und den Bruder Schubarts, nach Heidenheim zu fahren, wo sich der Herzog zur Jagd aufhielt, und ihm ein »unterthänigstes Memoriale« zu überreichen. Eiskalt übergab es der Herzog einem Höfling und stieg in die Kutsche – dabei wußte er gut, daß er Schubart damals schon sieben Jahre lang gefangenhielt!

Der Stadtschreiber Konrad Schubart, der dies in einem Brief berichtet, empfand es noch als allerhöchste Gnade, »daß wir aus dem Anblik eines sich so wenig herablassenden Monarchen uns wiederum in der Stille hinwegschleichen durften, und meiner Mutter hat wahrlich das Herz geklopft, als Serenissimus vorüberging«.

Hatte Helene jahrelang durch ihre ewigen Seufzer und Nörgeleien, durch ihr Unverständnis für Schubarts Art, auch durch ihre gutgemeinten frommen Ermahnungen, wenig zur ehelichen Harmonie beigetragen, jetzt bewährten sich ihre besten Charaktereigenschaften: Pflichtgefühl und Treue. Sie übersiedelte bald von Geislingen nach Stuttgart, um ihrem Mann und ihren Kindern näher zu sein, und wohnte zuerst bei Haug, später bei dem

Helene Schubart geb. Bühler. Porträt eines unbekannten Meisters

Expeditionsrat Elsässer. Haug, einst Schubarts Freund und Förderer, gab bald nach dessen Einkerkerung schriftstellerisch
erbärmliche Proben seiner Untertanenfeigheit. Im »Lebenden
Württembergischen Schriftsteller-Lexikon von 1777« schrieb er
über den Asperg-Gefangenen: »Er genießt neben einem sehr
angenehmen Traktament... ganz besondere Pflege für seine
Gesundheit« – veröffentlicht im Juni, als Schubart in seinem
Turmverlies vegetierte! –, und Professor Haug war sich gewiß,
daß »Schubart und die Seinen mit der Zeit Ursache haben werden, Gott, ohne den nichts geschieht, und den gnädigsten Fürsten für ihre Führungen zu preisen«. Das war nicht einmal
zynisch gemeint, sondern diplomatische Klugheit eines anpasse-
rischen Untertanen.

Die in den beiden herzoglichen Akademien untergebrachten
Kinder konnte Frau Schubart nur selten sehen. Sie erzog sie

Die ehemalige Karlsakademie zu Stuttgart

209

jedenfalls in der Liebe zum fernen, immer unpersönlicher werdenden Vater. Ludwig stand als Karls-Schüler der Akademie in herzoglicher Zucht, Julie bildete man auf der herzoglichen École des Demoiselles zur Sängerin aus. Sie wurde auch nicht müde, ihres Gatten schwankende, oft genug wankende Hoffnung zu bestärken. In Briefen: Mehr konnte sie nicht tun. Einmal, im sechsten Haftjahr, verschaffte sie sich mutig und listig, wahrscheinlich durch Bestechungen, Eingang in die Festung Hohenasperg – sehen konnte sie ihren Mann dennoch nicht, er wurde weggesperrt.

So blieben die Briefe. Die Schubarts lassen das Auf und Ab des Gefangenenlebens, eine wahre psychische und physische Achterbahn seiner Befindlichkeit, in vielen Stationen nachverfolgen. Denn der Briefschreiber gab sich, wie immer, so ehrlich wie zensurmöglich (die von David Friedrich Strauß erstmals gesammelten, seither erweiterten Dokumente sprechen für die relativ großzügige Zensur des Kommandanten und Gehirnwäschers Rieger; Millionen Opfer von Hitlers Konzentrationslagern und Stalins Gulag genossen erheblich weniger, meist gar keine Mitteilungsfreiheit).

Der allererste Brief Schubarts an seine Frau ist nicht genau datierbar; etwa zum Ende des Jahres 1780, und das war schon das vierte Jahr der Haft! Noch immer stand der Schreiber unter Reueschock. Man muß sich die Situation vor Augen führen. Zum erstenmal seit bald vier Jahren der Trennung, der völligen Ungewißheit über das Schicksal von Frau und Kindern, darf einer sich mitteilen. Schreiben an die Frau, die sich, was immer sie in Wirklichkeit gewesen war, längst zum Urbild eines Weibes, vor allem: eines begehrenswerten, verklärt hatte. Und was schreibt der endlich entfesselte Schreiber? Fast nichts als lauter geistliche Reuephrasen. Als seine »erste Freundin« adressiert er die Gattin, die er in seiner sexuell frustrierten Lage nun wirklich spontan als Frau, als Weib empfinden mußte. Schielte er nach dem Zensor? War er, was seinen Verstand anbelangt, tatsächlich »reingewaschen«? Es folgen seitenlange Beteuerungen geistlicher Euphorie: »O wie seelig bin ich, daß mich Gott noch zu dieser Selbsterkenntniss gebracht hat! Wie küß ich den Kerkerboden, der meine Bußtränen eingeschlukt hat! . . . Gott hat Groses an mir gethan, dieß ist mein bisheriger Lebenslauf in Kürze . . . Im Aeußerlichen muß ich zwar durch manche Züchtigung gehen, – denn dieß brauch ich! . . .«

Der Brief ohne Anfang und Ende klingt mit einem geistlichen Reuegedicht aus, mit dem Vers ». . . ach Gott, verlaß mich nicht!« Es gibt wenige Zeugnisse von so gänzlicher seelischer Rückgratbrechung eines hervorragenden Mannes. Gottlob einer temporären. Der Schock wirkte nicht lange. Nach ein paar Wochen, und jetzt läßt sich Schubarts Brief schon datieren (»Den 7 ten Jenner 1781«), setzt sich der Gefangene ganz sachlich mit seinen Umständen auseinander und gibt seiner »liebsten Freundin« nicht nur seine »schwächlichen Gesundheitsumstände« zu bedenken, sondern auch ihren eigenen Status: ». . . scheint dir dein Gehalt ein Preiß für meine Freiheit zu seyn; so leg es wieder zu den Füßen des Fürsten und verlaß dich auf den Gott, der die Sperlinge füttert.« Damit spielte Schubart auf das herzogliche Gnadenbrot der 200 Gulden an, die Helenes und der Kinder Existenz ganz real sicherten. Ein paar Monate später, im Mai, wiederholte er den Verdacht, mit dem Jahresgehalt habe ihr der Herzog »die Freiheit, das Leben, die Ruhe, die Glükseligkeit ihres Mannes abgekauft«, aber die Zumutung eines heroischen Verzichtes begrub er sogleich resigniert: »Ihr seid gewöhnlicher Menschenschlag, folglich kann ich auch keine andre, als gewöhnliche, alltägliche, kleine Handlungen von euch erwarten.« Eine grob ungerechte Äußerung, die Helene tief verletzen mußte, nur erklärlich durch den seelisch und körperlich gleicherweise labilen Zustand Schubarts. Herzattacken, apoplektische Anfälle – einmal glaubte er an der Orgel tot niedersinken zu müssen –, Magenleiden (die ihn aber nicht daran hinderten, Schnaps und Wein zu trinken, wo immer er sie kriegen konnte), vielerlei Krankheitsbeschwerden mit schwächendem Aderlaß, rissen bis fast zum Haftende nicht ab, und noch öfter schlugen sich psychische Depressionen in Briefäußerungen nieder: ». . . ich war noch nie so elend . . .«, »O bete um meinen Tod!« – »Ich bin darauf gefaßt, im Kerker zu sterben« – »Soll ich mich selbst tödten? – oh, das ist Hochverrath gegen die Gottheit« – man könnte Dutzende Briefstellen von Verzweiflung und ebenso verzweifelter Reueinbrunst zitieren.

Die äußeren Bedingungen der Haft waren etwa seit Ende des vierten Jahres gelockert worden. Schubart konnte dann und wann beim Kommandanten Klavier spielen, und vor allem: Er durfte endlich wieder schreiben. Literarisch bloße Belanglosigkeiten, vor allem Komödien und Schäferspiele für das Laientheater, das Rieger auf der Festung einrichten ließ, um der Langeweile der Offiziere und Soldaten entgegenzuwirken. Der Prolog zu einer solchen Theaterlustbarkeit trieft nur so von Devotion für den allmächtigen Kerkermeister (». . .doch lesen wir mit frohem Blick / Die Huld in seiner Mine«) – kann man die falschen Töne einem ankreiden, der froh sein mußte, wenn er überhaupt wieder schreiben durfte? In demselben Brief, in dem Schubart seiner Frau davon berichtet, verrät er, wie es wirklich um ihn stand: »Kurz, ich bin noch nie so elend gewesen, als iezt. Ein Sklav – ein bedauernwürdiger Sklav von Morgends biß in die Nacht.«

Auf die »Lieder mit Musik, Klaviersonaten die Menge«, die er damals und später auf dem Hohenasperg schrieb, werden wir in einem besonderen Kapitel eingeben. Aus der Flut seiner bandwurmartig weitergereimten geistlichen Gedichte ragen dann und wann ein paar Strophen heraus, Inseln unzerstörbaren poetischen Talentes inmitten eines Meeres von Zerknirschung. So beginnt die Variante über das altbiblische »Es ist genug«:

> Es ist genug! So nimm denn meine Seele,
>> Die müde Seele nimm zu dir.
> Du weißt, wie ich die Augenblicke zähle,
>> Du kennst dies bange Herz in mir,
> Das oft, getäuscht, dem Tod entgegenschlug:
>> Es ist genug!

Je unprätentiöser, je einfacher in der Diktion, desto unmittelbarer spricht der gottergebene Lyriker Schubart heute noch zu uns. Das »Abendlied eines Gefangenen« findet am Anfang fast zum metrischen und emotionalen Einklang mit dem viel berühmteren Abendlied des befreundeten Zeitgenossen aus Wandsbeck:

> Des Tages trübe Stunden
> Sind wieder weggeschwunden,
> Es glänzt der Abendstern
> An blauen Himmelshöhen,
> Von mir zwar ungesehen,
> Doch steigt mein Nachtgesang zum Herrn.

In einem »Nachtlied« tritt die Seelenverwandtschaft mit dem nördlichen Geistesbruder noch deutlicher zutage:

> Wenn neben mir ein armer
> Gefangner Freund noch wacht;
> So stärk ihn doch, Erbarmer!
> Mit einer guten Nacht ...

» ... und unsern kranken Nachbarn auch!« – man könnte viele Seiten, ja, ein ganzes ästhetisches Kapitel lang darüber rätseln, warum dieser einzige Vers mehr Poesie enthält, mehr Nachwelt erreicht hat als die viele Dutzende ähnlich gestimmter Strophen Schubarts. Wobei die radikal verschiedene lyrische Ausgangslage immer zu bedenken wäre: dort dichtete ein Mann in Freiheit, in bescheidener Zufriedenheit; hier ein verstörter, wenn nicht schon zerstörter Häftling. Daß auch Resignation, trauriger Blick durch Gitterstäbe, produktiv machen kann, bezeugt das Gedicht »Der Gefangene«:

> Gefangner Mann, ein armer Mann:
>   Durchs schwarze Eisengitter
> Starr' ich den fernen Himmel an,
>   Und wein' und seufze bitter ...
> Es gähnt mich an die Einsamkeit,
>   Ich wälze mich auf Nesseln;
> Und selbst mein Beten wird entweiht
>   Vom Klirren meiner Fesseln ...

Die klirrenden Fesseln sind ein poetisches Bild, denn damals, 1782, erfreute sich Schubart längst der »Festungsfreiheit«, er durfte innerhalb der Wälle umhergehen, diesen und jenen Offizier besuchen, selber Besuche empfangen – zeitweise kamen ganze Scharen von Karls-Schülern, um dem berühmten Chronik-Schreiber und Dichter ihre Reverenz (und dem Herzog ihre bemessene Aufmüpfigkeit) zu erweisen. Und er durfte Trost im Alkohol suchen.

Im Wirtshaus der Festung fand er Kumpane, vielleicht auch – Briefstellen deuten »Zerstreuungen, wiederkehrende Sinnlichkeit . . . Abwege« an – weibliche Gunst. »Der Kerl sauft wie der Schlauch der Danaiden, und mitten in dem ernsthaftesten Gespräch von Religion und dem Unendlichen wünscht er wieder, daß die Menschheit ein einzigen A – – haben möchte, um sie aus Liebe im A – l – zu können. Dieser Contrast, diese Hüpfung von einem Gedanken zum andern, dieser Übergang von einer Empfindung zur ganz entgegengesetzten machen den 42jährigen Mann zum leichtsinnigen Buben . . .« So berichtet der auf dem Asperg kasernierte Offizier Lindquist am 20. März 1782 einem Duzfreund, burschikos drastisch, aber eben darum glaubhaft.

Eher etwas beschönigt klingt, was in den Lebenserinnerungen des Mithäftlings und dreizehnfachen Deserteurs Johann Steininger, einer wahren kulturgeschichtlichen Fundgrube, zu lesen ist.* Da heißt es, daß man sich nach den Aufführungen des Soldatentheaters mit Schubart im Schulzimmer traf, »wo er ungestört bis in die späte Nacht hinein mit uns zechen und fröhlich sein durfte. Hier lehrte er uns eine Menge meist lustiger Schelmenlieder . . . Schubart dichtete diese Lieder und componirte auch gleich eine Melodie dazu«. Schade, daß so wenig Identifizierbares davon erhalten geblieben ist; aus dem Augenblick heraus, improvisierend gab Schubart ja meist sein Bestes.

Damals hatte Schubart längst sein bedeutendstes Asperg-Gedicht »niedergezürnt«, wie sein Sohn es treffend formuliert. Ein wahrhaft schicksalhaftes Gedicht. Denn »Die Fürstengruft«,

---

* *Leben und Abenteuer des Johann Steininger* . . . Herausgegeben und eingerichtet von Gustav Diezel, Stuttgart 1841, S. 43 ff.

Die Fürstengruft.

Da liegen sie, die stolzen Fürstentrümmer!
Ehmals die Götzen ihrer Welt!
Da liegen sie, vom fürchterlichen Schimmer
Des blassen Tags erhellt!

Entsetzen packt den Wandrer hier beym Haare,
Geußt Schauer über seine Haut,
Wo Eitelkeit, gelehnt an eine Bahre,
Aus hohlen Augen schaut.

Wie fürchterlich ist hier des Nachhalls Stimme!
Ein Zehentritt stört seine Ruh;
Kein Wetter Gottes spricht mit lauterm Grimme;
O Mensch! wie klein bist du?

Denn ach! hier liegt der edle Fürst, der Gute,
Zum Völkersegen einst gesandt,
Wie der, den Gott zur Nazionen = Ruthe
Im Grimm zusammenband.

An ihren Urnen weinen Marmorgeister,
Doch kalte Thränen nur von Stein;
Und lachend grub vielleicht ein welscher Meister
Sie einst in Marmor ein.

N 4

Da liegen Schädel mit verloschnen Blicken,
Die ehmals hoch herab gedroht —
Der Menschheit Schrecken; denn an ihrem Nicken
Hieng Leben oder Tod.

Nun ist die Hand herabgefault zum Knochen,
Die oft mit kaltem Federzug
Den Weisen, der zu laut am Thron gesprochen,
In harte Fesseln schlug.

Zum morschen Liop' ist nun die Brust geworden,
Einst eingehüllt in Goldgewand,
Daran ein Stern und ein entweihter Orden,
Wie zwey Kometen, stand.

Vertrocknet und verschrumpft sind die Kanäle,
Wo geiles Blut, wie Wasser, floß,
Das schäumend Gift — der Unschuld in die Seele,
Wie in den Körper, goß.

Sprecht höflinge, mit Ehrfurcht auf der Lippe,
Nun Schmeicheley'n ins taube Ohr!
Beräuchert das durchlauchtige Gerippe
Mit Weihrauch, wie zuvor.

Er sieht nicht auf, euch Beyfall zuzulächeln,
Und wiehert keine Zoten mehr;
Damit geschminkte Dirnen ihn befächeln,
Schamlos und geil wie er.

Da

Christian Daniel Friedrich Schubart »Die Fürstengruft«, aus:
Gedichte aus dem Kerker. Wien, Preßburg 1785

dieser wütende Hohn auf die Vergänglichkeit autokratischer Scheinherrlichkeit, passierte auf dunklen Umwegen die Zensur des Kommandanten Rieger, wurde – ohne Wissen und Willen des Verfassers – im Frankfurter »Musenalmanach auf das Jahr 1781« veröffentlicht, erregte gewaltiges Aufsehen und wurde von wachsamen Höflingen auch dem Herzog Karl Eugen vorgelesen: »Dieser Umstand hat, wie ich gewiß weiß, vieles zur Verlängerung seines Arrests beigetragen«, berichtet der Sohn Ludwig. Begreiflich wäre es. Denn weder waren die zweiundzwanzig sprachgewaltigen Strophen (die letzten vier, die den

»bessren Fürsten« Gnade vor dem Ewigen »Sonnenthrone« verheißen, fügte Schubart irgendwann später, verzweifelt auf allerhöchste Milde spekulierend, hinzu) schmeichelhaft für einen Gottesgnadenherrscher, noch zeugten sie vom Erfolg der herzoglichen Gehirnwäsche.

Wie, wann und aus welchem aktuellen Anlaß dieses großartig-pathetische Poem entstand, ist nicht mehr präzis zu entschlüsseln. Höchstwahrscheinlich Ende 1779 oder Anfang 1780, noch ehe Schubart Schreiberlaubnis erhielt; sonst wäre das sicher nicht aus der Luft gegriffene Zeugnis des Sohnes Ludwig nicht verständlich, wonach er das Gedicht »eines Abends einem Fourier (also dem Essenbringer) in die Feder« diktierte. Im Kopf trug es Schubart schon seit den Münchner Monaten. Dort hatte ihn ein Besuch in der Fürstengruft zu Gedanken über die Vergänglichkeit irdischer Herrlichkeit inspiriert, und in den langen, dunklen Hohenasperger Nächten lernte er Verse formen und speichern. Dieses Gedächtnistraining macht glaubhaft, daß der frustrierte, auch noch eines eingeschmuggelten Bleistiftes beraubte Dichter fast zwei Dutzend Strophen vulkanisch herausschleudern konnte.

Über die unmittelbare Motivation kann man nur rätseln. Doch erscheint es angesichts der vielfachen, despotisch launischen Verheißungen und Wortbrüche des Herzogs unwesentlich, daß er eben erst der Helene Schubartin ihres Gatten Freilassung in Aussicht gestellt hatte. Das Ergebnis war jedenfalls weitere Haft, und ein poetisch höchst fruchtbarer Wutausbruch des Enttäuschten. »Facit iracundia versum«, soll Schubart »ausdrücklich«, so schreibt der Sohn Ludwig, kommentiert haben. Der »niedergezürnte« Originaltext ist aufschlußreich genug.

> Da liegen sie, die stolzen Fürstentrümmer,
> Ehmals die Götzen ihrer Welt!
> Da liegen sie, vom fürchterlichen Schimmer
> Des blassen Tags erhellt!

Plastischer, sinnenhafter kann man ein In-Tyrannos-Gedicht kaum einleiten. Es steigert sich zu Vierzeilen-Strophen, in denen

Visionäres und persönlich am eigenen Leibe Erfahrenes sugge-
stiv zusammenfließt:

> Da liegen Schädel mit verloschnen Blicken,
>   Die ehmals hoch herabgedroht,
> Der Menschheit Schrecken! denn an ihrem Nicken
>   Hing Leben oder Tod . . .
>
> Vertrocknet und verschrumpft sind die Kanäle,
>   Drin geiles Blut wie Feuer floß,
> Das schäumend Gift der Unschuld in die Seele,
>   Wie in den Körper goß . . .

Wie hätte sich der Monarch, der sein »geiles Blut« eben erst,
altershalber, gebändigt hatte, nicht gemeint, provoziert fühlen
sollen? Zumal ihm, dem ungenannten Adressaten des Gedichtes,
die tröstlichen Schlußstrophen für »bessre Fürsten« damals noch
vorenthalten blieben, statt dessen aus verlegenem Vorlesermund
eschatologische Rachebilder ins Ohr dröhnten:

> Damit die Quäler nicht zu früh erwachen,
>   Seid menschlicher, erweckt sie nicht.
> Ha! früh genug wird über ihnen krachen
>   Der Donner am Gericht . . .

Schubarts »Fürstengruft« ist wirklich ein Wurf. Das Gedicht plä-
diert für die affektive Wurzel von Lyrik, und es besteht mit
seinem Pathos, das uns heute »schillerisch« anmuten mag, selbst
neben dessen historischem Großmeister. Schiller war um fast
genau zwanzig Jahre jünger als Schubart, sein Gedicht »Die
schlimmen Monarchen« erschien aber fast gleichzeitig, nämlich
in der »Anthologie auf das Jahr 1782«. Ein Bandwurm von acht-
zehn Strophen jugendlich feuriger, von bildungs-mythologi-
schen Phrasen überbordender Herrscherverachtung. Gleichfalls
orientiert am Bilde einer Fürstengruft – der junge Schiller kannte
sicher Schubarts Gedicht:

Traurig funkelt auf dem Totenkasten
Eurer Kronen, der umperlten Lasten,
   Eurer Zepter undankbare Pracht.
Wie so schön man Moder übergoldet!
Doch nur Würmer werden mit dem Leib besoldet,
   Dem – die Welt gewacht.

Umgekehrt mochte sich Schubart eines vor über drei Jahren
erschienen Gedichtes seines Freundes Miller erinnern, das einen
Tyrannen auf dem Totenbett anklagt:

Ihr Blut zu trinken, zogst du die Menschheit aus,
Schufst Tier' aus Menschen, daß sie dir huldigten!
. . .
Von dir vergiftet, schleichen Gerippe dort
Auf allen Straßen, fluchen im Tode dir . . .

Solch aufrührerische, »antiautoritäre« Töne waren der jüngeren
Dichtergeneration, die da stürmte und drängte, nicht fremd, sie
waren geradezu typisch. Der norddeutsche Lyriker Gottfried
August Bürger, ein in Charakter und Wesensart Schubart-Ver-
wandter, begehrte damals in einem harmlos als »Der Bauer«
betitelten Gedicht so gegen seinen »durchlauchtigen Tyrannen«
auf:
Wer bist du, Fürst, daß ohne Scheu
Zerrollen mich dein Wagenrad,
Zerschlagen darf dein Roß? . . .
Ha! du wärst Obrigkeit von Gott?
Gott spendet Segen aus; du raubst!
Du nicht von Gott, Tyrann!

Bürger genoß das relative Glück, eines weniger gewalttätig ein-
kerkernden Fürsten Untertan zu sein, und Schiller befand sich
schon außer der Reichweite Karl Eugens, als seine In-Tyrannos-
Dichtungen erschienen. Zweifellos hat ihn die Kenntnis und
Anschauung von Schubarts persönlichem Schicksal zu dem Entschluß ermutigt, aus dem Herzogtum Württemberg zu flüchten,

die geknebelte Sicherheit eines bestallten Regimentsmedicus mit der unsicheren Freiheit eines Literaten zu vertauschen. Schubarts Sohn Ludwig war Schillers Kamerad auf der Hohen Karlsschule. Im November 1781 besuchte Schiller den bewunderten Häftling auf dem Hohenasperg. Eine weithin beachtete, im 19. Jahrhun-

Der Besuch Schillers bei Schubart auf dem Hohenasperg.
In der Mitte soll der Kommandant Rieger dargestellt sein

dert vaterländisch verklärte Begegnung, im Grunde eine gerissene Inszenierung des mit einem Riecher für Prominenz begabten Rieger. Hier der immer berühmter werdende Häftling, dort das junge Talent – der Kommandant brachte sie wirkungsvoll zusammen, indem er zuerst Schubart die literarische Tagessensation, das bereits im Druck erschienene Drama »Die Räuber« rezensieren ließ (eine Lobeshymne, für Schubarts Spürsinn zeugend!), sodann den jungen Autor, in Begleitung seines Ludwigsburger Freundes, des späteren Medizinalrates Hoven, als Dr. Fischer getarnt vor den Gefangenen brachte. Schubart wurde aufgefordert, seine »Räuber«-Kritik vorzulesen, und als er nachher von Rieger erfuhr, der Autor des Dramas stehe vor ihm, fiel er Schiller um den Hals und küßte ihn mit Tränen in den Augen. Etwas später besuchte der damalige Regimentsarzt Schiller den älteren Dichterkollegen noch einmal auf dem Hohenasperg, und als er dann 1782 auf der Flucht in Enzweihingen Station machte, zog er Gedichthandschriften Schubarts, darunter die »Fürstengruft«, hervor und las sie seinem Reisegefährten Andreas Streicher vor.

Es ist anzunehmen, daß er noch andere Arbeiten Schubarts kannte, auch die Erzählungen, die den »Räuber«-Stoff vorwegnehmen. So viel wurde ja damals nicht publiziert in Schwaben, ein junger Literat wie Schiller war sicher auf alles neugierig. »Schiller hatte für die dichterischen Talente Schubarts sehr viele Hochachtung«, bezeugt Andreas Streicher in seinen Erinnerungen. Daß sich Schiller später fast gar nicht mehr über den einstigen Gesinnungsgenossen äußerte, erscheint nicht ganz so erstaunlich. Je mehr er sich aus der Enge der gemeinsamen Heimat entfernte, je stärker er sich einem neuen ästhetischen Ideal zuwandte, mit dem Drama im Mittelpunkt, desto mehr mußte die alte, verbindende Stürmer- und Drängerspur verblassen. Schubart hingegen blieb seiner Schiller-Bewunderung treu. »Schiller ist ein großer Kerl – ich lieb ihn heiß«, schrieb er im Sommer 1782 an Helene. Ein Gedicht aus jener Zeit, »An Schiller«, feiert in klopstockisch dithyrambischen Rhythmen den poetischen Genius des jungen Kollegen. Ein Jahr später nennt er ihn, wieder in einem Brief an Helene, klipp und klar ein Genie.

Ob sich Schiller später für die Befreiung Schubarts eingesetzt hat, bleibt so ungewiß wie derartige Aktionen Goethes.

Der berühmte Verfasser des »Werther« und des »Götz von Berlichingen«, vom Chronikschreiber Schubart hellsichtig erkannt und gewertet, besuchte 1779 Stuttgart, woran Helene die Hoffnung knüpfte, er werde sich beim Herzog für Schubart verwenden; offenbar eine enttäuschte Hoffnung. Goethe soll auch den Hohenasperg bestiegen haben. Hätte er den Häftling Schubart aufgesucht, würde es dieser zweifellos vermerkt haben, was aber mit keiner Zeile geschah. Viel später, schon kurz vor der Freilassung, spricht Schubart in einem Brief an seinen Berliner Verleger Himburg von »den Verwendungen eines Goethe, Lavater, Campe« und einer »Menge von Gelehrten«. Das bleibt alles vage. Goethe, der zum Klassizisten gewandelte, mochte den ungebärdigen Gesinnungsgenossen der Stürmer- und Drängerzeit nicht mehr. Viel tat er jedenfalls nicht für ihn. Und schon gar nichts Schubarts Abgott Klopstock. Durch die unermüdlich Bettelbriefe schreibende Helene war er zu einer Intervention veranlaßt worden. Aber als ein Brief an den Festungskommandanten Rieger ein zwielichtiges Leumundszeugnis erbrachte, rührte der nordische Tugendbold keinen Finger mehr für seinen begeistertsten, sicher auch effektivsten Propagator in Süddeutschland. Einzig Herder rettete, ganz selbstlos und sachlich für Schubart eintretend, die humanitäre Ehre der damaligen deutschen Dichterprominenz.

Im sechsten Jahr seiner Haft wurde Schubart von seinem ersten Kerkermeister befreit. Den General Rieger traf der Schlag. Wie, ist nicht ganz klar. Angesichts seiner pittoresken Persönlichkeit, die zwischen Herrscherlust und masochistisch gebrochenem Missionarsdrang schwankt, möchte man am liebsten die Version für wahr halten, die da wissen will: Ein auf Riegers Befehl halb totgeprügelter unbotmäßiger Soldat gemeinsten Ranges habe dem Kommandanten, als dieser ihn im Lazarett inspizierte, herausfordernd den nackten Hintern gezeigt und dazu auch noch den schwäbischen Gruß entboten. Wahr oder nicht, solche doppelte Unverschämtheit könnte schon obrigkeitlichen Herzinfarkt anno 1782 glaubhaft machen.

Die fast selbstherrscherliche Autorität des Festungszaren wirkte über dessen Tod hinaus. Literarisch gesehen in einer letzten Dichtergemeinsamkeit von Schubart und Schiller. Beide widmeten dem verblichenen Machthaber von Devotion triefende Nachrufe – man weiß ja nie, mit wem man sich gutstellen muß, wenn man so abhängig ist. Wobei des Karlsschülers Schiller Ode auf Rieger, ein Gedicht auf Bestellung, mit seinen albernen Phrasen noch weiter von der Realität entfernt bleibt als Schubarts ebenso bestellter (nämlich von »sämmtlichen Offizieren seines Bataillons«) sogenannter »Todtengesang«. So grotesk es erscheinen mag, wenn da und gleich noch einmal in der Inschrift zu einem »Monument« das Opfer langjähriger, zeitweise brutaler, immer launischer Gehirnwäsche den verblichenen Schicksalsherrn mit routinierten Reimen und Hallelujas als edlen Vater der Soldaten und gar als »Verehrer jeder Wissenschaft und Kunst« verklärt, man muß alle diese scheinbaren Verrücktheiten historisch zurechtrücken und aus der bedrängten, existenziellen Perspektive des Verseschmiedes betrachten. Erlaubt mußte sein, was den allmächtigen Herren seines Schicksals gefiel, was die Chancen auf Befreiung fördern konnte. Im selben Jahr 1782 produzierte Schubart ja auch seitenlange Huldigungen zum Geburtstag des Herzogs, die dann im Hoftheater rezitiert wurden; wahrhaft »absurdes Theater«, wenn man sich Verse wie diese vor Augen hält:

> Carl, dem Volksbeglücker,
> Der dem Unterdrücker
> Freier Menschen flucht!
> . . . Unser Vater,
> Guter Carl, bist du!

Konnte Schubart denn ahnen, wie sein bestallter Nachfolge-Kerkermeister beschaffen war? Dieser neue Festungskommandant, der General Jakob von Scheeler, erwies sich in den bloßen zwei Jahren seiner Regentschaft als das dezidierte personale Gegenbild zu Rieger. Der sadomasochistische Militär war dahin, ein Musensohn trat seine Nachfolge an. Zum Hoffavoriten des

Herzogs Karl Eugen hatte er sich nicht als Soldat aufgeschwungen, sondern als geschickter Architekt, der die Lustschlösser seines Monarchen plante und sogar eigenhändig mit Ölgemälden verschönte. Als er in der herzoglichen Karriere zum Herrscher auf dem Hohenasperg aufstieg, verband ihn von vornherein Sympathie mit seinem prominentesten Häftling. Er milderte dessen »Festungsfreiheit«, wo er nur konnte, übergab ihm beide Kinder, Sohn und Tochter, zur Musikerziehung; dem Jüngling diktierte Schubart den Essay über die »Ästhetik der Tonkunst« in die Feder.

Der sexuell frustrierte Häftling verschmolz in seiner poetischen Verehrung reizvoller junger Frauen seines gelockerten Verkehrs die schöne Generalstochter mit Idealfiguren. Ob an die leibhaftige Regina und Friederike oder eine verklärte Serafina gerichtet, später dann an eine sicher nicht weniger knusprige Ludovika, die sehr gesittet-erotischen Liebesgedichte sind allesamt ziemlich konventionell, jedenfalls mehr als persönlich-psychologische Zeugnisse beachtlich denn durch poetischen Gehalt.

Doch verdient eines der mehreren Gedichte, mit denen Schubart die damals sechzehnjährige Regina Vossler besang (»Serafina an ihr Klavier«), daß Franz Schubert es vertonte. Es steckt voller rhythmischer Wortmusik, und die ist für diese zärtliche Liebeserklärung an ein Instrument und an ein begehrenswertes Mädchen wichtiger als jeder Inhalt:

> Sanftes Klavier!
> Welche Entzückungen schaffst du mir,
> Goldnes Klavier!
> Wenn mich im Leben
> Sorgen umschweben,
> Töne du mir,
> Trautes Klavier!

Regina, als poetische Serafina angehimmelt, war die Tochter des Hauptmanns Vossler, der bald nach ihrer Geburt auf dem Hohenasperg starb; der General Bilfinger adoptierte sie und erzog sie streng aufklärerisch und musisch. Ihre Freundin wurde die um acht Jahre ältere Militärarzttochter Ludovika Reichenbach. Unter dem Namen Simanowiz – so hieß der mit Schubart befreundete Offizier, den sie später heiratete – wurde sie eine namhafte Zeichnerin; ihr Schiller-Porträt fehlt in keiner Monographie des Dichters. Mit beiden Mädchen verkehrte Schubart musikalisch oder gesellschaftlich im Hause des benevolenten Festungskommandanten, in beide verliebte er sich, wovon viele Gedichte zeugen. Nach Lage der Dinge sicher rein platonisch; da darf man dem pietätvollen Sohn Ludwig schon glauben, wenn er feststellt, daß diese »völlig platonische Liebe . . . bloß ein paar geistige Äste schob«. Solche gebotene keusche Minne muß Schubart, einem Mann im vollen Saft seiner Vierzigerjahre, schwer genug gefallen sein. Ein Geburtstagsgedicht an Regina (»Serafina's Weihgesang«) verrät es noch in der zur Warnung sublimierten Aufforderung: »Fluch' der Wollust, wenn sie dich beschleicht . . .«

» . . . Ach, Weib! – Weib!! – wie ich nach Liebe dürste; so dürstet keiner«, schrieb Schubart damals an seine Frau Helene

»Die Forelle« von Schubart in seiner eigenen Vertonung (unten) und
»Die Forelle« in der Vertonung von Franz Schubert

(19. Januar 1783). Ein Geburtstagsbrief zum vierzigsten, eine
verzweifelte Konfession: »Weib ich bitte Dich; weile bei dem
Worte Weib; – Du weißt, was ich damit verbinde. – Und nun
Freundinn – und nicht mehr Weib – nur Freundinn; Ha, Engel,
Tod liegt in diesem Nahmen.–« Wie frustrierte Sexualität den
Gefangenen damals umtrieb, enthüllt ein weiterer, im folgenden
September an seine Frau geschriebener Brief. Darin gesteht er,
daß er in Regina verliebt, es aber beim Küssen geblieben sei; der
Gedanke quält ihn, daß Helene ihm geschlechtlich untreu wer-
den könnte – aber auch das würde er ihr in seiner unwandelbaren
Liebe verzeihen!

Damals entstand auch das heute noch allbekannte Gedicht
»Die Forelle« – populär freilich nicht dank Schubart, sondern
dank Schuberts doppelter Vertonung, als Klavierlied wie als

Variationssatz eines berühmten Quintetts.* Ursprünglich, nämlich in einer 1783–84 entstandenen Handschriftensammlung
»Sang und Spiel von C. F. D. Schubart«, kam es jedoch mit des
Dichters eigener Melodie und Klavierbegleitung heraus. Es
wurde auch als Gedicht so volkstümlich, daß noch mehrere
andere Komponisten es mit ihren Weisen versahen. Die vierte
Strophe ließ Schubert weg. Warum, weiß man nicht. Weil eine
neuerliche Strophenwiederholung das fein austarierte Dur-Moll-
Gefüge aus dem Gleichgewicht gebracht hätte? Oder vielleicht
doch, weil dem Komponisten die Schlußmoral zu plump
erschien? Diese vierte Strophe lautet bei Schubart so:

> Die ihr am goldenen Quelle
> Der sicheren Jugend weilt,
> Gedenkt an die Forelle;
> Merkt ihr Gefahr so eilt,
> Meist fehlt ihr nur aus Mangel
> Der Klugheit, Mädchen seht
> Verführer mit der Angel,
> Sonst reut es euch zu spät.

Schön oder nicht, solches Moralisieren entsprach ganz Schubarts
damaliger, »umerzogener« Gemütslage. Es war ihm halb auto-
matisch geworden, ähnlich wie seine verschiedenen Huldi-
gungsverse an Mächtige. Immerhin hatte er sich die Mühe
genommen, eine andere ursprüngliche Schlußstrophe auszumerzen und umzudichten:

> So scheust (?) auch manche Schöne
> Im vollen Strom der Zeit
> Und sieht nicht die Sirene
> Die ihr im Wirbel dräut
> Sie folgt dem Drang der Liebe
> Und eh' sie sichs versieht

---

* Noch dreimal vertonte Franz Schubert Gedichte von Schubart: »An den Tod«,
ein Strophenlied mit romantischen chromatischen Rückungen, »An mein Clavier« und »Grablied auf einen Soldaten«.

So wird das Bächlein trübe
Und ihre Unschuld flieht.*

Neben solchen und anderen Liedern heiterer Geselligkeit, wozu
auch das übermütige »Brandteweinlied eines Schusters« gehört,
(»O Fläscherl, hübsch und fein, / Mein Schäzerl sollst du seyn: /
Will dich mit nassen Bliken / Oft an mein Goscherl drüken« . . .)
ensprangen dem seelischen Auf und Nieder der gelockerten Haft
dicht bei Strophen der tiefsten Depression. Blickte Schubart
über die Festungswälle hinaus ins blühende Land (»Die Aussicht«), so wandelte sich die sinnliche Erquickung

> Schön ist's, von des Thränenberges Höhen
> Gott auf seiner Erde wandeln sehen,
>   Wo sein Odem die Geschöpfe küßt . . .

in der fünften, der Schlußstrophe dieses existenziell erlebten
Gedichtes in verzweifelte Todessehnsucht, in eine geahnte Nähe
der »Winterreise« Schuberts mit dem unheimlich einladenden
Wirtshaus:

> Doch herab von meinem Thränenberge
> Seh' ich dort den Moderplatz der Särge;
>   Hinter einer Kirche streckt' er sich
> Grüner als die andern Plätze alle:
> Ach! herab von meinem hohen Walle
>   Seh' ich keinen schönern Platz für mich!

Oder, wenn Schubart angesichts eines schönen »breitwipflich-
ten« Baumes (»Die Linde«) die Trostlosigkeit seines Schicksals
doppelt empfindet und aller ihm so leicht in die Feder fließender
Reimmusik entsagt:

---

* Ernst Holzer, *Schubart als Musiker*, Stuttgart 1905 S. 102. Der Verfasser, der
das unverständliche »scheust« der ersten Zeile nicht in Frage stellt – vielleicht ist
»schleust« gemeint – gibt gute Gründe dafür an, daß dieses berühmte Schubart-
Gedicht 1782, und nicht, wie meist geschrieben wird, 1783 entstand. Siegfried
Nestriepke, *Schubart als Dichter*, Pössneck 1910, bestätigt das.

Meine Phantasie, der Riese,
Zuckt ausgestreckt, wie ein Geripp'
Im Staube. Mein Witz, die Rose,
Liegt entblättert, zerknickt . . .

Solcher Stimmung entsprang auch ein Dokument tiefster Verzweiflung, der sehr lange, in Tagesetappen geschriebene Brief
vom 8. September an Frau Helene: »Weib, meine Briefe lauten
wie Brief' aus der Hölle. Kettengerassel, Sklavengewinsel, Seufzer der unterdrückten Menschheit, Flüche und Jammergeheul
aus Kerkerklüften, bleiche Gespenstergestalten, gähnende
Langeweile, gelber Hunger, geschwollne Verzweiflung, nieder-
gewürgte Menschenseelen, zukendes Elend im Staube – und was
noch schwarze Fantasie ersinnen kann – formiren die holdselige
Gruppe, die ich täglich vor mir sehe. – Feuer der Hölle kenn' ich
auch, denn das lodert fast täglich in mir. – Ich hätte grosen Lust
Briefe aus der Hölle zu schreiben; denn die würden mir meister-
haft gelingen.«

Damals entstand auch das Gedicht »Der Bettelsoldat«, das,
mit Schubarts Melodie und mit anderen, bis hoch ins 19. Jahrhundert hinein als wahres Volkslied lebte. Es ist das düstere
Gegenstück zu dem – gleichfalls volksliedhaft gewordenen –
kumpelhaft-fröhlichen »Soldatenlied«, das in den Memoiren des
Mithäftlings Steininger als Nr. 4 enthalten ist. Da wird der Sol-
datenstand als »wunderbares Glück« verklärt, freilich mit einer
zwielichtigen Schlußstrophe:

Drum, Brüder, habt Geduld,
Wer weiß, haben wir's verschuld't,
Daß wir so leiden müssen
Und täglich müssen büßen
In diesem Vogelhaus,
O Carle! hilf uns 'naus!

Aber der angerufene Carl dachte gar nicht daran; er half dem
gefangenen Dichter so wenig wie den gefangenen Soldaten, die,
wenn sie sich verzweifelt der Zuchtrute ihrer Dressur durch

Flucht zu entziehen suchten, in die grauenvolle Tortur des Spieß-
rutenlaufes gerieten, wobei die Kameraden gezwungen wurden,
unerbittlich in das nackte, blutende Rückenfleisch des Delin-
quenten einzudreschen – jener berichtende Deserteur Steininger
erlebte, und überlebte (was nicht allen gelang), die bestialische
Strafe auf dem Hof des Hohenaspergs. Ob Schubart Augen-
zeuge dieser Exekution seines Zechgenossen war, wissen wir
nicht. Jedenfalls bewegte ihn das Mitleid mit dem kleinen Mann
in Uniform, dem nächst dem Bauern Allerniedrigsten im Staat,
zu den volkstümlich-suggestiven Strophen des »Bettelsoldaten«.

> Mit jammervollem Blicke
> Von tausend Sorgen schwer,
> Hink' ich an meiner Krücke
> In weiter Welt umher.

So beklagt der Anfang das Los der vielen Invaliden, das demü-
tige Bettelei hieß. Die Schlußstrophen schwingen sich zu einer
Empörung auf, die heute als Kriegsdienstverweigerung legalisiert ist, damals jedoch an blanken Hochverrat grenzte:

> Ihr Söhne, bei der Krücke,
> An der mein Leib sich beugt,
> Bei diesem Thränenblicke,
> Der sich zum Grabe neigt,
> Beschwör' ich euch – ihr Söhne!
> O flieht der Trommel Ton
> Und Kriegstrommetentöne!
> Sonst kriegt ihr meinen Lohn.

General Scheeler ermöglichte dem von ihm sehr geschätzten
Gefangenen so viel geistige Betätigung als nur anging. Schubart
dichtete, komponierte, unterrichtete im Klavierspiel, und wenn
auch das von Rieger zugelassene Theater nicht wieder eingerichtet wurde, Schulmeister und Provisoren aus der Umgebung
erhielten die Erlaubnis, auf die Festung zu kommen und Unterricht im Orgelspiel und Generalbaß bei Schubart zu nehmen. In

Musiktheorie mag er selber ein begabter Dilettant gewesen sein. Als Klavierspieler sicher nicht. Sonst hätte sich der berühmte Abbé Vogler bei seinem überraschenden Besuch auf dem Hohenasperg nicht so begeistert über Schubart geäußert. Georg Joseph Vogler, um zehn Jahre jünger als Schubart, war ein genialisch-kauziger Mann, der seine Schüler – Weber und Meyerbeer darunter – in einem neuartigen Tonsystem unterwies und mit seinen musikalischen Schlachten- und Seesturmgemälden ein früher Prophet der Programm-Musik und mit seiner Palestrina-Bewunderung ein Pionier der Kirchenmusik-Erneuerung wurde. Als er Anfang der achtziger Jahre eine musikalische Europareise unternahm, galt er vor allem als brillanter Klavier- und Orgelvirtuose. Schubarts Phantasien am Klavier sollen ihn schier entmutigt haben, selber aufzuspielen, aber schließlich umarmten sich die beiden Wetteiferer in einträchtiger, gegenseitiger Bewunderung.

Unter solchen, relativ angenehmen Umständen erscheint es begreiflich, wenn der ohnehin entschlußschwache Schubart Fluchtmöglichkeiten verwarf. Schon zu Riegers Zeiten »erbot sich ein Fremder, ihn in seinem Wagen mitzunehmen, und denselben Abend noch nach Heilbronn zu bringen, wo ihn die Preußen sogleich in Schutz genommen hätten«, berichtet der Sohn Ludwig. Schubart wagte das nicht, und ebensowenig unter dem gemilderten Regime des Generals Scheeler, »als ein auswärtiger Freund, welcher sah, daß alle Verwendungen beim Herzog fruchtlos blieben, für ihn einen sehr sichern und mit Vorsicht berechneten Entführungsplan entwarf«. Ob Schubart auf den gütigen Kommandanten Rücksicht nahm, ob er schon so gebrochen war, daß ihm vor neuem Fluchtleben graute, am 13. Januar 1784 schrieb er seiner Frau (und man muß sich wundern, wie leicht die Zensur zu umgehen war): »Soll ich die Flucht suchen? Wer steht mir aber bei?«, und tat – nichts.

Wenige Monate später beklagte er aufrichtig den plötzlichen Tod des Generals von Scheeler: »Ich flog zu seiner Leiche und beträufte sie mit ganzen Thränenströmen. Gott wird's ihm lohnen, was er mir gutes that.« Bald darauf trat der Nachfolger General Johann Andreas von Hügel sein Kommando an, und der tat womöglich noch besseres an Schubart, jedenfalls dauerhafte-res: Er blieb über drei Jahre dessen milder Bewacher. Der Häft-ling begrüßte ihn mit einem devoten Glückwunschgedicht, wofür er zwei Pfund Tabak erhielt, und einen Monat später erfuhr Frau Helene: »Mein General ist ein trefflicher Mann, voll Ordnung und Wahrheit; seine Gemahlin eine der ersten Haus-frauen der Welt und eine erleuchtete Christinn. Die älteste Fräulen ist ein Engel und die übrigen Kinder sind alle gutartig. Man ehrt und schäzt mich im Hause ungemein. Ich gebe Lektion – und dieß mit Freuden, ohne Lohn und Dank zu erwarten«. So weit, so gut; zwar nützte man den gefangenen Hauslehrer in den fol-genden Jahren ganz schön aus, doch erging es ihm, den Umstän-den entsprechend, nicht schlecht dabei. Der Brief fährt unmittel-bar fort: »Wenn ich nicht der Schubart wäre; so könt' ich würk-lich nichts klagen. Aber einem Menschen von meinem Schlage die heilige Freyheit nehmen, heißt ihm das Leben nehmen. – Schimmlicht Brod draußen in der Freiheit am Zaun gefressen, mit dem Weibe meines Herzens im Arm, ist mir lieber als meine Leckerbissen hier, womit ich mein Freiheitsgefühl betäuben soll. «

Die Leckerbissen waren freilich nicht zu verachten, wenn man die tägliche Bouteille Wein einbezieht, die General Hügel ihm gewährte. Zeiten der Depression kamen immer wieder. Herzan-fälle drückten ihn nieder, ein seelischer Tiefpunkt scheint im Januar 1785 erreicht worden zu sein; da klagte er seiner Frau nicht nur, daß der Herzog auf der Festung gewesen und das »schöne Hügelsche Regiment« zertrümmert, ihn dadurch vieler Freunde beraubt habe (Schubart nennt einen Leutnant Scharfen-stein, einen Leutnant Massenbach und einen Major von Waldes-kirchen). Er wütet auch gegen Karl Eugen: »... der Herzog ist ein Satan gegen mich. Zween Mördern erlaubte er ihre Weiber zu sprechen, wie sie wollten – und mir – gewiß einem innigen Freunde der Menschen, der 8 Jahr in unverschuldeter Gefangen-schaft seufzt – mir, mir versagt er den Trost, das Weib seines Herzens, die Kinder seines Bluts zu küssen.« Aber fünf Zeilen später rafft sich der Briefschreiber, in einer verqueren Psycholo-gik von Vernunft und Büßertum, zu dieser Mahnung auf:

»Inzwischen bist du und unsere Kinder dem Herzog großen Dank schuldig, denn er ist euer Ernährer. Betet für ihn und vergeßts, daß er mich am langsamen Kerkerfeuer röstet.«

Die bei Klavierstunden und geselligem Verkehr in des Generals Wohnung geduldete Verehrung des »ältsten Fräulen« mag Schubart platonisch-erotisch getröstet haben. Friederike war wohl die Adressatin des Gedichtes »An Fr.«, dessen – bei Schubarts sprudelnder Reimfreudigkeit sparsame – vier Strophen nach dem Urteil von D. F. Strauß auch Goethe in Sesenheim gedichtet haben könnte.

Das ist nur sehr benevolenter Schubart-Verehrung nachvollziehbar, aber die letzte Strophe bezeugt zumindest die Kraft poetischer Wunschtraumerfüllung:

> Ha, ich les' in deinen Zügen,
> Daß dein Herz gewonnen ist.
> Unaussprechliches Vergnügen,
> Da du nun die Meine bist! . . .

Andere Gedichte aus jenen hin und her gerissenen Monaten erscheinen gewichtiger. So das gedankenreiche, klopstockisch-ungereimte Fragment »Der ewige Jude«, aber auch die kleinen volkstümlich formulierten Gedichte, die bescheidene Freuden von Schulmeistern und Bauernsöhnen in höchst sangbare Verse gießen. Auch wenn die achtundzwanzigstrophige Marathonromanze »Fluch des Vatermörders« nach der Veröffentlichung sicher mehr Furore machte – solche aufregenden Storys, so lächerlich sie zweihundert Jahre später anmuten mögen, ersetzten eben damals Illustrierte, Film und Fernsehen in einem. Im »Fluch des Vatermörders« ist vieles Bürgers damals schon berühmter Ballade »Lenore« plump nachempfunden. Zum Balladen-Dichter war Schubart nicht geboren, dazu mangelte es ihm an der Fähigkeit zu planender Architektonik. Aus seinen der Zeitmode huldigenden gereimten balladesken Bandwürmern ragt allenfalls »Der kalte Michel« hervor, weil hier der Dichter seinen allzeit sprungbereiten Witz entfalten kann. Ein deutscher Junker in Paris erfährt von seinem herbeigeeilten Knecht auf die

Frage »Was Neu's?« sozusagen scheibchenweise, von einem verreckten Raben bis zum Tod der Eltern beim Brand des Schlosses, die katastrophale Wahrheit dessen, was inzwischen in der Heimat passiert ist. Es gibt einen berühmten jüdischen Witz mit derselben Pointe – ein Witz in siebzehn gereimten Strophen ist im Grunde auch Schubarts Gedicht.

Dem psychischen Tiefstand zu Anfang 1785 folgte noch im selben Jahr ein doppelter Umschwung, für den Schriftsteller wie für den sexuell so lang ausgehungerten Mann Schubart. Seine nun schon ins neunte Jahr reichende Gefangenschaft war ein deutsches Ärgernis geworden, selbst für die Standesgenossen des Herzogs von Württemberg. General von Hügel und seine Frau, beide Schubart wohlgesonnen, verkehrten regelmäßig bei Hofe, sie legten, wo sie nur konnten, ein gutes Wort für ihn ein. Auch gekrönte Häupter von Süddeutschland bis Berlin taten das. Ein Druck, dem Karl Eugen nicht völlig stur widerstehen konnte. Daß er auch nach der Abschaffung des Opern- und Mätressenluxus dauernd in Geldnöten war, kam Schubart zugute.

1785 hatte ein Ulmer Buchhändler die in Abschriften verbreiteten, den Ruf des Märtyrer-Dichters nährenden Gedichte von Zürich aus in einer schlampig redigierten Ausgabe publiziert. Schubarts Bitte, diesem Raubdruck mit einer autorisierten Edition entgegenzuwirken, stieß auf Gegenliebe beim Intendanten der Hohen Karls-Schule, Oberst C. D. von Seeger, dem auch die Druckerei der Akademie unterstand. Damit ließ sich die notleidende herzogliche Kasse auffüllen, und dieses Argument war entscheidend. Karl Eugen gab sein Placet und machte ein gutes Geschäft dabei: Die erste Gedichtsammlung (ein Jahr später folgte der zweite Band) erbrachte seiner Druckerei 2000 Gulden, der Autor hatte sich mit bloßen 1000 zu begnügen. Alles stand ja in des Gottesgnadenherrschers Gnade, und die blieb launisch und bemessen: Der schändliche Editionsort, der Hohenasperg, durfte nicht genannt werden, und auf Schubarts schlaues Argument, er müsse bei der Verlagsarbeit in Stuttgart dabei sein, ging der Herzog überhaupt nicht ein.

Doch gestattete er, daß Schubart endlich Frau und Kinder

wiedersah – zum erstenmal seit achteinhalb Jahren ununterbrochener Trennung! Am 4. Juli 1785 durften Helene, Ludwig und Julie den Häftling auf dem Hohenasperg besuchen. Sie berichtete in einem Brief (wahrscheinlich an Böckh) darüber: »Er, ich und meine Kinder drängten uns zusammen und erstikten fast vor Liebe und Schmerz; unsere Thränen floßen zusammen wie ein Bach ... Wir hatten die Erlaubniß, etliche Tage zu bleiben, und waren 6 Tage lang himmlisch vergnügt zusammen ... Was mich am meisten an ihn zieht, ist sein gutes Herz, das ganz Liebe gegen Gott, und auch ganz Liebe gegen die Menschen ist ...« Schubart wühlten die kurzen sechs Tage und Nächte völlig auf: »O du ... Sint der Stunde deines Abschieds bin ich nur Halbmensch – und vegetire nur ... Meine Liebe ist seitdem ein Sturm; möcht Bäume auswurzeln, Hügel wegblasen und hinstürmen zu dir – du Erste!! – Aber nun ists wieder wüst und leer um mich – ein Chaos voll Nacht und ohne Liebe ... Meine Nerven dröhnen noch vom Fußtritte eurer Liebe. Thränengüsse entstürzen mir noch täglich ...« Das bald darauf verfertigte Gedicht »Der glückliche Ehemann« schwelgt in sechzehn Strophen biedermeirisch-platten Behagens mit dem »Herzensweiblein«. Doch darf man sich nicht täuschen lassen: Immer steckt mehr Schubart-Wahrheit in den spontanen Briefen als in den meisten, oft nur mit leichtem Reimhandgelenk gedrechselten Gedichten.

Warum der Herzog, der nichts dagegen hatte, wenn inhaftierte Kriminelle in Ketten auf dem Hohenasperg von Weibern dann und wann besucht würden und mit ihnen irgendwo verschwinden durften, der auch duldete, daß sein angemaßtes Bekehrungsexperiment mit Schubart durch Komödien, Schnaps und Wein beeinträchtigt wurde – warum der Monarch so unmenschlich hartnäckig jedes Wiedersehen der Ehegatten verbot, bleibt am Ende doch unbegreiflich. Schon der General Scheeler hatte sich dafür eingesetzt; er erhielt den trockenen Bescheid vom Herzog, er »finde es nicht für gut, Schubarts Angehörige mit ihm sprechen zu lassen«. Basta. David Friedrich Strauß kommentiert solche kaltschnäuzige Willkür mit Worten liberaler Empörung: »Hier stoßen wir auf den nackten, kahlen

Steinboden des Despotismus, der im Versagen sich das Gefühl der Machtvollkommenheit giebt, der in unendlicher Rache für die mindeste Verletzung den unendlichen Wert der allerhöchsten Person zu bethätigen glaubt. «

Das klingt prächtig – aber genügt das Rachemotiv? Dafür war ein ungebärdiger Schreiberling in den Augen des absoluten Monarchen doch wohl ein zu kleiner Mann. So einen mit jahrelangem sexuellem Entzug bestrafen? Das lag dem Libertin Karl Eugen eher fern: Was immer er war, ein Puritaner gewiß nicht. Da hätte man schon näher zu Franziska. Die einstige Ehebrecherin war endlich Herzogin (und pietistischer denn je) geworden, jedenfalls war sie eine Frau geblieben. Sie hatte, warum immer, etwas gegen den frechen Dichter-Musiker und Zeitungsschreiber, auch wenn (oder gerade: weil) er sie einst am Pianoforte verehrt hatte. Sie rührte nicht den Finger für seine Freilassung. Schon 1783, als sie mit dem Herzog wieder einmal den Hohenasperg besuchte, schrieb Schubart seiner Frau von erneut vereitelter Hoffnung; denn der Regent »ertheilte vielen Gnade. Nur an mich dachte er nicht. Die Gräfin hat von mir auf eine Art gesprochen, daß ich wohl sehe, wie allmählich auch der letzte blasse Strahl von Hoffnung für mich wegschwindet«. Daß Franziska schlecht über ihn sprach, erfuhr Schubart wohl über die Familie des Kommandanten. Liegt dann nicht die Vermutung nahe, die einflußreiche Fürstengattin habe, auf fremde Rechnung eigene Verfehlungen büßend, bei dem unmenschlich-dauerhaften Sexualfrust Schubarts stärker die Hände im Spiel gehabt als ihr despotischer, hier weniger interessierter Gatte?

Das aufwühlende Erlebnis der sechs Tage mit Helene und den Kindern, das ihn zunächst krank machte durch neu enttäuschte Hoffnungen auf Freilassung, wurde allmählich in den Alltag emsiger literarischer Tätigkeit übergeleitet. Die Stuttgarter Edition seiner Gedichte beschäftigte Schubart ausgiebig. 1786 veranlaßte der Vorschlag des Obersten von Seeger, den Gefangenen nach seiner Entlassung zum herzoglichen Musikmeister und Theaterdichter zu machen, eine neue Sammlung, »Musikalische Rhapsodien« betitelt. Drei Hefte, mit eigenen Liedern und Bearbeitungen, sind erhalten; Ludwig Schubart spricht von vieren, aber auch davon, daß die Publikation, da sie nicht genug Erfolg fand, »sich nach einigen Jahren im Sande« verlor. Jedem der Hefte gab Schubart einführende Artikel bei: über den Zustand der damaligen Musik, eine »Schwärmerische Einleitung: an Vogler«, Klavierrezepte.

Für Schubarts Lebensschicksal entscheidend wurden zwei Gedichte, mit denen er seine lebenslange Verehrung des Preußenkönigs Friedrich II. krönte. Mit dem ersten, dem Hymnus »Friedrich der Große«, trat er in lukrative Verbindung zu dem Berliner Buchhändler und Verleger Himburg, der mit der Drucklegung und Verbreitung dieses und des wenige Monate später folgenden Gedichtes »Friedrichs Tod« Furore machte; »er mußte damals Wache gebrauchen, um das Volk von einem Sturme seines Hauses abzuhalten«.

Welch unerhörter Widerhall eines fernen, ohnmächtigen Festungshäftlings! König Friedrich II. starb im August 1786. In seinen letzten Krankheitsjahren war der störrische Alte in Sanssouci unpopulär geworden, eine entrückte Legende seines Ruhmes. Der Tod rief nun die alte Glorie ins Bewußtsein zurück. Wer dazu beitrug, hatte bei den Preußen einen Stein im Brett, und Schubart tat dies gleich doppelt. Beide Gedichte, in freien, ungereimten Rhythmen Klopstockscher Manier, mögen heute mit ihrem bilderreichen Gefühlspathos unzugänglich erscheinen, aber damals zündete ihr patriotisches Pathos im fernen Norden. Und da Schubart (so naiv war er gar nicht) sogleich ein wohlgereimtes Devotionalgedicht zur Thronbesteigung des Nachfolgers Friedrich Wilhelm II. nachschickte (Schlußvers: »Aber Wilhelm – zittre nicht«, was man ja dem Erben eines Friedrich-Giganten nachfühlen könnte), so fand der süddeutsche Dichter im Norden viele Sympathisanten. Wie sich zeigte, höchst einflußreiche.

Ein anderes, lokalbezogeneres Gedicht, trug zu seiner Popularität im Lande bei. Das war das 1786 von Schubart auf dem Hohenasperg gedichtete und mit eigener, sofort als hinreißend angenommener Melodie veröffentlichte »Kaplied«. Seinen Anlaß erlebte er selber mit. Im Herbst begann, nachdem Karl Eugen einen Vertrag mit der Holländisch-Ostindischen Kompa-

Noten und Text des »Ersten Caplieds« vom Februar 1787

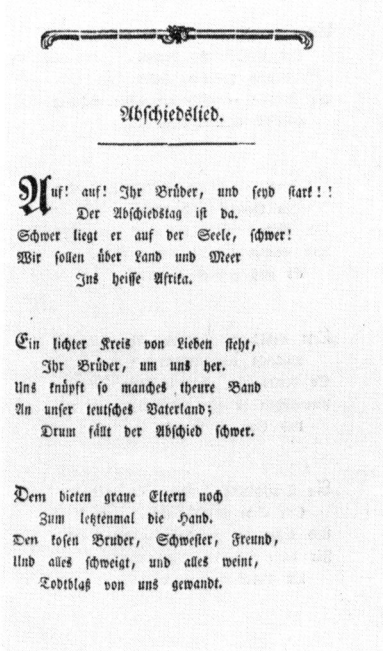

Abſchiedslied.

Auf! auf! Ihr Brüder, und ſeyd ſtark!!
    Der Abſchiedstag iſt da.
Schwer liegt er auf der Seele, ſchwer!
Wir ſollen über Land und Meer
    Ins heiſſe Afrika.

Ein lichter Kreis von Lieben ſteht,
    Ihr Brüder, um uns her.
Uns knüpft ſo manches theure Band
An unſer teutſches Vaterland;
    Drum fällt der Abſchied ſchwer.

Dem bieten graue Eltern noch
    Zum letztenmal die Hand.
Den toſen Bruder, Schweſter, Freund,
Und alles ſchweigt, und alles weint,
    Todtblaß von uns gewandt.

nie geschlossen hatte, die Werbung für ein vom württembergischen Herzog zu lieferndes, für Kolonialkämpfe bestimmtes Regiment. Ein ausgesprochener Menschenhandel. Jeder Soldat bekam im Durchschnitt 9 Gulden monatlich und erkaufte eine hoffnungslose Zukunft, der Herzog machte ein völlig risikofreies Riesengeschäft: Seine permanent schwindsüchtige Staatskasse füllte sich um 160 Gulden je Mann auf. 300 000 Gulden bekam er sofort, 72 000 für den Transport nach Holland und 65 000 für jeden folgenden Nachschub, insgesamt 700 000 Gulden.

Die Schamlosigkeit dieses Geschäftes mit Landeskindern wurde damals allenfalls von aufrührerischen jungen Dichtern – Schiller, Kabale und Liebe! – so empfunden, kaum jedoch allgemein. Viele deutsche Fürsten betrieben ja solchen Menschenhandel, das Volk vermochte nichts zu tun dagegen. Die Fürsten von Braunschweig, Ansbach, Waldeck, Anhalt-Zerbst, Hessen-Hanau und Hessen-Kassel verkauften zusammen nicht weniger als 29 166 gewaltsam eingezogene Untertanen als Kanonenfutter an England für dessen Krieg gegen die amerikanischen »Kolonisten«; fast 12 000 von ihnen gingen zugrunde. Am schamlosesten trieb es der Landgraf von Hessen-Kassel. Er, der schon vorher Bauernsöhne bald an England, bald an Maria Theresia verschachert hatte, war nun mit nicht weniger als 16 000 hessischen Zwangssoldaten am Unabhängigkeitskrieg in Amerika beteiligt, wofür er über 24 Millionen Mark kassierte – zum Unterhalt seiner Mätressen und seines Hofprunks.*
Karl Eugen befand sich also nicht ganz allein in schlechter Gesellschaft. Er konnte dazu nicht nur das zynisch-sentimentale Argument ins Treffen führen, daß mehrere seiner »natürlichen« (also praktisch durch erpresserische Gewalt gezeugten) Söhne unter den Kap-Soldaten waren, sondern auch die Freiwilligkeit der Verpflichtung. Aber was bedeutete freiwillig? Bei dem damaligen patriarchalischen System hatte ein schwarzes Schaf in der Familie oder der siebente und achte Bauernsohn, der sonst

---

* Karl Biedermann, *Deutschlands politische, materielle und sociale Zustände im Achtzehnten Jahrhundert*, Leipzig 1880, S. 201 ff.

nur ein unnützer Esser auf dem Hof war, gar keine Wahl, wenn sie der Vater gegen ein paar Gulden zu den Soldaten abschob; die herrschende Armut im Lande wirkte nach altbewährter Praxis sicher auch den gerissenen, mit Alkohol und erzwungenen Unterschriften arbeitenden Werbern des Herzogs in die Hände. 1982 Mann wurden so rekrutiert, mit den Nachschüben insgesamt etwa 3200. Nur 100 sahen, nach Jahrzehnten, die Heimat wieder. 200 versuchten schon auf dem Weg nach Amsterdam zu desertieren. Hunderte gingen auf der Seefahrt nach der Kapkolonie zugrunde, der Rest in den Kämpfen in Afrika und später in Indonesien.

Schubarts »Kaplied« ist ganz und gar kein flammender Protest gegen diesen fürchterlichen Menschenhandel. Dazu war ihm auf dem Hohenasperg, nach der verhängnisvollen Wirkung der »Fürstengruft«, aller Schneid ausgetrieben worden. Mitleid führte seine Feder. Er wußte wohl, daß die Kap-Soldaten Todeskandidaten waren. Als das Regiment im Februar 1787 vom Stuttgarter Schloß aus verabschiedet wurde, schrieb er seinem Berliner Verleger Himburg: »Der Abzug wird einem Leichenconducte gleichen, denn Eltern, Ehemänner, Liebhaber, Geschwister, Freunde, verlieren ihre Söhne, Weiber, Liebchen, Brüder, Freunde – wahrscheinlich auf immer. Ich hab' ein paar Klaglieder auf diese Gelegenheit verfertigt, um Trost und Muth in manches zagende Herz auszugiesen.« Das zweite Kaplied, »Für den Trupp« betitelt, ist nur eine matte, mit seinem optimistischen Phrasen (»Gibt's dorten nicht Wildpret, nicht Fische, nicht Wein?... Dort Mädels hübsch schwärzlich, hübsch weißlich und braun...«) schönfärberisch anmutende Variante des ersten Kapliedes. Dessen zwölf Strophen enthalten ebenfalls eine Menge in Patriotismus verkleideten Trost (»Wir leben drauf in fernem Land / Als Deutsche brav und gut...«), und eine Strophe wie die folgende:

> Und wenn Soldat und Offizier
> Gesund ans Ufer springt,
> Dann jubeln wir, ihr Brüder, ha!
> Nun sind wir ja in Afrika.
> Und alles dankt und singt

wirkt heutzutage eher zynisch als tröstlich. Heutzutage; die Zeitgenossen des Dichters empfanden es anders. Sie verstanden zwischen den Zeilen zu lesen, sie erfühlten die echten, die Herztöne des Mitleids, sie sangen die Schubart-Melodie zu Tausenden nach. Diese Melodie, die in ihrem zündenden Schwung vom alten Dichter Friedrich Mathisson schier mit der Marseillaise verglichen wurde (mit der, wie auch übrigens mit der um ein rundes Jahrhundert jüngeren »Internationale«, komponiert von P. De Geyter, das Kaplied die Schneid und Kühnheit ausdrückende Quart des Beginns gemeinsam hat):

Auf, auf! Ihr Brü — der und seid stark, der Ab-schieds-tag ist da.

> Schwer liegt er auf der Seele, schwer!
> Wir sollen über Land und Meer
> Ins heiße Afrika.

Die poetischen Qualitäten dieses nächst der »Fürstengruft« berühmtesten Schubart-Gedichtes mögen uns heute mäßig erscheinen. Dazumal machte es jedoch ihr innerer Gehalt, dazu der sich gegenseitig steigernde Zusammenklang von Wort- und Ton-Musik, zu einem ausgesprochenen Volkslied, was die Verbreitung durch Abschriften, auf Märkten verkauft, und durch lebendige »Zersingung« über Generationen hinweg betrifft. Bis an den Hof des Kaisers von China gelangte es durch eine Gesandtschaft der Holländisch-Indischen Kompanie, der Melodie wurden neue Texte von Schenkendorf, Theodor Körner und Carl Holtei unterlegt. Jahrzehnte nach Schubarts Tod nahm Clemens von Brentano das »Kaplied« in »Des Knaben Wunderhorn« auf, und schon 1805 schrieb er dem Komponisten Johann Friedrich Reichhardt, er habe den »Sinn des Volksliedes« zum erstenmal vernommen, als er in warmer Sommernacht Hofgesinde und Dorfleute singen hörte: »Auf, auf! ihr Brüder . . .« Kann man, welche Theorien moderne Fachgelehrte immer vertreten mögen, den Begriff des Volksliedes romantischer fassen?

Volkslied – das Wort nennt nicht nur den lebenskräftigsten, relativ vollkommensten Beitrag Schubarts zur Kunst seiner Zeit, es zielt auch ins Herz, in die innerste Eigenart seiner Begabung. Man darf den Begriff des Volksliedes dabei nicht mit der wissenschaftlichen Pedanterie unserer Spätzeit betrachten (was ist ein »echtes« Volkslied? Was ein bloß volkstümliches?). Damals, Herder hatte das Wort gerade erst eingeführt, wirklich erfunden – ähnlich etwa wie Goethe später das Wort Weltliteratur erfand –, erfreute man sich herzlich an den in ihrem Wert wiederentdeckten naiven Liedern der Bauern und Handwerker. Lieder »im Volkston« zu dichten und zu vertonen galt jetzt (während der Aufklärer-Papst Nicolai noch die Nase rümpfte über dumme Pöbel- und Schusterpoesie) rings in Deutschland, von der Berliner bis zur schwäbischen Liederschule, als höchst erstrebenswert.

Wobei man sich Lieder gar nicht anders vorstellen konnte als gesungen. Herder drückte es in der Vorrede zum 2. Teil seiner »Volkslieder« drastisch aus: »Hinweg Gesang« bedeute »Hinweg Lied«. Für die verehrten Alten, die Ur-Barden von Homer bis Ossian, galt ohnehin als selbstverständlich, daß alle Poesie gesungen wurde. Glücklich, wer die Gabe hatte, auch jetzt noch, im französisch-zivilisatorisch überfremdeten Nach-Rokoko, Lieder im Volkston zugleich in Versen und Tönen zu schaffen!

Schubart war diese Gabe reich zuteil geworden, und aus der sich mitteilenden Einheit von Wort und Melodie erklärt sich, warum viele seiner selbstvertonten Lieder so populär wurden. Er war eine der frühesten und zugleich stärksten Doppelbegabungen unter den deutschen Künstlern. Bedenkt man, daß er sich, in Ludwigsburg, auch lernend und zeichnend mit bildender Kunst beschäftigt hatte, und daß er dazu noch das damals erst rudimentäre Handwerk des Journalismus genialisch weiterentwickelte, oft mit der Poesie verschmolz, so hat man es gar mit einer ungewöhnlichen Vielfach-Begabung zu tun.

In der nächsten Generation wäre zumindest die Doppelbetätigung in den Künsten nichts Besonderes mehr gewesen. Goethe schon lernte frühzeitig zeichnen und produzierte in seinem langen Leben mehr als 2000 Zeichnungen, selbst in schwierigen,

professionellen Techniken; auch hatte der Augenmensch ein auf-
nahmefähiges, wenn auch konservatives Ohr für die Musik und
schrieb nicht weniger als sechs Singspiel-Libretti. Aber der
Ästhetiker Goethe wußte die Grenzen zwischen den Künsten
rangordnend zu ziehen, so wie vor ihm Lessing in seinem »Laokoon«-Essay die zwischen Poesie und bildender Kunst streng
abgesteckt hatte.

Erst die Romantiker suchten die Symbiose. »Was streb’ ich
Törichter, die Worte zu Tönen zu zerschmelzen? . . . Kommt,
ihr Töne, zieht daher und errettet mich aus diesem schmerzli-
chen Streben nach Worten« – so verzehrte sich Heinrich Wilhelm
Wackenroder, der jung verstorbene Tieck-Freund, sentimental
nach einer idealischen Wort-Ton-Hochzeit. Eine frühe Chiffre
für die erzromantische Sehnsucht nach einem utopischen
»Gesamtkunstwerk«, das erst der Spätromantiker Wagner in seiner theatralischen Utopie verwirklichte.

Aber vor ihm schon war die Sehnsucht nach einer sich stei-
gernden Verschwisterung der Künste auch außerhalb des Theaters so lebendig, daß musische Doppelbetätigung in der ersten
und zweiten Romantiker-Generation fast selbstverständlich
wurde. Die großen Maler Philipp Otto Runge und, was weniger
bekannt ist, Caspar David Friedrich dichteten (so wie auch
wenig geläufig ist, daß Schiller in seiner Dresdner Zeit ein tüchtiger Karikaturist war). Jean Paul spielte Klavier, aber bei weitem nicht so professionell wie E. T. A. Hoffmann, der mit
seinem Vielfachkönnen – Dichter, Komponist, Kapellmeister
und witziger Zeichner – als Romantiker par excellence erscheint.
Auch seine Zeitgenossen konnten vieles zugleich. Clemens
Brentano zeichnete, seine Schwester Bettina war musikalisch
gut ausgebildet, komponierte und entwarf Bilder zu »Des Knaben Wunderhorn«, Carl Maria von Weber und Robert Schumann hätten ihr Brot auch als hochtalentierte Schriftsteller verdienen können, Adalbert Stifter malte passioniert.

Im späteren 19. Jahrhundert, zumal im Bereich der Zentral-
sonne Wagner, mehrten sich die Doppelbegabungen. Von
Albert Lortzing, der sich Operntexte, und Peter Cornelius, der
sich Liederverse selber schrieb, über den dilettierenden Kompo-

nisten Nietzsche bis zu den Dichtern Ernst Barlach, Oskar Kokoschka, Paul Hindemith, Werner Egk oder Carl Orff, oder den Malern Arnold Schönberg oder Günther Grass. Man sieht, Romantik hat sich inzwischen verflüchtigt. Aber vor zweihundert Jahren trieb sie doch die entscheidenden, fruchtfördernden Wurzeln: Zu Schubarts Zeiten war modern, was die Künste einander annäherte, und wer immer das durch seine persönliche Begabung vermochte, wandelte – ungeahnt, das Wort Romantik kannte man nicht – auf den Pfaden der romantischen Zukunft. Auch hier: Schubart als progressiver Künstler, als Mittler und Brückenschläger.

Er war nicht der allererste der literarisch-musikalischen Doppelbegabungen. Der Züricher Salomon Gessner, um 1770 der im Ausland meistgelesene deutschsprachige Schriftsteller mit seinen biederen Idyllen, malte später nur noch. Schweizer waren auch die mit Schubart fast gleichaltrigen Johann Heinrich Füssli, der Oden schrieb und mit seinen spukhaften Bildern als früher Vorläufer des Surrealismus gilt, und Lavater, dessen epochale Charakterkunde durch viele psyiognomische Zeichnungen unterstützt wurde. Der Pfälzer Sturm-und-Drang-Dichter Maler Müller trug, ehe sein bildnerisches Talent in Rom versackte, Pionierhaftes zum Realismus in der Landschaftsmalerei bei. Emanuel Schikaneder, der als Librettist von Mozarts »Zauberflöte« in dessen Unsterblichkeit einging, war vorher schon selber wer: Stückeschreiber, Komponist, Schauspieler, Regisseur und Prinzipal in Personalunion. Matthias Claudius spielte als junger Mann Orgel, bewarb sich sogar einmal um eine Organistenstelle, als reifer Mann entwarf er selber Holzschnittillustrationen zur Ausgabe seiner Werke. Ein pittoresker Zeitgenosse ist der dilettierende Dichter und Musiker Karl Siegmund Freiherr von Seckendorf, der um 1780 drei Sammlungen von Volks- und anderen Liedern herausgab, sich mit leichter Hand auch an Goethe wagte und Simon Dachs berühmtes »Ännchen von Tharau« seiner Neuvertonung für bedürftig hielt.

Bei allen diesen Schubart-Zeitgenossen, vom Maler Müller vielleicht abgesehen, dominiert *eine* der mehreren Begabungen professionell und verweist die anderen mehr oder weniger in den

Hobbybereich. Anders bei Schubart. Ginge es nach der beruflichen, den Mann ernährenden Ergiebigkeit seiner Talente, so müßte man ihn im Hauptberuf einen Journalisten nennen; danach einen Musiker, was das professionelle Geldverdienen betrifft; mit seinen Gedichten blieb er, nicht anders als einst Hans Sachs, »... und Poet dazu«. Das war im ausgehenden 18. Jahrhundert ganz normal. Praktisch alle deutschen Literaten verdienten ihren Lebensunterhalt als Angestellte, als Lehrer, Pfarrer, Beamte, Bibliothekare, Erzieher. Sogar der größte, der es bis zum herzoglichen Minister brachte und später ein reicher Mann wurde.

Ob Schubart gerade musizierte, komponierte, Zeitung machte oder Gedichte schrieb, oder auch alles zusammen, hing ganz von den Zufällen seines abenteuerlichen Lebensweges ab. Er war ein zu kleiner Mann, als daß er es sich hätte aussuchen können. In Ludwigsburg fühlte er sich pudelwohl als erfolgreicher Musicus, die abrupte Unterbrechung dieser Karriere empfand er wie einen Schock. Später nahm er, was sich eben bot, aber außer Stundengeben und gelegentlichen Konzertauftritten bot sich eben nichts, wovon ein Musiker, wohl aber eine verlockende Zeitung, von der ein Journalist leben konnte. Sich vorzustellen, er hätte in seinem Wanderjahr in Mannheim einen Posten als kurfürstlicher Musikdirektor gefunden, mit einem so brillanten Orchester arbeiten, für es komponieren können, wie hätte sein wacher Geist auf diese ganz neue Herausforderung reagiert? Dazu eine Hofoper als verfügbares Instrument: Würde es einen Orchester- und Opernkomponisten Schubart gegeben haben, der das Talent, das er später notgedrungen in Zeitungsartikel und kleine Lieder investierte, in größeren Formen entwickelte? Unnütze Spekulationen mit Konjunktiven. Aber es wird Zeit, daß wir uns näher mit dem Musiker Schubart beschäftigen, vor allem mit dem Komponisten und Musiktheoretiker. Der Lebensabschnitt, der mit dem Hohenasperg zu Ende geht, scheint die gegebene Zäsur für eine Gesamtwertung; in Stuttgart kam auf beiden Gebieten nichts Nennenswertes mehr dazu.

Was der ausübende Musiker, der Orgel- und Klavierspieler Schubart leistete, ist hier schon auf vielen Lebensstationen registriert worden. Keine Biographie könnte eine von Jugend auf so oft und mit so viel Erfolg praktizierte Fertigkeit außer acht lassen. Das tat auch keiner der bisherigen umfassenden Schubart-Darsteller. Aber kein einziger bezog in die kritische Würdigung das Schaffen des Komponisten ein (mit Ausnahme des Pfarrers Gustav Hauff, dessen kurzes Kapitelchen über den Musiker Schubart durch die puritanische Grundprämisse, die Musik habe sich schädlich auf ihn ausgewirkt, vollends zur Kuriosität wird). Alle namhaften Schubart-Interpreten, von David Friedrich Strauß bis in die Gegenwart, waren Männer des Wortes, Germanisten vornehmlich, sie machten einen Bogen um die fremde Disziplin der Musik. Für Schubart war die Musik aber gar nicht fremd, sondern Herzstück seines Künstlertums. Man kann dessen vielfach glänzende, vielfach gebrochene Facetten nicht verstehen, wenn man nicht die Leistung des schöpferischen Musikers und des Musikdenkers Schubart untersucht.

Schubart, der Komponist – das ist praktisch der Verfasser von Klavierliedern. Die anderen Produktionen, Klavier-Sonaten und Kantaten vornehmlich, fallen weniger ins Gewicht. Aber als Liedkomponist nimmt Schubart eine zeitgeschichtlich pionierhafte Stellung ein: Er gilt unbestritten als Begründer und Führender der sogenannten ersten schwäbischen Liederschule (die zweite wird von Friedrich Silcher repräsentiert). Die Mitbewerber um den Ehrenrang waren freilich nur Lokalgrößen, manchmal bloße Dilettanten: Samuel Gottlob Auberlen, Johann August Sixt, Johann David Schwegler, Johann Christian Ludwig Abeille, Johann Christian Gottlieb Eidenbenz, Johann Rudolf Zumsteeg – alles nur noch musiklexikalische Namen, außer Zumsteeg, der, Duzbruder Schillers auf der Karls-Akademie und Stuttgarter Hoftheatermusikus, mit seinen Balladen eine Brücke von Schubart zu Schubert schlug.

Manche der erwähnten Kleinstmeister waren produktiver als das Haupt der schwäbischen Liederschule. Nur rund 100 Lieder aus Schubarts viel üppigerer Produktion sind erhalten und gesichert. Bloße 47 davon vertonen eigene Texte; etwa ebensoviele Schubart-Gedichte, nämlich 44, wurden von anderen Komponisten mit Weisen versehen. Das ist, bei der offenbaren und auch

Schubart selber bewußten Musikalität seiner Verse, erstaunlich wenig, wenn man sich vor Augen hält, wie oft andere Poeten vertont wurden: Gellert (begünstigt durch langen Nachruhm) nicht weniger als 562mal, der Champion des Leipziger Singspieles, Christian Felix Weisse, 487mal, Bürger 254mal, selbst der unbedeutende Miller 223mal. Andrerseits spricht das für den Komponisten Schubart: was er einmal in Melodie gebracht hatte, galt und schreckte Nachmacher ab. Seine produktivste Zeit war die der gelockerten »Festungsfreiheit« auf dem Asperg. Da hatte er ein Klavier zur Verfügung, auch Schülerinnen – Gelegenheit machte Lieder; deren 80 (nicht alle sind erhalten) schrieb er damals, nur fünf aus den Jahren vorher stehen dieser Liederfülle gegenüber, und später folgte kaum noch etwas.

Mit Liedern konnte man damals volkstümlich werden, ein anerkannter Compositeur war man damit noch lange nicht, es sei denn, man wies auch Sinfonien, Opern, Messen oder Quartette auf. Dennoch brach seit den siebziger Jahren ein wahrer Liederfrühling rings in Deutschland aus. Auch die Großmeister nahmen daran teil: Gluck vertonte Klopstock-Oden, Haydn bearbeitete Hunderte reizvoll instrumentierte schottische, irische und wallisische Volksweisen, Mozart trug wenige, aber poesievolle Klavierlieder bei. Stilgeschichtlich, und auch in der Breite der Produktion, wurden Namen bedeutsamer, die in allgemeinen Musikgeschichten mit ein paar Zeilen abgefertigt werden: ein Schicksal, das Schubart mit Erfindern so populärer Weisen wie der zu Claudius' »Der Mond ist aufgegangen« teilt (Johann Adam Peter Schulz).

Den Anstoß gab ein Schriftsteller: Herder mit seinem 1773 erschienenen »Auszug aus einem Briefwechsel über Ossian und die Lieder alter Völker«. Er ist das »Volksliedmanifest«.[*] Ein treffendes Wort. Herder erfand ja nicht nur die Bezeichnung »Volkslied« – womit er des anglikanischen Bischofs Thomas Percy *popular song* glücklich übersetzte –, er entdeckte auch die Qualitäten der bisher verachteten, im Volk gesungenen Lieder

---

[*] Ernst Otto Lindner, *Geschichte des deutschen Liedes im XVIII. Jahrhundert*, Berlin 1971, S. 15 ff.

neu, rief zu ihrer Sammlung auf und brachte in begeisternde, literarisch formulierte Thesen, was viele patriotisch gesinnte Komponisten fühlten. Lange hatte ausländische Überfremdung – in der Musik durch die alle Höfe beherrschenden Opernitaliener – den Weg zu dem verstellt, was man nun als eigene Art zu erkennen begann. Dazu gehörte eine gewisse Jedermann-Verständlichkeit, nicht nur für Kenner, sondern auch für Liebhaber.

Erste Liedsammlungen reichten bis in die Barockzeit zurück. Telemann schüttelte auch Gesellschaftslieder aus seinem leichten Handgelenk, die viel benützte Sammlung von Valentin Görner bedenkt der Liedforscher Max Friedländer gar mit dem rühmenden Wortbild, durch sie sei es Tag geworden im »deutschen Liederhain«. Vielleicht doch allenfalls Morgendämmerung; im Jahre 1742 wurzelten liedartige Gebilde noch im barocken Geist, mit Generalbaß-Begleitung und wenig Rücksicht auf die Poesie.

Zwar erkannte schon der aufgeklärte Gellert kurz nach der Jahrhundertmitte, das beste Lied sei »ohne die ihm eigene Melodie ein liebendes Herz, dem seine Gattinn mangelt«. Aber der Eros, der Poesie und Musik untrennbar zu verbinden hatte, begann doch erst im nachbarocken Zeitalter der stürmenden und drängenden Empfindsamkeit ästhetisch zu regieren. Wobei die sozialen Triebkräfte nicht zu übersehen sind. Fremde, italienische Weise war höfische Opernweise, Musik der entfremdeten Luxusinseln der Autokraten. Die neue gesellschaftliche Macht des mit dem Frühkapitalismus aufkommenden Bürgertums wollte hingegen verständlich, zieratlos schlicht und auf deutsch singen. Im großbürgerlichen Hamburg war der Versuch einer deutschsprachigen Oper nach kurzer Blüte zu Beginn des Jahrhunderts gescheitert. Im reichen und kunstgeschäftigen Leipzig, Goethes Klein-Paris, kam er mit den umwerfend populären, auf deutsch von Christian Felix Weisse librettisierten Singspielen des Lausitzers Johann Adam Hiller zu neuer, reichsweiter Wirkung. Die einfach-einprägsamen Strophenlieder aus »Lottchen am Hofe« oder »Die Liebe auf dem Lande« – Bestseller kurz vor 1770 – eroberten die ganze deutsche Theater- und Bürgerwelt. Chloe und Belinde, die Liebesfiguren der höfischen Anakreontiker von gestern, hatten den pausbäckigen Bürgermädchen Christel und Hannchen Platz gemacht, und die sangen deutsch, die verstand jeder. So simpel sie sangen, auch Schubart bewunderte den Champion des populären deutschen Singspieles: Er fand Hiller »im Volkston unerreicht«.

Diesen Volkston zu treffen war die Sehnsucht aller Liederproduzenten seit den siebziger Jahren. Das Wort, durch spätromantische, halbdilettantische Produktionen vom Schlage derer des Kaiserfreundes Philipp zu Eulenburg oder der Löns-Heide-Vertonungen in reaktionären Verruf geraten, bedeutete damals Fortschrittlichkeit. Erstmals verwendete Schulz das Wort im Titel eines Sammelbandes, den 1782 gedruckten 82 »Liedern im Volkston« nach August Bürger und Hainbündlern. Der gebürtige Lüneburger Schulz wurde das Haupt der tonangebenden Berliner Lieder-Schule. »Richtige«, nämlich den Wortakzenten folgende Deklamation der Vertonung war ihr wichtig (im Gegensatz zur absolut-musikalischen Textverwurstung des Barocks); Primitivität des Satzes, der Harmonik und der Form nahm man in Kauf, wenn nur der »Schein des Bekannten« Verbreitung, Nachsingen versprach. Ein Schlüsselwort der Volkston-Ästhetik. Joh. Adam Peter Schulz sah in diesem Schein sogar »das Geheimnis des Volksliedes«, wie man es damals eben allgemein verstand.

Skrupel von Volkslied-Forschern des 20. Jahrhunderts, die sich schwer tun mit Definitionen, waren dieser Pionierzeit fremd. Wer heute des verdienten Volkslied-Archivars John Meier Definition von der entscheidenden »Volksläufigkeit« eines Individualliedes anführt, oder auch neuere, etwa von Alexander Sydow formulierte Kriterien (»Grundständigkeit«) für die schwierige Trennungslinie zwischen Volkslied und volkstümlichem Lied nutzbar zu machen sucht, sieht sich unweigerlich in einer Grauzone landen. Die Erzväter des zu Noten gebrachten Volksliedes störte keinerlei Griffelspitzerei, sie begaben sich mit schöpferischem Enthusiasmus in Neuland. So auch der stets neugierige Schubart. Andere verfügten gewiß über solidere musikprofessionelle Fähigkeiten.

So der gebürtige Sachse Christian Gottlob Neefe, der als Bonner Hoforganist Beethovens Jugendlehrer wurde und mit seinen

Klopstock-Oden und seinen »Serenaten beym Klavier zu singen« (1777) ein Bahnbrecher des neuen Liedes war, mit dem Programm, »die Empfindungen getreu ausgedrückt und die Worte richtig deklamiert zu haben«. Als reiner Musiker erwies er sich mit Ansätzen zum »Durchkomponieren«, also mit strophenweise verschiedener, der Dichtung angemessener Vertonung, auch Schubart überlegen. Schon gar der opulente, vielseitige Komponist Johann Friedrich Reichardt. Er war aus Ostpreußen gebürtig, mit Hamann und Herder befreundet – merkwürdig, daß die Erneuerung des deutschen Liedes im Grunde aus der östlichen, halbslawischen Randlandschaft kam! –, er bereicherte das 18. Jahrhundert mit Sinfonien, Singspielen, vierzehn Klavierkonzerten, vielen Bänden gescheit beobachtender Musikbriefe und hunderten Liedern. »Schlaf', Kindlein, schlaf',« – wer weiß heute noch, daß dieses populäre Wiegenlied von Reichardt melodisiert wurde? Seine in vielen Varianten formulierte Lied-Ästhetik strebt, romantisch vorausahnend, dichterisch-musikalische Verschwisterung an:

»Meine Melodien entstehen jederzeit aus wiederholtem Lesen des Gedichtes von selbst«, bis »die Melodie richtig und angenehm singt.« Trotz aller musikalischen Handwerkstüchtigkeit also: der Komponist als gehorsamer Diener der Poesie.

Bescheidenere Kompositeure bekannten sich ohnehin zu dieser Funktion. Für Schulz hieß der »Endzweck« eines Liederkomponisten »gute Liedtexte allgemein bekannt zu machen«, für den Offenbacher Komponisten, Sänger und Musikverleger Johann André – Schubart lobte ihn sehr – bedeuteten Lieder Interpretation der Dichtung; in seiner Gefühlsästhetik war der Jugendfreund Goethes, dessen Libretto zu »Erwin und Elmire« er zu einem der meistgespielten Singspiele der Zeit vertonte, Schubart nahe verwandt und ein getreuer Schüler des kühn denkenden Abbés Vogler, der die »abstrakten« Melodien der welschen Oper verabscheute und auf Natürlichkeit und poetische Stimmung der deutschen Lieder schwor: »ohne Bedeutung« glichen sie »einer Tapete in einem Bauernhause«, also der unnatürlichsten Sache von der Welt. Umgekehrt, von der Dichterseite her, kamen ebenfalls fortschrittliche Signale. Hatte die alte, barocke, höfische Poesie mit ihrer mythologischen Symbolik gebildete Kenner angesprochen und den ungelehrten, dummen Pöbel herzlich verachtet, so zielte eine neue Dichtergeneration auf Popularität. Wenn die Musik dazu verhalf – umso besser. Bürger versprach schon 1773, in einem Brief an Heinrich Boie, er werde sich Mühe geben, komponierbar zu dichten, und vier Jahre später bestätigte er dem Freund, daß er »immer fester« an »meine Göttin, die Popularität«, glaube.

Vater Mozart empfahl damals seinem Sohn in einem Brief das natürliche, »für iedermann leicht faßliche Populare«, Reichardt wollte sich am Denken des »gemeinen Mannes« orientieren, Schulz bekannte sein Bestreben, »mehr volksmäßig als kunstmäßig zu singen«, und aus Schubarts Feder ließen sich ähnliche Bekenntnisse reichlich zitieren. Keine musikalische Form bot sich so unmittelbar dafür an wie das bewußt einfach gehaltene, kurze Klavierlied. Das Instrument, ob das Clavichord oder das aufkommende Pianoforte, stand ja in immer mehr Bürgerzimmern zur Verfügung, und wo man im Freien Liedgeselligkeit pflegte, taten es die Gitarre oder die Zither auch. Bei so leichter Machbarkeit konnte es nicht ausbleiben, daß Einfachheit zur Einfältigkeit wurde und viele Dilettanten sich unter die Komponisten mischten. Nicht einmal diese wollten ihre Lieder als Opus-Musik neben ihren Sonaten, Sinfonien oder gar Opern gelten lassen. Viele Liederhefte tragen den Untertitel »Gabe« oder »Geschenk«, bei Reichardt und André »Blumenstrauß«: freundliche Grüße für Freunde.

»In sehr sangbaren Intervallen« und »allen Stimmen angemessen« (also in unvirtuos kleinem Stimmumfang) hatte nach Schulzens Forderung die Melodie gebaut zu sein, opernhafter Zierat verbot sich, nach Schubarts Ästhetik entquillt der Gesang »natürlich«, »frei und kunstlos unseren Herzen«. Originalität der Erfindung war keinesfalls gefragt, eher verpönt – wie hätte sich auch Ungewohntes mit dem geforderten »Schein des Bekannten« vertragen? Unzählbare Strophenlieder aus jener Zeit des ersten deutschen Liedfrühlings glichen einander wie Plagiate, waren aber keine, sondern unmerkliche Varianten der gleichen Melodiemuster. Dergleichen »lag« in der Luft, jeder-

mann zugänglich. Es hat der Volkstümlichkeit von Schubarts
»Kaplied« nicht im mindesten geschadet, daß die Melodie in
Form und Duktus der des Volksliedes »Lippe Detmold, eine
wunderschöne Stadt« so ähnelt; Silchers unwandelbarer Ever-
green »Ich weiß nicht, was soll es bedeuten« hat ein gutes Dutzend melodische Vorgänger, die bis in die Mitte des 18. Jahrhunderts zurück registrierbar sind, und selbst eine so erlauchte
Melodie wie die zu Haydns Kaiserlied (»Gott! erhalte Franz den
Kaiser«) und den berühmten Streichquartett-Variationen hat
viele Muster, darunter ein slowenisches Volkslied, das der Komponist wahrscheinlich in der Jugend gehört hatte; hier ist freilich
das Entscheidende nicht der Rohstoff, sondern die geniale
Nuance, die Veränderung und Veredelung durch einen großen
Meister.

Von solcher Sublimierung des Einfachen zu höchster Kunst,
zu dem alle Wiener Klassiker beigetragen haben – man denke nur
an Mozarts »Zauberflöten«-Weisen, an Beethovens simple Freu-
den-Melodie im Finale der 9. Symphonie, von Schubert ganz zu
schweigen – kann bei den vielen Liedermachern an der Wende
des Rokoko zum Klassizismus nicht die Rede sein. Auch ihre
herausragenden Köpfe, Reichardt und Schulz im Norden, Schubart im Süden, blieben historisch gesehen Kleinmeister. Aber
alle zusammen reicherten durch ihre vielhundert Lieder den
Humusboden an, aus dem in der nächsten Generation die wun-
derbarste blaue Blume der Romantik, das deutsche Klavierlied
von und nach Schubert, aufblühen konnte. Schubarts überprüf-
barer Beitrag dazu ist an Zahl bemessen. Aber er läßt repräsenta-
tiv nachverfolgen, was da keimhaft späterer üppiger Entfaltung
diente, was Stationen des Weges vom Zeitalter der Empfindsamkeit in die Romantik bezeichnet.

Dahin wies schon Schubarts Wesensart und Schaffensweise.
Ob er schrieb oder komponierte, er tat es »im Feuer der Zeu-
gung«, wie sein Sohn Ludwig es ausdrückt. Wobei er fähig war,
zugleich zu dichten und zu vertonen. Eine erzromantische Utopie, die er in seiner Person vorerfüllte. Urgrund aller Kunst war
für ihn Begeisterung, Gefühl, Leidenschaft. »Wer ein gefühlvol-
les Herz hat, wer den Dichter und Musiker nachzuempfinden

weiß«, der wird auch schön singen, forderte er in seiner »Ästhetik der Tonkunst« – Interpretation und Schöpfertum entsprangen danach derselben Wurzel. Schubarts Kunst, Dichtung wie Musik, ist vor allem Ausdruckskunst, unwiderstehlich, inbrünstig, irrational. »Der himmlische Geniusstrahl ist . . . göttlicher Natur« – welche Ferne zum Rationalismus der barocken Ästhetik, man denke nur an Leibniz' mathematisch-rationalistische Musikdefinition oder an die objektivistische Affekt-Lehre der maßgebenden Theoretiker Quantz und Mattheson! Welche Nähe zum schwärmerischen Enthusiasmus der kommenden Generation, der poetischen Musikschriftsteller E. T. A. Hoffmann oder Schumann!

Der erste Blick auf Schubarts Lieder könnte ernüchtern. Da ist zunächst nicht viel Romantisches zu erspüren, hingegen viel Zeittypisches, Formelhaftes, Unpersönliches. Wir haben schon erwähnt, daß Originalität von vornherein ausschied, wenn die Lieder »im Volkston« bleiben und nachgesungen werden sollten. Tatsächlich ist die Struktur der meisten Schubart-Lieder einfach bis zur Simplizität. Die Form beschränkt sich auf die schlichte Zwei- oder Dreiteiligkeit des hergebrachten Strophenliedes, dem Schubart überwiegend folgte – insofern eher ein Traditionalist als ein Neuerer. Aber noch dem alten Goethe erschien die strophische Vertonung die einzig zulässige; sein Duzfreund Carl Friedrich Zelter praktizierte sie mit epochalem Erfolg in seinen Männerchören und in Liedern mit solchen Melodietreffern wie dem »König in Thule«; was Schubert und Schumann noch dem einfachen Kompositionsprinzip – gelegentlich – an novatorischem Gehalt abgewannen, ist bekannt.

Schubarts Harmonik gibt sich schon gar simpel und schematisch. Die Ausweichung von der Tonika in die Oberdominante, meist schon mit dem vierten Takt, und die gebotene Rückkehr werden dutzendfach vollzogen, andere, verfeinerte Modulationen haben Seltenheitswert. Was dem inbrünstig ersehnten »Ausdruck« dienen soll, lastet Schubart der Melodie an. Wird sie damit überlastet, überfordert? Da Gesuchtes ausscheidet, Formelhaftes gesucht wird, könnte es so scheinen. Es ließen sich nach Belieben Beispiele für solche Unpersönlichkeit von Schubarts Weisen anführen.

Gleich eines seiner frühesten Lieder, »Als einst ein Schneider wandern sollt'«, wurde durch so eine Wandermelodie dauerhaft populär:

Doch solche Melodieformeln benützten selbst die Großmeister der Klassik, man denke nur an Papagenos »Ein Männchen oder Weibchen«, das Schikaneder in Schwaben aufgeschnappt hatte und seinem großen Freund in die Feder pfiff. Volkstümliches Melodiegut war eben herrenloses Gut. Selbst so perfekt musikdramatisch geprägtes, scheinbar unverwechselbares, wie die Seufzer »Ich fühl es« in Taminos Bildnis-Arie; aber schon elf Jahre früher hatte Reichardt in seinem Lied »Dora« ganz genau gleich seufzen lassen:

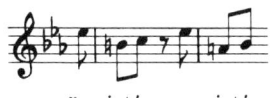

Nun ist's nun ist's

Bei Schubart findet man mehrfach Mozart-Vorwegnahmen. In dem Lied »An die Unbekannte« ist nicht nur die Melodie, sondern auch die chromatische Gegenstimme im Instrument Papagenos ⅜-Ritornell in der Mädchen-oder-Weibchen-Arie zum Verwechseln ähnlich:

Nicht weiß ich, in wel – chem Land

In Schubarts »Lied eines Vogelstellers« wechselt ebenfalls so ein ⅜-Ritornell mit dem ²/₄-Grundtakt des Rondos:

Vö-gel und Mäd-chen her-bei

Hier jedoch ist »Figaros Hochzeit« Note für Note vorweggenommen (Figaro, Finale des 2. Aktes, »Signori, di fuori son già suonatori«). Einmal gar Beethoven. Die Klaviereinleitung zum »Hirtenlied« beginnt ganz genauso wie das berühmte Hauptthema im Finale der 6. Symphonie und ist von Schubart ausdrücklich mit »Pastorale« überschrieben!

»An Serafina« mutet an wie eine ausgezierte Variante von Glucks Klage um Eurydike (»Che farò«):

Unnütz zu betonen, daß von Plagiat nicht die Rede sein kann. Ein Gedanke, der bei den Mozart- und Beethoven-Beispielen vollends absurd wäre (auch wenn zumindest Beethoven einiges von Schubart kannte). Selbst die Großmeister bedienten sich eben in einer Zeit, in der Regeln der Konvention auch für sie gültig waren, der allgemein gebräuchlichen Floskeln als Bausteine; nicht der Rohstoff, sondern die Kunst der Verarbeitung, der musikalischen Architektur macht ihr Genie aus. Eben deshalb soll auch nicht im mindesten versucht werden, aus solchen Ähnlichkeitszitaten, so verblüffend sie manchmal erscheinen mögen, Schubart zum Propheten der kommenden Großen hochzustilisieren. Gerade an deren Bau-Kunst mangelte es ihm ja, auch wenn er gleiche zeittypische Formeln als Werkstoff verwendete. Aber den Melodiker Schubart darf man schon bewundern. Hermann Kretzschmar rühmt von Schubarts Melodik, sie zeige »Freiheit und Kühnheit, die den gleichzeitigen Berlinern weit voraus ist«. Ihr Bestes enthüllt sie gerade in der Beschränkung, in den einfachen Liedern, die ausdrücken, was kleine Leute aus dem Volk bewegte, und hier mußte die Tonlinie ganz allein, denn die Harmonik konnte nur schematisch sein, das Kunststück vollbringen, den »Schein des Bekannten« mit zwingender Suggestionskraft zu vereinen. Jenen Schein des Bekannten erreichten Dutzende andere Liedermacher auch. Daß Schubart mit so vielen Liedern aus dem Durchschnitt herausragte und populär wurde, obwohl ihm manche, so Neefe oder Reichardt, an professionellem Können voraus waren, das bleibt rational unerklärbar und rührt an das Geheimnis dessen, was als »schöne Melodie«, tausende ähnliche vergessen lassend, manchmal noch nach Jahrhunderten weiterlebt.

Warum ist gerade Schuberts »Lindenbaum« unter Hunderten seiner Meisterlieder ein unvergeßliches Volkslied geworden? Warum schlägt Verdis Nabucco-Chor »Va pensiero« oder das primitive Mtata-Lied »La donna è mobile« an internationaler Popularität unzählbare andere, viel persönlichere Weisen des genialsten Melodista der italienischen Musik? Vieltausende registrierende und analysierende Seiten wurden über das Phänomen der Melodie gedruckt. Den Schlüssel zur letzten Kammer ihres Wirkungsgeheimnisses kann keine bieten. Vor der Pforte der Erkenntnis verharren die gegensätzlichsten Ästhetiker gleich unwissend. Der als romantischer Reaktionär abgestempelte Hans Pfitzner, mit seinem eingestandenen Stammeln vor dem Melodiewunder von Schumanns »Träumerei«, erscheint da nicht hilfloser als der (nun auch schon wieder als Klassiker entrückte) Champion kühler Sachlichkeit, Strawinsky, der sich zur Melodie bekannte, weil sie »alle Regimewechsel überlebt«, und auch die neueren Theoretiker, die durch Noten-Abzählen, durch Statistik das Mysterium enträtseln wollen.

Solcher volksliedartiger Weisen ließen sich bei Schubart viele zitieren. Ob mit einfacher, dem allgemein anerkannten Gebot der »Sangbarkeit« entgegenkommender Stufenmelodik wie im Lied »Lischen an Michel«,

Mein trau-ter Mi-chel ist so gut,

oder in etwas reicherer, zum Kunstmäßigen tendierender Aus-
zierung (»Das Schwabenmädel«):

Ich Mäd-chen bin aus Schwa-ben, und schön ist mein Ge-sicht.

Die Synkopen im 3. Takt sind schon nicht mehr Volksliedgut,
sondern Ausdrucksmittel, und zwar ein sehr Schubartisches.
Was als »lombardischer Rhythmus« seit dem Ende des 17. Jahrhunderts auch in Deutschland bekannt wurde, verwendete er
dutzendfach; aber bezeichnenderweise nicht als bloß aparte Floskel, sondern als Symbol, das etwas zu bedeuten hatte: Kapriziö-
ses, Launisches, Neckisches in heiteren Liedern, heftige Gemüts-
bewegung, Klage und Jammer in traurigen. Er fühlte sich eben,
wie er in seinen Lebenserinnerungen schrieb, als »musikalischer
Dichter«. Das Stichwort »launig« (im Urtext: launisch) in seinem Lied »Die Forelle« erweckte bei ihm sogleich die musikalische Assoziation jener Synkopen:

die lau – ni – sche Fo – rel-le

Schubart mußte eben allen Ausdruck in die Melodie legen; Schubert, dessen Vertonung die in ihrer Art meisterliche des Dichterkomponisten so überwältigend in den Schatten stellte, konnte
sich dazu noch einer entwickelten – von ihm selbst genial angereicherten – »Sprache« des Klaviers bedienen. Diese klangpoe-
tischste, romantischste Errungenschaft des deutschen Klavierlie-
des war Schubart unbekannt, und nicht nur ihm. Für alle Liedermacher seiner Zeit kam dem Tasteninstrument bloß dienende
Begleitung der Singstimme zu. Schulz wollte nicht einmal ein-
geschobene kurze Ritornelle dulden. Vor- und Nachspiele finden
sich auch bei Schubart selten. Sein Klaviersatz wirkt mit seiner
selbst Akkorde vermeidenden Zweistimmigkeit dürr und skiz-

zenhaft. Aber so klang er sicher nicht, schon gar nicht, wenn er selber im Freundeskreis seine Lieder vortrug.

Die Notenblätter der zugänglichen Quellen, vor allem der 1783 auf dem Hohenasperg zusammengestellten Sammlung »Sang und Spiel«, der sogenannten Ludwigsburger Handschrift und einer in Ulm archivierten Sammlung, sind im Instrumentalpart bloße Chiffren, Rahmenanweisungen. Auch im neuen empfindsamen Ton wirkt bei Schubart noch etwas von der barocken Praxis des Generalbasses nach, die dem Spieler die harmonische Ausfüllung der Baßfundamente überließ. Schubarts Musizieren hatte von Haus aus etwas Rhapsodisches, es lebte von Lust und Laune des Augenblicks. Sicher klang ein Lied in seiner Interpretation nie zweimal ganz gleich – er veränderte ja selbst Melodien bei verschiedenen Ausgaben –, und sicher spielte er viel farbiger, vollgriffiger, als seine sparsamen Klaviernotationen verraten.* Schubarts bezwingende Wirkung als rhapsodischer Sänger und Spielmann bezeugen viele zeitgenössische Urteile; Schiller schrieb nach dem Asperg-Besuch seiner Schwester: »Wenn er nur das kleinste Liedchen singt, fühlt man sich neu geschaffen.«

Schubarts Liederlandschaft ist trotz ihrer relativ geringen Zahl äußerst vielfältig. Inhaltlich umfaßt sie volkstümliche Standeslieder (Bauern, Soldaten, Hirten, Schulmeistern Stimme gebend), persönliche Liebeslyrik (überraschend selten), anakreontische Rokoko-Lieder (erstaunlich viele – etwa die Hälfte!), politisch Betontes (»Fürstengruft«) und Balladeskes bis Moritatenhaftes. Formal herrscht das einfache Strophenlied vor, manchmal mit Varianten der strophischen Grundform. »Durchkomponiert«, also mit wechselnder, dem poetischen Inhalt folgender Vertonung, sind nur zwei Schubart-Lieder: »Die Henne« und

---

* Wilhelm Krämer, der langjährige verdiente Leiter der Ludwigsburger Festspiele, war auf dem rechten Weg, wenn er versuchte, Schubart-Lieder durch einen reicher ausgearbeiteten Klaviersatz der heutigen Praxis näherzubringen und der Vergessenheit zu entreißen. Fünfzehn Lieder wurden so 1975 im Druck zugänglich gemacht. Die Problematik solcher Bearbeitung wird freilich deutlich, wenn sie spätromantische Mittel benützt oder etwa das »Kaplied« mit durchgehenden Triolen begleiten läßt.

»Der Riese und der Zwerg«. Insofern ist der Komponist rückständig; wie auch mit Resten des alten, im Barock wurzelnden Generalbaß-Liedes und seiner eher oratorischen Melodiebildung, etwa in Liedern wie »Der Arme«.

Wesentlicher erscheint, wie viele Züge in Schubarts Liedwerk vorwärts weisen. Manchmal, über zwei Generationen hinweg, bis zum romantischen Strophenlied Schuberts. So die tiefe Adagio-Versunkenheit des »Frühlingsabends«, wo Luna und Hesperus, die formelhaften Überbleibsel vom galanten Stil, in romantischer Naturseligkeit mit süßen Terzen und – bci Schubart seltener – Steigerungsmodulation untergehen; die schmerzerfüllte Chromatik im »Gefangenen«, wo Vorhaltsseufzer mitklagend dem Text auf der Spur bleiben:

.und   wein'   und   seuf – ze   bit – ter

Oder die expressiven Dissonanzen, die Schubart für »Minchen am Grabe der Mutter« wagt:

und   ich,   ans   To – ten – kreuz   ge-schmiegt,

Fortschrittlich gesinnt, vom herkömmlich Formalen zum gestuften Ausdruck drängend, gibt sich Schubart, wenn er »Die Laune der Mädchen«, die das Gedicht als »veränderlich« schildert, durch Veränderungen des Zeitmaßes charakterisiert: von ¾ zu ⅜; wenn er die steife Würde des Herrn Provisors mit einer altväterlichen Kadenz und einem barock-gravitätischen Nachspiel verblödelt; wenn er im Lied »Die Henne« (nach Claudius) das sieghafte Kikrikiki nach dem Eierlegen im Klavier einkomponiert und die Henne mit dem Truthahn in einem eingestreuten Rezitativ »dramatisch« diskutieren läßt.

Womit eine der liebenswürdigsten Seiten von Schubarts Lied angesprochen ist: sein Humor, sein musikalischer Witz. Wiederum müssen einige Beispiele für viele stehen. Etwa die 24 mal(!) wiederholten, »tremulo« zu singenden Terzen, die im »Brannteweinlied eines Schusters« das fröhliche Gluckluck des Trinkers ausmalen (ein wahres »Erlebnislied« Schubarts!), oder der aus bloß drei unentwegt repetierten Tönen bestehende Dudelsack-Baß zum Tral lirum, larum des bäuerlichen »Ständchens« oder die Koloraturen, die im »Kohlenbrenner« des bescheidenen Mannes Zufriedenheit und Glück überraschend und komisch aus der Kehle quellen lassen. Schubart, der Verächter welscher Musiktändelei, benützt auch sonst ganz gerne den Gesangszierat von Koloraturen, besonders wenn sie den galanten Texten altmodischer Schäferpoesie gemäß erscheinen.

Am schwächsten gibt sich Schubarts Liedtalent gerade dort, wo er, über den von ihm lernenden Zumsteeg, die stilgeschichtlich eindeutigsten Brücken zu Schubert schlägt, in den Balladen und erzählenden Liedern. In einigen, in denen er die Strophenform variierend den Wechselfällen des Textes anpaßt, wirkt er unbezweifelbar auf Zumsteeg ein. So im »Barmherzigen Samariter«, wo dem Sänger freigestellt wird, die 6. Strophe statt auf die simple Melodie auch auf ein Secco-Rezitativ zu singen, oder im »Fluch des Vatermörders«, wo in 7 von 28 Strophen eine Dur-Variante der Moll-Melodie angeboten wird. Durchkomponiert ist die recht umfangreiche Ballade »Der Riese und der Zwerg«; eine rondoartig wiederkehrende Eingangsmelodie wechselt mit mannigfachen, den drastischen Text charakterisierenden Episoden. Seinem berühmtesten Gedicht, der »Fürstengruft«, blieb Schubart eine ähnlich ausdeutende Vertonung gänzlich schuldig. Die aufwühlenden 26 Strophen auf immer dieselbe banale Fünfzehntakte-Melodie zu singen ist heute unvorstellbar – Schubarts packende Rhapsodenkunst machte es wohl persönlich möglich.

Im musikhistorischen Stellenwert des durchkomponierten Liedes waren einige Zeitgenossen Schubart voraus. Einen Markstein an diesem Wege setzte schon 1774 André mit der Komposition von Bürgers Ballade »Lenore«, ein an Schuberts frühe

Schiller-Marathone (Bürgschaft, Taucher) gemahnendes 32-Seiten-Epos, das durch Dur- und Moll-Tonarten schweift. Auch Andrés spätere »Weiber von Weinsberg« versuchen mit mehreren Themenmelodien und eingestreuten Rezitativen eine Geschichte musikalisch nachzuerzählen, und etwa gleichzeitig versuchte dies Neefe mit Bürgers »Spatz, der sich auf dem Saal gefangen hatte«, einer komisch-pathetischen Szene.

Glücklicher reicherte Schubart die damals beliebte Form der Klavierkantate an. Die weltliche, nach der von Bach gekrönten geistlichen, pflegten der alte Telemann, Reichardt, Abbé Vogler und der Schweizer Johann Heinrich Egli (mit seinen »Sechs Schweizer Kantaten«, die Wilhelm Tell samt dem todesmutigen Winkelried verherrlichen). Die Form, mit dem Wechsel von Arie und Rezitativ, auch mit Chor, war als Gerüst denkbar frei. Für Schubart bildeten Kantaten den einzigen Ausflug in größere Vokaldimensionen.

Die Klavierkantate »Die Macht der Tonkunst« ist auf einen eigenen, die Musik mit konventionellen Floskeln preisenden Text in Rondoform für einen Solo-Sopran komponiert und erstmals im 3. Heft der »Musikalischen Rhapsodien« veröffentlicht, die der Gefangene Schubart 1786 auf dem Hohenasperg mit gnädiger Bewilligung des Festungskommandanten aus eigenen und fremden Stücken zusammenstellen durfte. Für die »Göttin der Tonkunst auf goldenen Schwingen« erfand der Komponist eine Rondo-Melodie, die, wie meist bei persönlicher Gefühlsbeteiligung, inspiriert klingt und in ihrem Duktus schier Schuberts warmblütige As-Dur-Episode des as-Moll-Impromptus vorauszuahnen scheint:

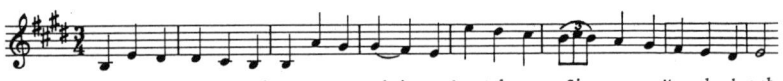

Göt-tin der Ton-kunst, mit pur-pur-nen Schwin-gen kamst du von Si — on zu Men-schen her-ab,

Die sechs Teile der Kantate sind durch einen eingestreuten schwäbischen Tanz, ein Accompagnato-Rezitativ des Soprans und ein Klavier-Fugato vor dem Schluß-Choral reizvoll kontrastiert. Die in der Festung gebotene Beschränkung auf das Klavier nimmt der ziemlich ausgedehnten Kantate nichts von ihrer schubartisch-persönlichen Prägung. Als sich der Komponist noch, in Aalener und Geislinger Jugendjahren, des herkömmlichen Instrumentalapparates bediente, fielen seine Vertonungen viel blasser aus. Das erst 1966 von Ernst Häussinger in einer Marburger Handschrift entdeckte »Rondo für Freudenfeste« (zur Feier eines Friedensschlusses), mit dem Psalmentext »Danket dem Herrn« als Leitthema, für kleines Orchester, Chor und Vokalquartett, bezeugt allenfalls des Aalener Jünglings Drang zu Höherem, und die halb so umfangreiche Cantata, eine Vertonung des Psalms 118 (aufgefunden von Karl Weitprecht 1906 in Blaubeuren), wiederum mit Orchester, auch schmetternde D-Dur-Trompeten zum Ausdruck göttlicher Majestät mobilisierend, verkündet eher die Sehnsucht eines frustrierten Schulmeisters nach musikalischer Sublimation, als daß sie genialische Züge enthüllte.

Ähnliches muß auch resümieren, wer sich die Mühe gemacht hat, die Handschriften von Schubarts Klavierkompositionen nach Spuren von dessen zeitgenössisch gerühmter Meisterschaft als Flügelspieler abzutasten. Wüßte man nicht, wie wenig notierte Noten über das Wesen des rhapsodisch-improvisatorischen Klavierspielers Schubart aussagen, man könnte die erhalten gebliebenen drei Sonaten (in D-Dur, C-Dur und nochmals D-Dur) samt der Vierhändig-Sonate (immerhin mit virtuosen Zweiunddreißigstel-Läufen in den beiden Parten) als Kleinmeister-Nachhall von Mannheimer Anregungen abtun. Wenn nicht da und dort irreguläre, höchstpersönliche, für Schubart unverwechselbar bezeichnende Abweichungen von der konventionellen Regel aufblitzten. Jähe »romantische« Wechsel von Forte in Pianissimo etwa oder fünftaktige statt, wie klassisch üblich, viertaktige Themenbildung. Oder auch unerwartet eingestreute Adagio-Inseln; Schubart überrascht damit im Menuetto der D-Dur-Sonate und im Andante der vierhändigen – Beethoven Jahrzehnte später im Rondo von op. 31, Nr. 1, Schubert im Rondo der Großen Sonate in A-Dur, beispielsweise. Das genügt nicht, um Schubarts vier Klaviersonaten zur Ausgrabung zu empfehlen. So wenig wie die »Treize Variations pour Clavecin ou Pianoforte«, die Schubart 1788 als einen der wenigen Musiknachzügler aus seiner Stuttgarter Zeit drucken ließ. Das Thema liefert eine eigene Liedmelodie (»Mein Engel, den ich vom Himmel erbat«), sie ist nicht bedeutender als das, was Schubart daraus macht. Keine Spur von vorwärtsweisender Variationskunst ist hier zu merken; der viel ältere Haydn war dem mit primitiven Alberti-Bässen (die linke Hand spielt gängige Formeln innerhalb der Quinte), mit sich wiederholenden Techniken hantierenden, stets in B-Dur verharrenden Autor auch stilgeschichtlich weit überlegen. Aber da war Schubart auch schon vorzeitig gealtert und lustlos geworden.

Absolute Musik war nicht seine Stärke. Versucht man Wert und Bedeutung des Musikers Schubarts zu erfassen, so muß man sich an das halten, was seiner Eigenart, impulsiv, rhapsodisch und »tondichterisch« wie sie war, am zwanglosesten entsprach: an seine volkstümlichen Lieder. Planen und Feilen, architektonisches Bauen blieb dem Musiker Schubart so ungemäß, wie dem Dichter. Was er emotional »herausschleudern« konnte, geriet am besten. Oft weit überdurchschnittlich, gemessen an vergleichbaren Zeitkonkurrenten. Manchmal begnadet mit dem perspektivischen, neue Ufer ahnenden und ansteuernden Hellblick, der seherisch in Verse und Melodien faßte, was das selbstformulierte Wort von seinem »Hellauf« offenhielt.

Die Anregerfunktion des Komponisten Schubart wird in dem, was der Musikschriftsteller zu Papier brachte, noch deutlicher und bedeutsamer. Schon in der Wirkung auf die Zeitgenossen. Was der Musikkritiker und gelegentliche Ästhetiker zu sagen hatte, gewann durch die Popularität der »Chronik« weites Echo und zeigte den Schreiber auf neuartigen Wegen, die bis in die romantische Landschaft des E. T. A. Hoffmannschen Kapellmeisters Kreisler vorausweisen. Sein musikalisches Denken wollte der Asperggefangene in einem großangelegten ästhetischen Werk zusammenfassen. Zwei Jahre hindurch, 1784 und 85, diktierte er dem Sohn des Festungskommandanten Eugen von Scheeler seine Gedanken. Abgesehen davon, daß der eine ganz fachunkundige Feder führte, der Autor selber brach das Unternehmen vorzeitig ab und hinterließ ein Konvolut von unverarbeiteten Kapiteln, die, wie es bei der Abgeschiedenheit des Häftlings gar nicht anders sein konnte, mit Fehlern und Irrtümern behaftet sind.

Der Sohn Ludwig gab die Hunderte von Blättern im Jahre 1806 als »Ideen zu einer Ästhetik der Tonkunst« heraus. Er war nicht musikkundig genug, um alle Fehler auszumerzen. So blieb das fast vierhundert Seiten umfassende Werk, mangelhaft ediert, ein Torso, der im folgenden Jahrhundert deutschen Wissenschaftsaufstieges wenig Chancen fachlicher Beachtung hatte. An der Schwelle des 20. Jahrhunderts erschien er selbst Ernst Holzer, der das Verdienst hatte, als erster den Musiker Schubart einer eingehenden Betrachtung zu würdigen, nur als ein »kurioses Fragment«, als ein »wunderliches Buch«; gerade noch wert, als Kuriosum erwähnt zu werden – der Rest war Schweigen.

Ein Fragment, ein wunderliches Buch, gewiß – aber was für eines! Alles, was Schubarts Denken über Musik, ja, sein schöpferisches Wesen kennzeichnet, ist in den »Ideen« farbig gespiegelt. Das Fragmentarische, auch wenn dieses Moment hier bloß zufällig sein mag; das Kühne, höchst Persönliche im Denken einer außerordentlichen Doppelbegabung, das die Stilwende des späten 18. Jahrhunderts sprachgewaltig und temperamentvoll in Thesen und Konfessionen ausdrückt. Eine Ästhetik, die ganz und gar um das Phänomen des Ausdrucks kreist.

Das Kapitel, das »Vom musikalischen Ausdruck« betitelt ist, bildet die geistige Mitte des Riesenfragmentes. »Der musikalische Ausdruck ist gleichsam die goldene Achse, um welche sich die Ästhetik der Tonkunst dreht«, lesen wir da. Selbstverständlich drückt jedwede Kunst, also auch die Musik, etwas aus, aber was? Das ist der springende Punkt. Die alte, über ein Jahrhundert gültige, barocke Ästhetik zielte Objektivität an, universalistische Einbettung der Musik in ein Weltbild der Harmonie, das die Philosophen, nicht partikularistische Fachwissenschaftler, zu definieren hatten. Leibniz schuf nicht nur das vielzitierte (oft mißbrauchte) Sinnbild von der existierenden als der besten aller möglichen Welten, er fügt auch die Musik logisch darin ein; als eine »verborgene Übung von Arithmetik« (exercitium arithmeticae occultum).

Was der maßgebende Zusammendenker der Barockzeit als Rahmen gesetzt hatte, füllten in Deutschland mehrere Fachautoritäten mit musikwissenschaftlichen Inhalten auf. Der Hamburger Johann Mattheson mit seinem »Vollkommenen Capellmeister«, gleichzeitig eine Enzyklopädie der Musikpraxis wie eine Ästhetik mit fast päpstlicher Wirkung; wenn Mattheson für »eine eintzige, wohlgeordnete Stimme« gegen die vielen der alten Polyphonie plädierte, befand er sich sogar auf progressiver Zeitstraße, die französische Aufklärung und englischen Sensualismus in die nachbachische deutsche Kantorenlandschaft einführend. Auch dem Johann Adolf Scheibe, dem »Critischen Musicus« (so hieß seine Musikzeitschrift), darf man sein berüchtigtes Urteil über den Thomaskantor Bach (»schwülstiges und verworrenes Wesen«) nicht aus postum besserwisscherischer Sicht vorhalten; seine Ästhetik des »Natürlichen«, die Bach seiner Meinung nach nicht mehr erfüllte, zeigte vielmehr fortschrittliche Zeitzüge. Vollends war Friedrichs II. Flötenmeister und Hofkompositeur Johann Joachim Quantz, trotz seinem Geburtsjahrgang 1697, insofern ein Mann der Zukunft, als er, der epochale Verfasser des »Versuches einer Anweisung die Flöte traversière zu spielen«, bereits Wechsel der Affekte innerhalb eines Sonatensatzes diskutierte. Das mußte kurz nach der Jahrhundertmitte kühn erscheinen. Die barocke Affektenlehre hatte musikalische Ursache und emotionale Wirkung ganz objektiv aufgefaßt: Es gab Formeln der Melodie, der Harmonie und des Rhythmus, die allgemein erlernbar und anwendbar waren; für Freude und Schmerz, für Liebe und Haß so standardisiert, wie die Arien der von neapolitanischen Komponisten und Kastraten perfektionierten Belcanto-Oper.

Schubart hatte in seinen freien Jahren alle diese Ästhetik-Autoritäten studiert, er kannte auch gescheite Praktikusse wie den englischen Musiktouristen Burney. Als Häftling, abgeschnitten von allem aktuellen Musikleben, wagte er es, sich in das Konzert der Theoretiker mit eigener Stimme zu mischen. Bei einem Dilettanten wäre das ein lächerliches Unternehmen gewesen; das Ergebnis bezeugt nicht nur persönlichen Mut, sondern auch geistige Substanz.

»Wie man musikalische Schönheit auf der That erhaschen und beurteilen kann«, verspricht der Ästhetiker in der Einleitung »ganz deutlich« zu zeigen. Und zwar »Nicht dem Virtuosen und Kenner allein, sondern jedem, der in dieser göttlichen Kunst nicht ganz unwissend seyn möchte« – schon der Adressatenkreis unterscheidet sich von dem esoterischeren der Barockgelehrten. Vollends die Ästhetik selbst. Statt rationalistischer Darstellung musikalischer Form – Phantasie, Gefühl und Leidenschaft; statt der nüchternen Diktion der Alten – bilderreiche Sprache eines Musikers, der den Dichter nicht verleugnen kann und will.

Gleich eingangs nennt Schubart den »mathematischen Theil der Tonkunst« ein »Todtengerippe der Musik«, das ekelhaft anzusehen sei; »Hingegen der ästhetische Theil der Tonkunst ..., der diesem Todtenkörper Carnation und Colorit gibt, ist zwar viel schwerer, aber desto fruchtbarer und angenehmer«, und diesen verspricht Schubart zu untersuchen, da es bisher »kaum einige matte, zitternde Versuche« in dieser Ästhetik gegeben habe. Daß die feuilletonistische Sprache gelegentlich Stilblüten treibt (»Der Grundton küßt in einer Bogenlinie die Quint wie seine Gattin: dann schlüpft die Terz aus ihren Umarmungen hervor und bildet jene hohe mystische Trias!«), erscheint zeitbedingt und unwesentlicher als der stilistische Ausblick bis in die Zukunft der Romantik. Manchmal glaubt man E. T. A. Hoffmann zu lesen.

Romantischen Vorstellungen von der ursprünglichen Einheit der Künste, romantischer Sehnsucht nach ihrer Verschwisterung ist auch Schubarts Glaube an ihren göttlich inspirierten Ursprung nahe. In einer »Skizzierten Geschichte der Musik« polemisiert er gegen »einige alten musikalischen Geschichtsschreiber«, die Musik als »nachahmende Kunst« darstellten. Wie irrig: Musik ist für Schubart unmittelbar göttlichen Ursprunges, vermittelt durch das musikalische Genie. Dieser Abschnitt (»Vom musikalischen Genie«) bezeichnet zugleich Schubarts hier dem Sturm und Drang nahes Denken wie den europäischen Wellenschlag einer neuen Natürlichkeitsbewegung als Gegenströmung zum Rationalismus der Aufklärung. Der Naturwuchs der englischen Parks verdrängte damals in Rokokoschlössern die abgezirkelte Symmetrie, die »langage du coeur« Rousseaus wurde auch Schubarts »Herzsprache« der Musik. Im Genie potenzieren sich für Schubart die Erkenntnisse seiner Ästhetik: »Das musikalische Genie hat das Herz zur Basis und empfängt seine Eindrücke durchs Ohr.«

»Begeisterung oder enthusiastisches Gefühl des musikalischen Schönen und Großen« stellt Schubart an die Spitze seiner fünf Charakterzüge des Genies. Sodann: »Äußerst zartes Herzgefühl . . . Ein höchst feines Ohr . . . Natürliches Gefühl für den Rhythmus und Takt . . . Unwiderstehliche Liebe und Neigung zur Tonkunst . . .« Das wird alles näher beschrieben. Aber über allem steht die unwiderstehliche Eingebung: » . . . der himmlische Geniusstrahl ist so göttlicher Natur, daß er sich unmöglich verbergen läßt. Er drückt, reibt, stößt und brennt so lange, bis er als Flamme ausschlägt und sich in seiner olympischen Herrlichkeit verklärt. Der mechanische Musiker schläfert ein; das musikalische Genie aber weckt und hebt himmelan.«

Doch verleitet solche Genie-Schwärmerei den Ästhetiker Schubart keinesfalls zur Apologie eines musikalischen Dilettantismus, der Können durch Gefühl ersetzen könnte. »Die halb ausgebildeten Musiker« sind ihm ein Greuel – aber alle Ausbildung würde doch das Wesentliche verfehlen, wenn sie den Ausdruck mit seinen »drei Stücken: Richtigkeit, Deutlichkeit und Schönheit« mißachtete (weshalb er auch für bloße Gesangs- und Tastenvirtuosen, zumal für die der zeitgenössischen italienischen Oper, nichts übrig hat). »Unendlich wichtiger aber ist der musikalische Ausdruck bei dem Tonsetzer selbst; denn der muß alles wissen, was Dichter und Redner kennen sollen; und mit alledem noch die erhabene Kenntnis der Tonkunst verbinden.« Wiederum die »romantische« Einheitssicht. Aber Schubart gibt auch Anweisungen, mit welchen Mitteln der so hochbewertete, gefühlsverdichtete Ausdruck zu erzielen sei. Vor allem im Schlußkapitel »Charakteristik der Töne«, und das ist eines der originellsten der ganzen Ästhetik.

Auch die alten Theoretiker, von Mattheson bis Scheibe und Fr. Wilh. Marpurg, hatten Ähnliches versucht. Solche »Affektenlehre«, mit der sich bereits die alten Griechen beschäftigten, registrierte im Barock musikalische Formeln, die den Gemüts-bewegungen des Hörers entsprechen sollten; eine objektive Nachahmungstheorie. Die neue, nachbarocke Musiksicht Schu-barts bleibt insofern auf den historischen Spuren der Affekten-lehre, als sie Zusammenhänge zwischen dem Wie der Musik und dem Wie der Wirkung erforscht; aber er stellt sie nicht mehr als objektiv, als allgemein gültig hin, sondern deutet sie subjektiv vom Genie-Gefühl her. Das gilt besonders von Schubarts »Cha-rakteristik der Töne« (was Tonarten meint).

Seit dem Beginn der Neuzeit, als man Dur und Moll als Aus-druckssymbole für hell-heiter und dunkel-ernst zu empfinden begann, differenzierten die Komponisten auch immer mehr die einzelnen Tonarten – man denke nur an die Bedeutung des h-Moll für Bach. Eine rein subjektiv-psychologische Bedeutung; nicht anders ein Halbjahrhundert später bei Schubart, auch wenn er die Stimmungen der einzelnen Tonarten mit poetischer Beredsamkeit zu begründen versucht. So etwa: »C-Dur ist ganz rein. Sein Charakter heißt: Unschuld, Einfalt, Naivetät, Kinder-sprache ... H-Dur, stark gefärbt, wilde Leidenschaften ankün-dend, aus den grellsten Farben zusammengesetzt, Zorn, Wuth, Eifersucht, Raserei, Verzweiflung und jeder Jast des Herzens liegt in seinem Gebiete ...«

Heute ist es leicht, über solche Naivitäten zu lächeln. Aber Beethoven nahm, wie sein erster Biograph Anton Schindler mit-teilt, den Tonarten-Ästhetiker Schubart sehr ernst: »Dem Dich-ter Chr. Fr. D. Schubart hat Beethoven über das in bezug auf die Tonarten Ausgesagte lauten Beifall gezollt, wenn er auch nicht zu allem seine Zustimmung geben wollte.« Wie denn auch bei so höchstpersönlicher Deutung! Der kritische Schumann fand noch eine Generation später »viel Zartes und Poetisches« in Schubarts Charakteristik, natürlich mit Widersprüchen im ein-zelnen. Die Fortschrittlichkeit, das Zukunftweisende von Schu-barts Ästhetik zeigt sich selbst noch in einem so subjektivisti-schen, notwendigerweise zum Widerspruch einladenden Kapi-tel. Wie auch des ohne alle Unterlagen – als Gefangener! – wahr-haft dilettierenden Musikhistorikers Schubart Darstellung der landschaftlichen und geschichtlichen Besonderheiten nationalen Musikkulturen als neuartig zu werten ist.

Der Torso dieser »Ästhetik der Tonkunst« spiegelt Schubart als Menschen mit seinem Widerspruch und als beredten Zeitzeugen. Ein systematisches Kompendium der Ästhetik wäre auch unter günstigeren Schreibbedingungen nicht zu erwarten gewesen. Ein Gefangener schwang sich in seiner Aussagenot zu einem Vierhundertseitenwerk auf, das ihn unter die großen deutschen Aphoristiker seit Lichtenberg einreiht, als musikschriftstellerisch Ergänzenden.

Als Schubart seine »Ästhetik der Tonkunst« entmutigt weglegte, befand er sich in einer Talsohle seiner Hoffnungen. Seine Gemütslage schwankte zwischen Ärger, Hoffnung und Resignation. Einmal beschimpfte er seinen Bruder Konrad, weil der ihn gar nicht besuche (der hatte es aber schon vor Jahren versucht und war abgewiesen worden), dann bezichtigte er den Sohn des Festungskommandanten, er habe seine Briefe erbrochen »und Gift draus saugen wollen«, später wiederum gab er sich völlig verzweifelt, der Tod im Gefängnis erschien ihm als unausweichliches Lebensschicksal, die Versorgung der Familie – Ludwig verhandelte erfolgreich um einen Sekretärsposten am preußischen Hof – als letzter Wille. Gleichzeitig wußte er, die Zensur des milden, stets umschmeichelten Kerkermeisters Hügel war sehr durchlässig geworden, daß sich eine ganze Phalanx einflußreicher Persönlichkeiten, darunter viele gekrönte Häupter (mit dem preußischen König an der Spitze) für seine Freilassung einsetzten. Schubart half nach, wie er nur konnte: also mit seiner Feder, die damals keinerlei Scham kannte – zehnjährige Festungshaft erklärt und entschuldigt alles. Das devote Huldigungsgedicht an die feindliche Franziska (»Wer ist so gut, wie Sie so mild . . .«) brachte außer Selbsterniedrigung nichts ein, weshalb Schubart auch, im Februar 1787, seinem Berliner Verleger in Aussicht stellte, er wolle nach seiner – immer noch erhofften Freilassung – in die preußische Hauptstadt auswandern. Ende April schienen alle Hoffnungen in völlige Resignation zu münden: »Meine Gesundheit spinnt immer mehr ab. Ich werde wohl bald sterben – und sterbe gerne.« (Brief an Ludwig vom

Entlassungsdekret
für Schubart vom 19. Mai 1787
unterzeichnet von Carl Eugen

28. April 1787.) Schon Anfang des Jahres hatte Schubart seinem Verleger geschrieben: »Herzog Carl steht da wie ein Meer-Felß, und läßt die Wogen so mächtiger Bemühungen um meine Freiheit an seinen Lenden versprizen . . .«

Aber der Meerfels wankte unter ständigem Druck. Die Interventionen von Literaten – darunter Zeitgrößen wie Lavater oder die preußische Muse, die Karschin – hätte er wohl verkraftet, aber dem Drängen von protestierenden, im Zeitalter Voltaires und Josephs II. doch halbwegs aufgeklärten Standesgenossen gab der württembergische Despot schließlich nach. Er ließ Schubart am 11. Mai 1787 frei. Der Herzog soll ihm die Freudenbotschaft anläßlich einer Truppenparade auf dem Hohenasperg persönlich überbracht haben, so ganz en passant, Franziska soll auch dabei gewesen sein. Schubarts Brief an seinen Freund Posselt in Karlsruhe, vom selben Tag, ist wert, zitiert zu werden: »Ich bin frei! – O, herrlicher Mann, voll Hoch- und Tiefgefühl – mit welch trunknem Entzüken ertheil ich Ihnen diese Nachricht! . . . unzählige Glükwünsche sausen um mein Ohr . . .«

Eine Woche verging mit feuchtfröhlichem Abschiedfeiern. »Den 18ten Mai gieng ich ab vom Berge meines Jammers, geehrt und beweint von meinem Kommandanten, sämtlichen Offiziers und der ganzen Besazung . . . In Stuttgart strömten mir schon auf dem Wege – Musiker, Schauspieler und Tänzer – die Gefährten meines Berufs entgegen, und an ihrer Spize – Julia, meine freudetrunkene Tochter.« So berichtete Schubart einen Monat später dem Sohn nach Berlin, wo dieser nun als Sekretär des Außenministers Graf Hertzberg beschäftigt war.

Schubart war frei. Nach zehn Jahren und dreieinhalb Monaten Willkürhaft. Er konnte endlich, von Helene abgeholt, zu seiner Familie nach Stuttgart zurückkehren. Die Euphorie der ersten Freiheit, die ihn jubeln ließ, wußte noch nichts von der subtileren Gefangenschaft, die ihm bevorstand.

LEBENSABEND IN STUTTGART

Die Stadt, in der Schubart die restlichen viereinhalb Jahre seines Lebens verbrachte, war eine der vielen Dutzend Residenzen im zerfallenden deutschen Reich. Keine der bedeutenderen, durch Macht, höfische Pracht oder künstlerischen Ruhm herausragenden. Von der Lage her eher eine Kleinstadtidylle inmitten von bewaldeten Hügeln und Weinbergen – sie waren damals alle noch frei von Häusern –, als eine Zukunftsmetropole an der Schwelle des industriellen Zeitalters. Der landschaftlich so reizvolle Talkessel lag jenseits aller Fernstraßen. Die verliefen seit Römerzeiten am Neckar, durch Cannstatt, und dorthin hatten es die Stuttgarter Bürger mit der Kutsche eine Stunde weit; so wie der Herzog, wenn er aus seinem kalten Neuen Schloß in die Behaglichkeit von Franziskas Hohenheimer Landschloß flüchtete, mit seiner Kalesche zehn Meilen durch Wald und Feld fahren mußte.

Seit Karl Eugen seinen Sitz von Ludwigsburg nach Stuttgart zurückverlegt hatte, war der ganze Hofstaat mit ihm zurückgewandert, was den Kaufleuten und Handwerkern, überhaupt der ganzen Bürgerstadt zugute kam. Sie zählte zu Schubarts Zeiten knapp 18 000 Einwohner. Weimar etwa ein Drittel davon: Und doch überstrahlte dessen kultureller Ruhm den Stuttgarts hundertfach. Der Herzog von Württemberg hatte seine mäzenatischen Ambitionen längst gezügelt, sie waren mehr Großmannssucht als inneres Bedürfnis gewesen. Die prunkvolle Opernfassade war zerbröckelt, ihr finanzieller Erhalter knauserte. Aber immer noch bestimmte der Hof das Leben in der kleinen Resi-

»Prospekt des Grabens in Stuttgart gegen das Ludwigsburger Tor«:
die heutige Königstraße

denz. Das zeigte sich schon architektonisch. Seit 1782 der Bau-
meister R. F. H. Fischer den jüngsten Umbauplan der beiden
herzoglichen Schlösser durchgeführt hatte beherrschten diese,
die neu errichtete Karls-Akademie, die beiden Theater und die
ausgedehnten französischen Parks, das moderne Stadtbild. Sie
nahmen etwa die Hälfte der Fläche der ganzen Bürgeraltstadt
mit ihren engen Gassen und spitzgieblichen, eher bescheidenen
als stattlichen Häusern ein.

Ein ähnliches, für Residenzen im Zeitalter des Despotismus
bezeichnendes, durch die ausgedehnten Parkanlagen noch kras-
seres architektonisches Mißverhältnis als etwa im fürstbischöf-
lichen Salzburg. Eine moderne, schnurgerade, unmittelalterlich
breite Prachtstraße verband das höfische und das kleinbürgerli-

Der Graben zur Legionskaserne hin

che Stuttgart. Am Graben, der heutigen Königstraße, dem
eigentlichen Geschäftsmarkt der Industriemetropole, befanden
sich damals schon die »guten Adressen«, und der Hoftheaterdirektor Schubart konnte sich jetzt auch eine leisten. Er bezog eine
stattliche Wohnung an der Ecke zur Langen Gasse. Dort lebte er,
oft kränkelnd, häuslich zurückgezogen; dort starb er.

Kurz nach seiner, von vielen Freunden, von den Schauspielern
und Sängern des Hoftheaters mit Kundgebungen der Sympathie
gefeierten Freilassung aus der Asperghaft empfing ihn der Herzog zu einer persönlichen Audienz. Insofern ein Ereignis im
Leben Schubarts; es ist keine zweite gesichert. Der kluge Herzog
wußte, was er wollte: den einigermaßen unberechenbaren künftigen Chronikherausgeber als Hofmann und Theaterdirektor

273

gleich an die huldvolle Leine legen. Offenbar mit vollem Erfolg. »Letztern Freitag war ich lang bei dem Herzoge in Audienz. Ich muß gestehen, er war außerordentlich gnädig . . . Ich habe nun keine Instanz als diesen meinen gnädigen Herrn, gegen den nun aller Groll wie Nachtgewölk weggeschwunden ist« (an Lieutenant Ringler, 31. Mai 1787).

Die Briefstelle wurde von den meisten älteren Schubart-Interpreten, zumal von denen, die im kirchlichen Dienst standen oder monarchisch gesinnt waren, aber auch von neueren, die offenbar keine schwäbischen Nestbeschmutzer sein wollten, harmonisierend ausgelegt. Hier der Herzog, der sich im Alter sichtbar zum Besseren gewandelt hat; dort der Dichter, der so von Gutmütigkeit überströmt, daß er bereit ist, alles Böse zu vergessen, ein guter Christ, groß im Verzeihen. Die Wirklichkeit aus neuer psychologischer Sicht zeigt keine so ungetrübt freundlichen Farben auf dem historischen Gemälde. Der Mangel an Dokumenten läßt eine wissenschaftlich fundierte nachfreudische Analyse von Schubarts Charakter nicht zu. Sie fehlt denn auch in Wilhelm Lange-Eichbaums psychopathologischem Standardwerk »Genie, Irrsinn und Ruhm« (München-Basel 1967), in dem Schubart immerhin ein Stichwort erhält. Die wenigen Seiten, die der Psychologe Karl Birnbaum über Schubarts Charakterstruktur schrieb, sehen weniger eine dauerhafte, christlich übermenschliche Vergeben-und-Vergessens-Haltung Schubarts, als den Ausdruck einer »Oberflächlichkeit, Unbeständigkeit und überleichten Beeinflußbarkeit der emotionalen Regungen . . . Einer Wesensartung, die sich in ihren ausgeprägten Formen stark den psychopathischen Veranlagungen mit Minderwertigkeitseinschlag nähert«.* Das Buch bringt so viele historisch gesicherte Zeugnisse über den Einfluß von Kerkerhaft, Alkohol und Sexualität auf die Charakterentwicklung bedeutender Persönlichkeiten, daß man Schubart gewiß nicht ausklammern kann.

Er wandelte sich in den Stuttgarter Jahren seines vorzeitigen Alterns nicht mehr, seine Triebe, Talente, Willenskräfte wurden nur schwächer. War er früher sprunghaft, leicht entflammbar

* Karl Birnbaum, *Psychopathologische Dokumente*, Berlin 1920, S. 176.

und leicht aufgebend, Versuchungen gegenüber schwach gewesen, so traten nun resignative und hypochondrische Züge in den Vordergrund. »Ich bin lange nicht das geworden, was ich hätte werden können. Wieviel olympisches Feuer habe ich zwekloß versprüzt! Wieviel Herzensausflüsse vergeudet!« Schubart war einsichtig genug, dies gegen Ende seiner Tage in einem Brief (7. März 1789) an den Sohn Ludwig zu erkennen. Noch über ein Jahr später schrieb diesem Frau Helene: »Entweder ist er hypochondrisch und bildet sich ein, er wäre krank; oder er will den großen Mann machen . . .«

So ganz eingebildet waren Schubarts Krankheiten nicht. Auch in den Stuttgarter Jahren hatte er Grund genug, über seine schwache Gesundheit zu klagen, die sich »wie eine Thurm-

Christian Friedrich Daniel Schubart
Gemälde, Öl auf Leinwand, von F. Oelenhainz, 1789

fahne . . . im leisen Windhauch seufzend dreht«, besonders über schwere Magenschmerzen. Dazu kam noch ein unglücklicher Sturz in der Betrunkenheit, der ihn an der rechten Hand verletzte, so daß er lange Zeit nicht schreiben konnte. Sein allgemeiner Niedergang war weder dadurch noch durch seine immer schon anfällige Gesundheit und schon gar nicht durch sein Alter bedingt. Er war ja kein alter Mann, als er vom Hohenasperg herunterkam: gerade 48, also in seinen sogenannten besten Jahren! Aber es konnten eben nicht mehr die besten sein. Nicht, nachdem man ihm so viele der allerbesten geraubt hatte. »Das meiste kommt leider von seiner Erziehung her und vom Aschberg«, resümierte in dem schon erwähnten Brief Helene. Das mit der Erziehung bleibt unklar, desto klarer erscheint die Asperg-Erkenntnis. Der Schatten des Schicksalsberges lagert dumpf und niederdrückend auf den Stuttgarter Jahren. Schubart konnte nicht mehr der sein, der er vordem gewesen. Der neue, vordem nie gekannte Wohlstand hüllte wie der vielzitierte goldene Käfig einen in seinem innersten Wesen gebrochenen Mann ein. Im Gefängnis hatte er einmal eine Lithographie mit seinem Bild in verzweifelt bekennerischem Trotz unterschrieben: »In Fesseln – frei.« Jetzt hätte das neue Motto ehrlich lauten müssen: In Freiheit – gefesselt.

Das Leben in dem Stuttgarter Wohlstand verlief eintöniger und ereignisloser, als es hätte sein müssen. Dem angestellten Hofmann Schubart wäre die Teilnahme am gesellschaftlichen Treiben der *High-Society* nicht verwehrt gewesen – wenn er sie gesucht hätte. Er dachte nicht daran. Ob er sich des gebrannten Kindes in Ludwigsburg erinnerte, ob er überhaupt zu träge geworden war, er zog sich ganz in den Kreis der Familie und einer derbfröhlichen Stammtischrunde zurück. Keine Rede mehr von Gardinenpredigten der züchtigen Hausfrau Helene. Sie mußte ihn in den letzten Jahren eher dazu ermutigen, daß er den allzu bequemen Großvatersessel verließ.

Auch ist nichts mehr von turbulenten Seitensprüngen des flatterhaften Ehemannes Schubart bekannt. Zwar schrieb er 1789 an seinen Sohn, daß er noch gerne mit Mädchen schäkere, »und der gehörnte Jokus sticht mich noch gar oft in die Seite«. Doch da steckte wohl nicht mehr viel dahinter. Schubart war nun ein braver Hausvater. Die Liebesstürme vom Asperg-Wiedersehen waren verflogen, ehelicher Alltag normal geworden. Immerhin stutzt man einigermaßen, wenn man in einem Brief an den »Bruder Capoll« aus den Ulmer Tagen (vom 1. Dezember 1789) liest: »Mein Weib, die alte Puderschachtel ... die alte Strunzel ... meine zahnlose Hausehre ...« Verfiel der Schreiber da in harmlosen alten Kumpanenton unter Männern oder schätzte er seine Frau wirklich »unter Brüdern« so ein? Jedenfalls genoß er in seiner erneuerten Ehe vor allem die ruhige Behaglichkeit, die ihm Helene – auch sie kränkelte oft – allezeit bereitete. »Ich lese viel und komme wenig in Gesellschaft, weil ich all meine Gemächlichkeit und Pflege zu Hause finde«, teilte der Fünfzigjährige seinem Sohn mit.

Zu Hause fand er bald auch neue, großväterliche Freuden. Die Tochter Julie heiratete den Kammermusikus Johannes Kaufmann. Ein begabter Cellist und geschätzter Schwiegersohn; er wurde so etwas wie Privatsekretär für den schreibfaulen Schubart. Als ein Nannchen zur Welt kam, entwickelte Schubart zärtliche Großpapa-Talente. Einmal dichtete er für den kleinen Liebling ein nicht weniger als zehn Strophen langes Geburtstagspoem. Er blieb auch ein überaus liebevoller Vater. Mit Julie als Hofopernsängerin war ja kein Staat zu machen, das erkannte der Musikfachmann Schubart unbestechlich. Aber in seinen Sohn Ludwig setzte er große Hoffnungen. Ihm berichtete er in Dutzenden Briefen über alles, was so im Stuttgarter Alltag geschah, ihn beriet er, wenn der Sohn literarische Manuskripte zur Begutachtung vorlegte, und auch in allen Lebenslagen, von der notwendigen Religion bis zum gesundheitsfördernden frühen Schlafengehen. Die ausgedehnte Korrespondenz mit seinem Sohn spiegelt Schubarts Menschlichkeit denkbar sympathisch.

Ihr gegenüber tritt die mehr literaturfachliche mit alten Freunden wie Miller oder Posselt in den Stuttgarter Jahren zurück. Es ist unverkennbar: Schubart war auch geistig müde geworden. Der Ruhm des einstigen Rebellen und Chronikschreibers, durch die neue Chronik aktualisiert, wirkte wohl weiter, das Asperg-Martyrium verstärkte ihn noch im allgemeinen Bewußtsein.

Literarisch war dennoch die Zeit über ihn, den einstigen Pionier, hinweggegangen. Er produzierte ja kaum noch wesentlich Neues, er strengte sich auch nicht sehr an, um »mitten drin« zu bleiben. Wer ihn besuchte, wurde herzlich empfangen; so August Bürger, mit dem er tagelang zusammen war und der nach seinen Worten persönlich nur gewann. Aber so viele Prominente kamen gar nicht. Im Jahr der Bastille-Erstürmung immerhin der unbekannte, blutjunge Friedrich Hölderlin, der seiner Mutter darüber berichtete: »Daß ich bei Schubart war, u. daß er mich so freundschaftlich mit solcher Väterlichen Zärtlichkeit aufnahm, werden Sie schon wissen... O es wäre eine Freude, so eines Mannes Freund zu sein.«

Beim Stuttgarter Hof- und Domänenrat Hartmann, der ein gastliches Haus hielt, lernte Schubart den einst berühmten, als Meister empfindsamer Rokoko-Lyrik gefeierten (und noch von Beethoven und Schubert vertonten) Friedrich Matthisson kennen. Der alte Herr erteilte dem am Flügel präludierenden Schubart das Ehrenprädikat »Shakespeare der Musik«, ein chevaleresk zugesprochener Titel ohne Mittel. In den Briefen übers gesellige Familienleben tauchen nur wenige unbedeutende Namen auf: Elsässer, Nast, Fischer, die Frau Hofkaplanin, die Glokerin, wohl mehr zum Verkehr der Hausherrin gehörig.

So wenig wie am gesellschaftlichen Leben scheint Schubart am musikalischen teilgenommen zu haben. Dabei gab es in Stuttgart seit 1784, als sich die musikfreudige Lesegesellschaft formiert hatte, öffentliche Konzerte. Ein Novum gegenüber dem bis dahin höfisch-internen Musikbetrieb. Der war natürlich professionell, die Bürger hielten sich mehr an Liebhaber. Einen Gulden kostete das Abonnement, 30 Kreuzer das einzelne Konzert. Man spielte zuerst im Rallischen, dann im Metzlerischen Saal, meist sonntags von fünf bis acht Uhr abends. Neben Instrumentalkompositionen hörte man auch Lieder schwäbischer Kleinmeister; Schubart war nicht darunter. Mit dem öffentlichen Konzertieren hinkte Stuttgart um ein paar Jahre hinter den großen Metropolen Berlin und Wien her. In der Habsburgerstadt ging es, wie der Kulturtourist Nicolai berichtet, ortsentsprechend gemütlich her; bei den Liebhaberkonzerten auf der Mehlgruben klapperten hie und da von nebenan »Spielmarken und Schokoladentassen« in die Musik hinein – ob die Stuttgarter Musikfreunde sich da wohl puritanischer, *ihrem* Ruf gemäß verhielten?

Am wohlsten fühlte sich Schubart im Dunstkreis von Zechbrüdern. Die versammelten sich regelmäßig im Gasthaus »Adler« am Marktplatz mit seinem schwäbisch-bescheidenen Rathaus. Eine wahrhaft gemischte Gesellschaft. Es fehlte ihr nicht ganz an Literaten. Der alte Professor Haug, der junge, aufmüpfig gesinnte Dichter Stäudlin, der Karlsschul-Lehrer und spätere Hoftheaterdirektor Schlotterbeck repräsentierten sie inmitten einer Schar von studentischen Musenjüngern. Daneben teilten sich in die dicke Tabakluft des Wirtshauses der Arzt Dr. Mollwitz, Handwerker, Advokaten und Offiziere. Sie alle verband der Suff und der Spaß, den die beiden Könige der Runde verbreiteten: Schubart und der Schieferdecker Baur.

Dichter und Handwerker, ein seltsames Gespann vielfach erklärter Sympathie füreinander. Leopold Baur, vermögender und äußerst freigiebiger Dachdeckermeister – vielen Studenten subventionierte er das Studium – war ein Fleischberg von drei Zentern, soff wie ein Loch (die Zahl der vertilgten Weinflaschen registrierte er mit den in die Tasche gesteckten Korken) und gefiel sich in der Rolle eines schwäbischen Falstaff. Ohne Witz hätte er das nicht vermocht. Tatsächlich erschöpfte sich seine Eigenschaft als Original nicht darin, daß er den schwäbischen Gruß reichlich strapazierte, jedermann das Schimpfwort »Du Lalle« an den Kopf warf und vor dem Dahinscheiden, natürlich wegen Leberzirrhose, verfügte, man solle ihn auf dem Bauch liegend begraben, damit ihn alle »im Arsch lecken können«. Im Wettstreit mit Schubart schwang er sich zu ganz lustigen Epigrammen auf, und er konnte auch ernst und ehrfürchtig werden, wenn der Chronikschreiber patriotische Artikel aus der nächsten Nummer in der Runde vorlas. Baur, dem man nachsagte, er sei der illegitime Sohn des Trierer Erzbischofs, brachte es übrigens fertig, ein frommer praktizierender Katholik, Prostestantenverhöhner und Freimaurer-Meister zugleich zu sein. Sicher ein altschwäbisch-kauziges Original. Schubarts überlegene Spottgedichte steckte er gelassen ein. Auch den makabren Nachruf, als man den Schieferdecker schon zu seinen Lebzeiten – er starb dann wenige Monate vor dem Dichter – totsagte:

Der Schieferdecker Baur
kam vor die Himmelspforte,
Da sprach St. Petrus diese Worte:
»Geh' fort von hier, Du epikurisch Schwein,
Werd' erst ein Mensch, dann laß' ich Dich herein!«

Plump alkoholdunstig ging es in Schubarts geliebtem »Adler« nicht immer zu. Man mußte gelegentlich auch wortwitzig sein. Zwei Weingärtner namens Klumpp und Fesel, aus dem Vorort Heslach, bedichtete Schubart aus dem Stegreif:

Nimm's K hinweg von Klumpp,
Und's F hinweg von Fesel;
So ist der Ein' ein Lump,
Der andere ein Esel.

Schon knappe sechs Wochen nach Schubarts Freilassung erschien nun auch seine einstmals berühmte Chronik wieder. Als »Vaterländische Chronik«, so lautete der neue Titel. Schubart motivierte ihn auch gleich in der ersten Nummer vom »Julius 1787«, die praktisch aus einem einzigen bekennerischen Artikel »An mein Vaterland« bestand. Darin verkündete Schubart sein Programm: »Religion und Vaterland, oder der Gedanke an unsere nahe und ferne Heimath, ist, glaube ich der Goldpunkt.« Ab 1788 lautete der Titel »Vaterlandschronik«, ein Jahr später nannte Schubart seine Zeitung nur noch »Chronik«. Nicht etwa, weil sie nun weniger patriotisch gewesen wäre, sondern – wiederum begründete es der Herausgeber – weil die ausländischen Angelegenheiten sich vordrängten.

An Charakter und Entstehungsweise der Chronik änderte der Titelwechsel so wenig wie damals in Augsburg und Ulm. Wiederum erschien sie zweimal in der Woche, am Dienstag und Donnerstag, mit je acht Seiten (bei aktuellem Bedarf auch mit mehr), sie kostete 3 Gulden jährlich (was bei der auch in der Chronik beklagten zunehmenden Teuerung relativ wenig war: Abonnenten des Stuttgarter Hoftheaters hatten vergleichsweise jährlich 12 bis 24 Gulden zu opfern), und sie wurde nach wie vor von Schubart praktisch allein gemacht. Meist im Alkoholdunstkreis der geselligen Wirtshausrunde. Im »Adler« pflegte Schubart oft zu diktieren, und der unmittelbare Widerhall des gerade Formulierten bei den Zech- und Gesinnungsgenossen mochte dazu beigetragen haben, daß die neue Chronik ihre vom Volkaufs-Maul-Schauen gewonnene, volkstümliche Lebendigkeit beibehielt. Damit ihren Erfolg.

Da Schubart an der wachsenden Auflage beteiligt war, stieg auch sein Einkommen. Der Sohn Ludwig bezifferte es auf 4000 Gulden jährlich, einschließlich schriftstellerischer Nebeneinkünfte; Schubart selber gibt für die letzten Jahre 4500 Gulden an, wobei nicht ganz klar ist, ob darin sein herzogliches Gehalt von 600 Gulden jährlich als Hofdichter und Hoftheaterdirektor einbezogen war. So oder so, er verdiente jetzt ungleich mehr denn je. Das bekam seiner lang entbehrten, neu erwachten Familienhäuslichkeit gut. Nicht so gut bekam seiner Gesundheit, daß er nun seiner inspirierenden Weinliebe nach Herzenslust frönen konnte: Er ließ »Keller und Küche stattlich bestellen« (Ludwig wußte, worüber er berichtete) und trank neben den billigen schwäbischen Uhlbacher und Rosswaager Rieslingen auch immer lieber teuren Burgunder und Ungarnwein. Er konnte es sich ja leisten.

Auch als politischer Journalist konnte er sich einiges leisten, da ihm der Herzog Zensurfreiheit zugebilligt hatte. Eine für Karl Eugen bezeichnende Pseudo-Gnade. Damit riskierte er jedenfalls viel weniger als Schubart, erhöhte aber sein tagestaktisch gebotenes aufklärerisches Prestige; über dem Chronikschreiber blieb hingegen das Damoklesschwert der Verantwortung hängen, und der Schatten des Aspergs stand immer als bedrohliches Gespenst dahinter. Der Herzog erwies sich als viel schlauer als sein einstiges Opfer. Wenn er jetzt einen einstigen Freiheitshelden nicht nur in höfischen Sold nahm, sondern auch noch zensurfrei schreiben ließ, legte er ihn doppelt an die Kette. Die Rechnung ging ziemlich auf. Die mehrere Jahre lang von der herzoglichen Zensur fast unbehelligte »Chronik« – erst spät ereilte sie des Despoten erneuerte Ungnade – unterschied sich erheblich von dem kecken, antipfäffischen Ulmer Volksblatt. Postume Wertungen balancieren auf einer Kippe: Man kann darüber staunen, was Schubart nach wie vor an Fortschrittlichkeit und Liberalität wagen konnte (auch wenn es mancherlei Ärger mit Mächtigen gab), man kann aber auch eine generelle, schon im Leitartikel der allerersten Nummer programmierte Zahnlosigkeit feststellen.

Als der Dichter Bürger bei seinem Besuch in Stuttgart die Zeitung »strotzend und aufgedunsen« nannte, antwortete Schubart resigniert: »Ich will's glauben; der Asperg gähnt daraus hervor . . .« Die zehn Jahre Unfreiheit und Gehirnwäsche hatten Wirkung gezeigt. Mehr denn je klaffte das, was Schubart zu publizieren wagte, und das, was er wirklich dachte, auseinander. Ein Beispiel für viele: Am 18. August schrieb er dem Sohn: »Der Herzog läßt 300 kreuzlahme, hohlaugichte Soldaten gegen die rebellischen Mömpelgardter marschieren. Die werden den Teufel fangen!« Drei Tage später stand in der »Chronik« über denselben Vorgang: »Auch Mömpelgardt . . . ist durch die weise Veranstaltung seines Herrn, unsers Herzogs, wieder zur Ruhe gebracht.«

Wer heute die vier Jahrgänge der Stuttgarter Chronik kritisch durchackert, muß das plastische Dichterwort bestätigen. Formal wird das meiste der alten Chronik weitergeführt, diese höchstpersönliche Mischung von politischer Berichterstattung (nach wie vor oft aus anderen Zeitungen herausgefischt, deren Schubart nun fünfundzwanzig hielt), von Kommentaren und wuchernden Fußnoten, erbaulichen Anekdoten, Gedichten (jetzt viel mehr fremden, etwa von Maler Müller oder dem religiösen Salbaderer Neuffer), von literarischer und musikalischer Information. Auf den ersten Blick mag es überraschend erscheinen, daß Schubart, der vorsichtig Gewordene, dauernd vor erneuter Asperg-Ungnade Bangende, keinesfalls die ungefährlichen Gewässer von Literatur und Kunst vorzieht, sondern ihnen ausweicht und sein Chronik-Schiff in die hohe See der Tagespolitik steuert. Vor allem dadurch, daß er sich dezidiert zum deutschen Herold der französischen Grande Révolution macht. Darin und in der Verlagerung auf die Politik insgesamt liegt das wesentlich Neue der Stuttgarter Chronik. Doch hält Schubart zugleich das Gegengewicht bereit: Das ist seine viel fürstenfreundlichere, aufmüpfigem Stachel entsagende, im Religiösen manchmal schwülstige Haltung.

Seine Bewunderung für die Französische Revolution bekundete er in vielen Dutzenden Berichten und Kommentaren, unerschütterlich bis zu seinem Ende. Allenfalls warnte er vor Auswüchsen; die Schreckensherrschaft Robespierres erlebte er freilich nicht mehr. Der alte Franzosenhasser wandelte sich jetzt sogar zum Freund der Franken oder Neufranken, wie er sie oft nannte. »Ich war sonst, mit vielen Landsleuten, gewaltig entrüstet gegen die Franzosen, schalt ihren Kleinigkeitssinn, ihr Modegift... aber nun küss ich dem französischen Genius die Hand, denn er ist ein Geist der Freiheit, und Größe und Wahrheit ist in seinem Gefolge« (Ch. 10. Juli 1790). Ja, sogar seinen alldeutschen Patriotismus opferte er gelegentlich der neuen Franzosenverehrung, wenn er Verständnis dafür äußerte, daß die deutschen Straßburger nichts mehr vom Deutschen Reich wissen wollten: »So Franzosen werden ist eine größere Wohlthat, als jeder Deutsche begreifen kann...« (Chronik-Beilage LXVI 1789). Freilich, Konsequenz darf man bei dem nach wie vor emotionalen Journalisten Schubart nicht erwarten; wenig später beklagte er, daß die Straßburger sich vom »Schwindelgeiste« aus Paris hinreißen ließen. Das betraf aber mehr die exzessiven Begleiterscheinungen der Revolution, nie deren freiheitliche Idee.

Pöbelherrschaft, »gränzlose Ochlokratie«, Mißbrauch der neuen Pressefreiheit prangerte er an, vor Gewalttaten warnte er wortgewaltig und ahnungsvoll: »Euer Freiheitskampf, ihr Franken, wird ein gräsliches Fundament von Bürgergerippen bekommen« (2. Juli 1790). Auch zeigte er sich skeptisch gegenüber der Égalité-Forderung; vollkommene Gleichheit schien ihm undurchführbar, wobei er, und das war bezeichnend für den Geist der Stuttgarter Chronik, die christliche Religion als Argumentationshelferin heranzog: Im Himmel gäbe es ja auch eine Hierarchie, »Fürstenthümer, Obrigkeiten, Erzengel . . ., Geisterpöbel«, und auf Standesunterschiede mochte der auf dem Asperg gezähmte Bürger Schubart auch auf Erden nicht verzichten.

Immerhin, auch wenn er einen Export der Französischen Revolution in deutsche Lande für untauglich hielt – »Selbsthülfe« gegen die »rechtmäßige Obrigkeit« verdammte er –, seinem freiheitlichen Entzücken über die »freien Franken«, die er noch in einer seiner allerletzten Chronik-Nummern »segnete«, blieb er doch mit einer für ihn seltenen Beständigkeit treu. Sein humanes Mitgefühl mit dem König Louis XVI. hinderte ihn nicht daran, die deutschen Fürsten vor einem gegenrevolutionären Eingreifen in Frankreich zu warnen und zur Neutralität aufzufordern – ohne Erfolg, wie man weiß. Die neue Pariser Verfassung pries er nicht nur, er machte sie auch in seiner Chronik publik, indem er sie seitenlang abdruckte. »Es ist nun *ein* Reich, wie nur *ein* König; nur *eine* Regierung, wie nur *eine* Nazion« (23. September 1791). Wunschträume eines deutschen Patrioten!

Selbst das Wort »Demokraten«, das noch eine Generation später, im deutschen Vormärz, eine kerkerträchtige, äußerst gefährliche Abstempelung war, erschien ihm »nicht unpassend« als Bezeichnung für Volksfreunde, und: »Fürsten sind um des Volkes willen, das Volk nicht um des Fürsten willen« da (23. Sept. 1791). Kühne Gedanken, wenige Wochen vor Schubarts Tod geäußert. Aber gar so kühn nun auch wieder nicht. Denn seit Juli desselben Jahres hatte der Herzog, auf vielfachen äußeren Druck, das Privileg der Zensurfreiheit wieder aufgehoben, und der neu eingeführte Zensor hatte die freiheitliche Passage selber durchgehen lassen.

Damit beantwortet sich auch, wenigstens zum Teil, die naheliegende Frage, wie es kommen konnte, daß in einem so autokratisch regierten Land wie Württemberg die Grande Révolution wiederholt, vier Jahre lang, gepriesen werden durfte. Ihre moralischen und staatsrechtlichen Ideen erwiesen sich einfach als zu stark, um negiert zu werden; wer sie so fürstengetreu domestizierte wie Schubart, galt einem intelligenten Monarchen – und das war Karl Eugen zweifellos – als kleineres Übel. Er duldete ja auch, daß die seit 1786 erscheinende »Schwäbische Chronik« des politisch engagierten Christian Gottfried Elben die Pariser Revolution mit Sympathie begrüßte und die Verkündung der Menschenrechte feierte. So gewagt war der Restbestand dessen, was Schubart an Bekennermut in seine Stuttgarter Chronik einbrachte, also gar nicht. Erst nach den Robespierreschen Schreckensjahren, die er nicht mehr erlebte, wurde es lebensgefährlich, sich als Jakobiner zu bekennen – was die jungen Tübinger Stiftler Hölderlin und Hegel nicht daran hinderte, es dennoch zu tun, wenn auch nur in Briefen.

Schubart durfte die noch gemäßigte, konstitutionelle Periode der Französischen Revolution mit vieltausendfacher Öffentlichkeit rühmen. Unter des despotischen Herzogs Augen – eine auf den ersten Blick erstaunliche Benevolenz. Ihr Grund liegt in der arroganten Selbstgefälligkeit des Monarchen; was er tat, war richtig; er hatte einen kleinen Kläffer an die Leine gelegt, die öffentliche Meinung verachtete er aus Herzensgrund. Als ihn der Oberst von Seeger, Intendant der Hohen Karls-Schule und auch für die Überwachung der Chronik zuständig, einmal auf eine kitzlige Stelle aufmerksam machte, schrieb der Herzog an den Rand des Denunziantenpapiers, er finde es unter seiner Würde, »auf das Geschrei eines Blätterschreibers zu attendieren«.

Man weiß nicht, ob und wie gründlich Karl Eugen die Chronik las. Selbst wenn er es tat, der mit einem Hofbeamtenposten gekaufte »Blätterschreiber« hätte ihm nicht eben viel ernstlichen Anlaß zu obrigkeitlichem Einschreiten gegeben. Auch in der voraspergischen Chronik hatte Schubart stets zwischen guten und schlimmen Fürsten unterschieden und den Herzog von Württemberg vorsichtig ausgespart. Jetzt scheute er diesem gegenüber nicht vor den devotesten, literarisch miserabelsten Huldigungspoemen zurück – ob der Monarch nun gerade genesen war, von einer Reise heimkehrte (»Siehst du die Wonnezähren tauen?«) oder Geburtstag feierte: »Du warst der Fürsten Bester – – Jede deiner Thaten / Ein Wurf in's Meer der Zeit.« Solche Huldigungspoeme waren zeitüblich, und in der Asperg-haft rechtfertigte die Zwangslage sie; in der Stuttgarter Chronik

bezeugten sie eher das gebrochene Rückgrat des Verseschmiedes. Wie auch so beschönigende Reportagen wie die über den
Abmarsch des 2. Bataillons des Kap-Regimentes: »Man bemerkte unter ihnen gemeinen Muth und diejenige Freude, die zu
sagen scheint: alle Welt ist unser!« (August 1787)

Der einstige journalistische Rebell und Frechdachs war ein
braver Bürger geworden. Daß in einer »wohleingerichteten
Monarchie mehr Menschenrechte anzutreffen seien, als in den
besten Freistaaten«, beteuerte er neuerlich. Bei den Franzosen,
bei den Nordamerikanern, bei den Schweizern rühmte er die
freistaatlichen Verfassungen, aber das waren Ausländer; zu
Hause, in Deutschland, fand er jetzt von Staats wegen alles aufs
beste geordnet: »Kein Land in der Welt hat bessere Fürsten,
mildere Obrigkeiten... als Deutschland« (7. Sept. 1790),
darum nur ja keine umstürzlerische »Selbsthilfe«! Die Nieder-
länder, die sich gegen die österreichische Adelsherrschaft auf-
lehnten, verurteilte er als »wahnsinnige Empörer«. Wie denn
nicht, da Schubart doch alle herrschenden Monarchen jetzt völlig unkritisch und schönfärberisch lobte, ob Preußen oder Österreicher: den Kaiser Joseph II. und seinen Nachfolger Leopold II.;
Friedrichs, des »Einzigen«, jetzt regierenden Neffen Friedrich
Wilhelm II., der in Wirklichkeit ein sehr schwächlicher Regent
war, seinen Staatsminister Graf Hertzberg (»Unser und
Deutschlands Stolz« – er war eben der Dienstherr von Schubarts
Sohn Ludwig). Zwar: »In allen großen und kleinen Staaten
bemerkt man eine Gärung, die immer gewaltiger wird...
Traun! die Alleinherrscher haben die Saiten so gewaltig
gespannt, daß sie brechen müssen« (10. Juni 1789). Doch solcher
Rhetorik stehen viele versöhnlichere Bekundungen entgegen.
»Unsere Fürsten« sind ja doch in Ordnung, und wenn sie fort-
fahren »weise Aufklärung zu begünstigen..., so wär's Raserei,
noch mehr zu wollen«. So bescheiden war Schubart geworden.

Sogar auf den maroden deutschen Fürstenbund setzte er Hoffnungen. Nicht mehr auf die einst stolzen Reichsstädte, deren
»Oligarchengift« verkalkter Herrschaftsklüngel er schlimmer als
tyrannisch nannte, und auch nicht auf den in Württemberg
ohnehin längst entmachteten Landesadel; Adel sei kein Verdienst

ohne Wissenschaft und Tugend – da schrieb der freiheitlich gesinnte Bürger.

Die politische Berichterstattung trat in der Stuttgarter Chronik, es wurde schon erwähnt, ganz in den Vordergrund. Kein Wunder. Es waren ja krisengeschüttelte, international höchst kriegerische Jahre. Selbst zwischen Österreich und Preußen drohte neuer Krieg, er wurde dann doch einvernehmlich beigelegt. Ringsum wütete er: Rußland gegen die Türkei, gegen Polen und Schweden; Österreich gegen die Türkei, gegen den Aufstand in den Niederlanden; England in kolonialen Dauerkämpfen. Nächst den französischen Revolutionären genossen von den Ausländern Schwedens militärisch unglücklicher König Gustav III., die Zarin Katharina II. und die nordamerikanischen »Kolonisten« des Chronikschreibers größte Sympathien.

So dilettantisch, nach modernen Begriffen, der politische Journalist Schubart in seiner internationalen Berichterstattung verfuhr, manchmal bewies er viel perspektivisches Gespür; über sechzig Jahre vor dem noch um die Mitte des 19. Jahrhunderts als Prophet belächelten Alexis Clérel de Tocqueville sagte er die zukünftige Weltbedeutung der von den europäischen Mächten immer noch nicht ernstgenommenen abtrünnigen nordamerikanischen Provinzen voraus: »Ich glaube..., daß bald auch Amerika aufgefordert wird, sich ins große Völkerdrama zu mischen.« (V. Ch. 8. Januar 1788.) Ein Jahr zuvor hatte er bereits Rußland prognostiziert, es sei zum ersten Reiche der Welt bestimmt – wiederum denkt man an Tocqueville; Rußland war damals zwar das volkreichste Land in Europa, aber keinesfalls das mächtigste. Die einst bewunderten Briten hingegen verloren jetzt immer mehr in des Chronikschreibers Augen. Er prangerte ihre »unstäten Krämerseelen« an, beneidete sie zwar nach wie vor um ihre Pressefreiheit, geißelte jedoch ihre außenpolitische Heuchelei: »Die Briten sprechen soviel von Freiheit, und doch tirannisirt niemand mehr die Völker... als sie« (Ch. 16. Juli 1790).

Hatte die kriegerische Bedrohung Schubarts Friedenssehnsucht beflügelt? Keinesfalls, wenn man die neue Chronik als

Spiegel nimmt. »'s ist leider Krieg – und ich begehre nicht schuld daran zu sein« – berühmte Verse des journalistischen Kollegen Matthias Claudius in Wandsbeck. Schwerlich wird man dergleichen aus Schubarts friedliebenden Chronik-Zeilen, ob in Reim oder Prosa, zitieren können; sie waren nicht selten, aber allesamt konventionell. Zeitgeschichtlich mögen ja auch Schubarts kriegerische Fanfaren nicht aus dem Rahmen fallen, denn Kriegführen galt damals durchaus nicht als verabscheuungswürdige Untat oder gar als Katastrophe. Immerhin muß man Schubarts Friedrich-Fanatismus und seine ganze Emotionalität als Erklärung heranziehen, wenn man mehrfache Lobpreisungen des Krieges liest: »Krieg donnert den Menschen vom weichen Bett der feigen Trägheit auf, härtet seinen Leib« (V. Ch. November 1787); die Welt wird durch den Krieg »sehnenschraf und stark« (V. Ch. 27. Januar 1789). Bloße Rhetorik wahrscheinlich; aber Schubarts kriegerische Phraseologie stimmt mit der insgesamt konservativen Haltung der Stuttgarter Chronik überein.

Entschärft gibt sich seine antiklerikale Feder. Nur noch selten wettert er gegen »Pfaffen« und Jesuiten, seine alten Erzfeinde. Religiosität liegt ihm jetzt viel näher am Herzen. Wo sie ihm gefährdet erscheint, wird ihm auch Aufklärung verdächtig. »Deutschland, Deutschland, an all' deinen Tempeln und Musäen flammt die stolze Aufschrift Aufklärung. Aber sind all' deine Fakelträger Geister vom Himmel gesandt?« (V. Ch. Dezember 1787). Darum geht es: Im Grunde stellt er nicht die Aufklärung selbst in Frage, sondern deren unzulängliche Repräsentanten. Die Deutschen sollen bloß nicht der »Megäre« Religionsverachtung folgen! Aufklärung ist schon gut, wenn auch in »geziemenden Grenzen«. Jede »allzu ausgedehnte Aufklärung« erklärte der Chronikschreiber von 1790 für schädlich.

Schlimmer noch als Aberglauben empfand er nun Unglauben. »Irreligiosität und Sittenverfall« habe die meisten Großen angesteckt – weshalb sie auch ein »Raub der niederen Stände« werden müßten, die mehr körperliche und sittliche Kraft hätten. Die Lutherbibel verehrte er mit größerer Inbrunst als je. Er näherte sich fast der buchstabengetreuen Bibelhörigkeit der Pietisten, wenn er die Erfüllung der Apokalypse als dicht bevorstehend voraussagte: »Die Zeit ist ganz nahe, daß sich dies Buch durch seine wunderbar eintreffende Prophetie als ein göttliches legitimieren wird.« Es ließen sich Dutzende Zeugnisse dafür zitieren, daß Schubarts einst halbverschüttete Religiosität jetzt von Grund auf durchbrach, nach Bekenntnis drängend. Sicher eine Folge der Asperghaft mit ihren Erschütterungen. So tiefe Spuren kann Gehirnwäsche hinterlassen. Der als latenter oberster Zensurherr drohende Herzog kann die betonte Religiosität des Stuttgarter Chronisten nicht bewirkt haben; dergleichen interessierte ihn wenig. Der seelisch gebrochene Schubart wurde jedenfalls ein frommer »Fackelträger« der Religion.

Wie sehr er mit seiner Stuttgart Chronik in den Geruch eines religiös Erzkonservativen, ja, eines Verräters an aufklärerischen Idealen geraten war, zeigte sich in dem um die Wende zum Jahr 1789 erschienenen »Sendschreiben an Herrn Schubart, herzoglich Wirtembergischen Theaterdirektor und Hofdichter in Stuttgart, seine Vaterlandschronik betreffend«. Die Schrift war mit M. M. unterzeichnet, praktisch aber anonym. Schubart hielt – in seinem Brief vom 7. März 1789 an den Sohn Ludwig – den ihm wohlbekannten Ulmer Pfarrer Kern, Gymnasiallehrer, Aufklärer und Herausgeber des inzwischen eingegangenen »Schwäbischen Magazins zur Beförderung der Aufklärung« für den Verfasser; wahrscheinlich war es einer aus dessen Gesinnungskreis. Ein gescheiter Schreiber. Er enthielt sich persönlicher Invektiven und legte mit sachlicher Kritik die Finger in Schubartsche Wunden. Seine »schwärmerische« Art zu schreiben, die Mängel seiner politischen Berichterstattung; daß er, der einstige Herold der Aufklärung in Schwaben, nun gegen Religionsverfall polterte und sogar die Reaktion im Preußen Friedrich Wilhelms II. lobte – das alles hatte, wenn auch pedantisch formuliert, Hand und Fuß.

Schubart, der sich da öffentlich als Obskurant, als Handlanger des – von ihm stets zwiespältig beurteilten – Pietismus herausgefordert fand, hätte in seiner Ulmer Chronik-Zeit wohl mit einem fulminanten Gegenangriff geantwortet. Jetzt aber schwieg er. Er begnügte sich mit brieflichen Hieben gegen den vermeintlichen Verfasser (»Der Kerl ist Dorfpfaf, sauft wie ein

Hay, hält eine Schenke in seinem eigenen Hause . . .«), zu mehr raffte er sich nicht auf. Auch dieses Schweigen zu einer durchaus ernstzunehmenden Kritik bezeichnet den alternden Schubart. Er war müde geworden. Der Asperg gähnte noch aus seinen Unterlassungen hervor.

Aus Schubarts neubetonter Religiosität erklärt sich auch seine gegenüber der ersten Chronik noch verstärkte Judenfreundlichkeit. Eine Haltung, die damals überdurchschnittlich fortschrittlich war. Auch wenn das gebildete Publikum Lessings weisem Nathan auf der Bühne zujubelte, das gemeine Volk fand »die Juden«, die Viehhändler, Bankiers oder Trödler im Alltag gar nicht so sympathisch. Schubarts wiederholte Juden-Plädoyers stützten sich nicht auf intellektuellen aufklärerischen Liberalismus, sondern – außer auf gesunden Menschenverstand und Gutmütigkeit – auf die Bibel. Für den humanen Chronikschreiber waren die in kuriose schwarze Kaftane gekleideten Getto-Bewohner sozial Unterdrückte, aber insgeheim von Gott Bevorzugte. »Wenn die Geschichte der Welt einmal ganz und vollendet dasteht; so wird man gestehen müssen, daß die Juden das wichtigste Volk in der Menschengeschichte gewesen seien« (V. Chr. 29. Januar 1788). Weil Gott sie dazu auserwählt habe. Darum begrüßte der bibelfromme Chronist auch, daß man nun anfange, die Juden als Brüder zu behandeln, und er nahm sie gegen banale Vorurteile mutig in Schutz: »Die Christen haben durch ihre unchristliche Behandlung die Juden gezwungen, sich auf Schachern, Betrügen, Gauklen, Falschspielen und andere niedrige Künste zu verlegen« (V. Ch. 31. Mai 1788).

Durch solche soziale Scharfsicht erhob sich Schubart nicht nur über die Dumpfheit christlich-antisemitischer Zeitgenossen, sondern auch über die um anderthalbhundert Jahre Jüngeren, die nichts als rassistischen Wahn hinzugelernt hatten. Man kann Schubart gar als Vorahn des Zionismus (eines freilich rein religiös motivierten) in Anspruch nehmen. Eine Nachricht, wonach Juden ins damals türkische Palästina einzuwandern versuchten, begleitete er mit dem frommen Kommentar, daß Gott noch Großes mit diesem Volk vorhabe. Eben dies war für ihn ein Grund, die Emanzipation der Gettojuden, ihre künftige Vermischung mit den Christen skeptisch zu betrachten. Nicht etwa, weil er sie nicht für würdig hielt – im Gegenteil: weil sie Gottes, zu Höherem erwähltes Volk waren.

Sein eigenes Volk betrachtete der Stuttgarter Chronist weniger verklärt. Zwar ließ er sein Herz »in heiliger Gluth auflodern« und Gott im Himmel danken, daß er ein Deutscher war. Andererseits prangerte er seine Landsleute, nicht nur die Schwaben, an, weil sie sich alles gefallen ließen: »Haben wir uns erst einmal zum Gehorsam gegen jemand gewöhnt, ... so sind wir schwer davon abzubringen. Daher sind wir D e u t s c h e unter allen Völkern der Erde – die b e s t e n U n t e r t h a n e n« (Ch. 18. Mai 1790; die Sperrung ist original).

Das war hier bissig gemeint, so oft Schubart jetzt auch für Treue zu den guten Fürsten plädierte und vor revolutionären Umtrieben warnte. Sein Patriotismus zeigte in der Stuttgarter Chronik zwiespältige Züge. Freiheitsdrang trat gegenüber dem (unverbindlicheren) Lobpreis der guten alten deutschen Art zurück. So in einem eingestreuten Gedicht (V. Ch. 20. Februar 1789):

> Wenn Deutschland seine Würde fühlt,
> Nicht mehr mit Auslands Puppen spielt,
> Die alte deutsche Sitt' und Art
> In Wort und Wandel treu bewahrt,
> Den Christenglauben nie verletzt
> Und Wahrheit über alles schätzt,
>
> . . .
>
> Wenn Deutschland all dieß thut und hält;
> So wird's das erste Land der Welt.

Der neue Franzosenfreund Schubart fand auch gar nichts dabei, seinen alten Spott über die deutsche »Gallomanie« auszugießen. Wie er auch seine Abneigung gegen »gelehrte Frauen« erneuerte (Klavierspielen und Malen gestand er Damen zu, ihre wissenschaftliche Betätigung erregte ihm »Widerwillen und Ekel«). So konservativ war er geworden, daß er gelegentlich auch die Pressefreiheit in Frage stellte und für die Todesstrafe eintrat.

Über neue Literatur und Musik informierte die Stuttgarter

Chronik mit geringerem Engagement als die frühere. Wie wäre es sonst zu erklären, daß er die Vorstellung des wichtigsten Literaturereignisses jener Jahre, das Erscheinen von Goethes Urfaust, seinem Sohn Ludwig überließ! Eine rühmende, aber nicht sehr scharfsichtige Rezension. Wenn Schubart selber zur Feder griff, wandelte er mehr alte Wertungen ab. Klopstock blieb sein Abgott, Lessing und Wieland bewahrte er seine Bewunderung, auch wenn sie sich beim schwäbischen Landsmann kritisch gab: »Wielands Genius würkt mehr in die Breite und Länge, als in die Tiefe und Höhe«, eine Formulierung, die Schubarts Rezensentengabe Ehre macht. Schiller erkannte er nach dem »Don Karlos« schon als »ersten dramatischen Dichter der Deutschen«, Goethes »Iphigenie« rühmte er als Meisterwerk, was gar nicht so selbstverständlich war, Freund Bürger als »ersten Volksdichter« seiner Zeit. Voltaire bezichtigte er der »Irreligiosität und Sittenlosigkeit«, aber ganz zum Schluß, in der allerletzten Chronik-Ausgabe, brach doch wieder die literarische Wertschätzung durch: Er nannte ihn einen »Wundergeist«.

Was Schubart sonst über kleinere Dichtergenossen zu Papier brachte, erscheint heute weniger interessant als die »Kritische Scala der vorzüglichsten deutschen Dichter«, die 1790 außerhalb der Chronik, in Posselts, des Karlsruher Freundes, »Archiv für ältere, vorzüglich deutsche Geschichte, II. Bändchen« erschien. Schubart stellte hier nicht nur Definitions-Rubriken für Genie (»Genie ohne Herz ist halbes Genie«), Schärfe des Urteils, Literatur, Sprachstärke, Popularität, Laune, Witz, Gedächtnis auf; er leitete daraus eine höchstpersönliche, mit seiner Punktverteilung geradezu modern anmutende Rangliste der zeitgenössischen Dichter ab.

In der Rubrik »Genie« stellte er Klopstock und Goethe gemeinsam, mit je 19 Punkten, an die Spitze vor Wieland, Schiller und – Gerstenberg. Insgesamt, alle ästhetischen Kriterien resümierend, ordnete er die poetischen Genies seiner Zeit in die folgende Spitzengruppe ein: Wieland, Lessing, Goethe, dieser gemeinsam mit Klopstock; Schiller folgte erst vier Ränge später, hinter Bürger, Gerstenberg und Gleim. Das mutet heute kurios an, aber vergessen wir nicht: Dieser pseudowissenschaftliche

Versuch einer Poeten-Wertung stammt aus dem Jahre 1790! Die Schiller-Novität »Don Carlos« nach dem bloßen Lesen, ohne unterstützenden Rollenzauber, trotz erkannter theatertödlicher Länge als großen Wurf zu werten, verriet genug kritischen Spürsinn.

Die Information über das zeitgenössische Musikleben trat in der Stuttgarter Chronik noch stärker zurück als die literarische. Die beiden wichtigsten Opernereignisse jener Jahre, die Aufführungen von Mozarts »Don Giovanni« und, ganz neu, »Così fan tutte« gingen spurlos vorüber; Schubart selber reiste ja nirgends hin, und er hatte nicht für ein ausreichendes Korrespondentennetz gesorgt. Haydns Werk blieb weiter fast unbeachtet. Selbst den Tod des stets bewunderten Gluck würdigte Schubart nur mit einem kurzen, dürftigen Nachruf, der nicht einmal »Orpheus und Eurydike« erwähnte; da kam der eben gestorbene Philipp Emanuel Bach insofern besser weg, als Schubart ihn sogar über seinen Vater stellte (was aber damals durchaus zeitgemäßer Überschätzung entsprach!). Der Wiener Singspielautor Karl Ditters von Dittersdorf war für ihn »der große Tonkünstler – vielleicht der erste unserer Zeit«. Solche Wertungen sprechen für die Launenhaftigkeit des Musikchronisten, auch für seine kulturpatriotische Gesinnung.

Wenn er Reichardt, den Schöpfer deutscher Singspiele und Lieder, ferner das Haupt der Berliner Liederschule, Schulz, gar den Offenbacher Verleger und Komponisten André oder den heimischen Zumsteeg hoch pries, berühmte italienische und französische Meister hingegen so gut wie ignorierte, so stimmt das ganz überein mit seiner schon 1787 geäußerten Mißbilligung, daß der »hiesige« Musikgeschmack »noch immer – weit mehr welsch als deutsch« sei und zu dem »Stoßseufzer« im nächsten Jahr, worin er den welschen »Pikelheringsgeschmak« seiner Zeitgenossen beklagte: Der habe »den hohen Kirchenstil, den ernsten Opernstil und den Geschmak an Allem, was die Seele gros wiegt und das Herz in all' seinen Tiefen erschüttert, verdrungen«. Eben die gute alte teutsche Art.

Schubarts schriftstellerisches Temperament und Talent blitzt vielfach durch, aber als Musikkritiker erscheint er in der zweiten

Chronik weniger bedeutend, weniger zukunftsweisend als in der ersten. Dann und wann bringt er in Beilagen Notenproben eigener Lieder, so die des populären »Provisorliedes«. Selten sind musikästhetische Abhandlungen geworden; die wichtigste, über die Charakteristik der Tonarten, haben wir schon gewürdigt.

Die insgesamt konservativere, fürstenfreundlichere Haltung der Chronik bewahrte ihren Herausgeber und Schreiber nicht vor vielen Scherereien mit der herzoglichen Regierung. Karl Eugens Kabinettskollegium, der Geheime Rat, empfand die »Vaterländische Chronik« von Anfang an als verdächtig. In einem Gutachten vom 8. Oktober 1791 heißt es: »Gleich das erste Blatt verkündigte die Absicht dieses Manns, durch eine überstiegene und zugleich freie Schreibart seiner Chronik einen neuen Wert zu geben . . .« So sah man das also an höchster Stelle; gemeint war der Leitartikel »An mein Vaterland«. Fortan folgten viele Proteste. Bezeichnenderweise meist von reichsstädtischen Magistraten, aus Nürnberg, Landau und Worms, die sich alle von Schubart schlecht behandelt fühlten und Widerrufe verlangten. Der Chronikschreiber fügte sich auch; bald mit eleganter Ironie, bald unter dem Deckmantel eines »Höchsten Befehles«.

Peinlich wurde es für Schubart, als im März 1791 grimmige Proteste vom Berliner Hof hagelten – ausgerechnet von seinen geliebten Preußen! Selbst der Staatsminister Graf von Hertzberg schrieb ihm einen groben Brief. Mit einer unscheinbaren personalen Falschmeldung (die er gleich zweimal widerrufen mußte!) stach der naive politische Chronist in ein aktuelles Wespennest innerpreußischer Hofkabalen. Nach dem Zeugnis des Sohnes Ludwig trug die Aufregung über diese demütigende Affäre viel zu Schubarts Tod bei. Eine seltsame Parallele zu den schwerwiegenden Folgen der Ulmer Falschmeldung über Maria Theresias Erkrankung! Zuvor schon, am 13. Juli 1791, hatte Karl Eugen vielfachem Druck nachgegeben und die Zensur wieder eingeführt. Ein Kollegium von drei Professoren überwachte nun auch die Chronik, der Herzog selber wurde immer gereizter. Seiner Instruktion vom 11. Oktober, »schlechterdings keine anstößige Artikel in den Zeitungen mehr zu gestatten«, wich der Chronikschreiber einen Tag vorher aus: durch seinen Tod.

Um beim Schicksal des Lieblingskindes seiner Lebensreife, der Chronik, zu bleiben: Der Dichter und Publizist Gotthold Friedrich Stäudlin führte sie weiter. Er schrieb in der ersten Nummer nach Schubarts Tod einen warmempfundenen Nachruf, suchte freiheitliche Gesinnung aufzufrischen, legte sich auch für die Pariser Jakobiner ins Zeug, verstrickte sich natürlich in ewige Querelen mit der Zensur, und so wurde das Ende der Chronik unausweichlich. Am 24. April 1793 verfügte Karl Eugen die Einstellung. Fast zugleich die des Zensurkollegiums; es war nicht mehr nötig. Wenn der Herzog Schubarts Witwe ein zeitweises Gnadensalär von 150 Gulden jährlich aussetzte, so machte er auch damit, wie mit der in seiner akademischen Druckerei hergestellten Zeitung überhaupt, ein gutes Geschäft. Denn mit den abgeschafften Zensurprofessoren sparte er 300 Gulden ein. Der Jakobiner Stäudlin wurde des Landes verwiesen, seine Irrfahrten endeten drei Jahre später traurig. Der verzweifelte achtunddreißigjährige Patriot ertränkte sich im Rhein.

Weit weniger Zeit, Arbeit und Engagement widmete Schubart seinem Amt als »Hof- und Theaterdichter«, praktisch als künstlerischer Direktor am herzoglichen Theater zu Stuttgart. Bereits einen Tag nach seiner Ankunft war er den Spielern und Sängern vorgestellt und von ihnen herzlich begrüßt worden, Mitte Juni 1787 gab er die erste Premiere. Zunächst war er mit Feuereifer am Werk. »Es haben sich gräuliche Mißbräuche eingeschlichen, die das Aufstreben des hiesigen Theaters gewaltig hemmen. Ich will indessen Wasser genug in den Stall leiten, um ihn baldmöglichst zu misten«, schrieb er am 31. Mai an Leutnant Ringler, den »Herzensbruder« auf dem Asperg, und weiter: »Ich gebe nun fleißig Unterricht im Lesen, der Deklamation, Aktion, Mimik, wo es gar sehr unter der hiesigen Truppe fehlt.« Wie denn nicht. Die unter Jomelli und Noverre europaberühmte Bühne war längst in den Durchschnitt der kleinen deutschen Hoftheater herabgesunken, seit der Herzog ihr mit seiner Gunst auch die einst so verschwenderisch gespendeten Subventionen gekappt hatte. Jetzt interessierte er sich mehr für Pädagogik und Landwirtschaft.

Was sein Theater betraf, so verfügte er zwar nun über zwei

Königliches Hoftheater in Stuttgart
Lithographie um 1840
gezeichnet von F. Keller

Häuser: Das für Jomellis Prunkopern einst zum barocken
Logentheater umgebaute, architektonisch verschandelte Renais-
sance-Lusthaus schräg gegenüber dem Schloß (es brannte erst
kurz vor dem Ersten Weltkrieg nieder) und das neue klassizisti-
sche Kleine Theater an der Planie nächst der Karls-Akademie.
Doch nicht mehr italienische Goldkehlen und Pariser Tanzvir-
tuosen brillierten jetzt. Junger, meist namenloser deutscher
Nachwuchs bot bescheidenen Theateralltag.

Das Hoftheater war praktisch eine Versorgungsanstalt für die
musischen Zöglinge der Akademie und der École des Demoiselles geworden; wer einmal als junger Künstler – ausgebildete
Sänger hatten auch in Schauspielen mitzuwirken – oder im 40-
Mann-Orchester angestellt war, konnte nicht einmal wegen
erwiesener Talentlosigkeit entlassen werden. Der Berliner Kulturtourist Friedrich Nicolai berichtete 1781 von einer Stuttgarter
Aufführung: »Als ein Liebhabertheater hätte es noch hingehen
mögen ... jeder sprach und focht mit den Händen, wie es ihm
gut dünkte. Die Frauenzimmer waren meist steif wie Drahtpup-

pen.« Zehn Jahre später, unter Schubarts Direktion, hätte er wohl nicht viel anders geurteilt; der fachkundige Goethe gab nach seinem Stuttgarter Theaterbesuch von 1797 auch kein schmeichelhafteres Urteil ab.

Schubarts reformatorische Ambitionen waren bald verpufft. Schon nach kaum viermonatiger Tätigkeit spielte er mit dem Gedanken, ans Hoftheater des »herrlichen Landesfürsten« in Karlsruhe überzuwechseln (Brief vom 27. September 1787 an Posselt). Im nächsten Jahr beschäftigte ihn das Theater »die Woche durch nur einige Stunden«, und wiederum zwei Jahre später war er so apathisch geworden, daß seine Frau dem Sohn gegenüber klagte: »Sein Amt hat er ganz abgeschüttelt. Unter Zwang und Drang macht er noch die Prologen auf die Durchlauchtigen Namens- und Geburtstäge; sonst kommt er das ganze Jahr nicht in's Opernhaus.« Das mag übertrieben sein. Aber sicher ist, daß er als Theaterdirektor aufgegeben hatte; nur seine Pflichten als Hofdichter von läppischen Huldigungs-Prologen und Kantatentexten, zweimal jährlich zu den Geburtstagen Karl Eugens und Franziskas, erfüllte er bis zum Schluß penibel. Diese Abende waren auch ziemlich die einzigen, an denen sich der Landesfürst in der Hofloge zeigte.

Sonst kümmerte er sich überhaupt nicht mehr um sein Theater, es sei denn als oberster Geldgeber. Aus dem einstigen Verschwender war ein Knauserer geworden. Einst hatte er Hunderttausende Gulden für seine Ludwigsburger Theaterfeste verpulvert. Jetzt durften nur noch die allerhöchsten Geburtstage prunkvoll dekoriert werden. Zwei solcher Theaterfeiern für Franziska kosteten je 15 000 Gulden. Das war jeweils fast ein Drittel des ganzen jährlichen Theateretats! Beide Häuser des Hoftheaters hatten in Schubarts Zeit mit 40 000–50 000 Gulden je Saison auszukommen, und 6000–7000 Gulden mußten davon durch Abonnements und Abendeinnahmen wieder eingespielt werden*. Das ist, mit rund 14 Prozent der Ausgaben, kurioserweise etwa ebensoviel wie bei den subventionierten deutschen Dreispartentheatern der Gegenwart. Das Defizit wurde damals

---

* Rudolf Krauß, *Das Stuttgarter Hoftheater*, Stuttgart 1908, S. 84.

von der Karlsakademie, von der Generalkasse und aus der herzoglichen Privatschatulle gedeckt. Ende der siebziger Jahre hatte der sparsam gewordene Fürst den freien Theatereintritt aufgehoben; es gab noch immer eine Menge Freikarten für den Hofstaat, aber das gemeine bürgerliche Volk mußte seither zahlen. 1 bis 2 Gulden im Monatsabonnement oder 12 bis 45 Kreuzer für Parkett oder Rang an der Abendkasse. Also etwa ebensoviel wie die Wiener, die Emanuel Schikaneders Freihaustheater auf der Wieden oder die Konkurrenz im Leopoldstädter Theater damals besuchen wollten. Aber das waren private Geschäftstheater, die keinerlei Subventionen erhielten und den Betrieb ganz aus Eintrittsgeldern bestreiten – und deshalb dem Publikum viel mehr bieten mußten als das Stuttgarter Hoftheater! Qualitativ wie quantitativ.

Mit den tüchtigen Sängern, die Schikaneder um sich versammelt hatte, konnte sich das Stuttgarter Ensemble nicht messen. Es spielte nur zweimal in der Woche, jeweils am Dienstag und Freitag um 5 Uhr nachmittags, Oper und Schauspiel; meist im Kleinen Haus. Die Wiener Vorstadttheater mußten jeden Abend den Vorhang hochgehen lassen, um genügend Eintrittsgelder zu kassieren. Obwohl Schikaneder nicht annähernd die Gagen von Hoftheatern zahlen konnte, machte er durch seine Tüchtigkeit als Prinzipal, als Schauspieler, Sänger und erfolgreicher Stückeschreiber und nicht zuletzt durch seine künstlerischen Ambitionen für die junge deutsche Oper sein einfach ausgestattetes Theater auf der Wieden zu einem der lebendigsten im ganzen Reich; die Uraufführung von Mozarts (von Schikaneder betexteter) »Zauberflöte« im Jahre 1791 bildet den denkwürdigen Höhepunkt.

Keinerlei historische Theaterereignisse sind von Schubarts vier Direktoriatsjahren zu berichten. Er war kein Theatermann vom Format Schikaneders. Seine bisherigen Erfahrungen beschränkten sich auf einstige Kontakte zum Ulmer Stadttheater und auf das dilettantische Soldatentheater auf dem Hohenasperg. Er trug auch weder als Schauspieldichter noch als Singspielkomponist etwas Produktives bei. Seine Pflichtübungen an byzantinischen Geburtstagsspielen kann man ignorieren. Selbst wenn er sich wirklich und dauerhaft fürs Theater engagiert hätte, viel konnte er kaum erreichen. Auf erfolgversprechende Neuengagements hatte er keinen Einfluß. Das war Sache des Obersten von Seeger; der Karlsschul-Intendant war praktisch zugleich Hoftheaterintendant, Schubart oblag nur die künstlerische Leitung des Schauspiels und der deutschen Oper (worunter auch deutschsprachige Aufführungen italienischer Werke verstanden wurden). Für die italienische Oper blieb der Kapellmeister Agostino Poli zuständig. Ein tüchtiger Musiker, eingeschworener Verächter des deutschen Singspiels und Feind des hoffnungsvollsten landeseigenen Komponisten, des jungen Zumsteeg.

Schubart kam mit Seeger, seinem direkten Vorgesetzten, trotz einigen Reibereien ganz gut aus. Hauptsächlich deshalb, weil er bald resignierte. Schon im ersten Jahr erkannte und beklagte er die Teilnahmslosigkeit des Herzogs an seinem Theater. Das Interesse des einst so verschwenderischen Opernmäzens beschränkte sich längst darauf, daß alles nicht viel kostete. Selbst Schubarts Gesuch um ein neues Klavier beschied er abschlägig, so knickrig war er geworden. Keine Rede von Neuengagements. Dabei wären mehrere dringend nötig gewesen, denn aus dem Provinzdurchschnitt des Nachwuchses von der Akademie und von der École des Demoiselles (von dort kaum auch Schubarts Tochter Julie als mäßige Sängerin) ragte allenfalls die Sopranistin Karoline Gauss hervor, die aber, obwohl erst in ihren dreißiger Jahren, bereits ihren sängerischen Zenit überschritten hatte. Ein anderer Publikumsliebling, die schöne italienische Primaballerina Rosina Balletti, flüchtete gemeinsam mit einer geliebten Freundin schon in Schubarts erstem Theatersommer; eine Affäre, über die Stuttgarts enge Society noch lange tuschelte.

Daß das künstlerische Niveau unter dem Durchschnitt deutscher Hoftheater blieb, kann man Schubart weniger anlasten als das ebenso unbedeutende Repertoire. Von dem Dichter und literaturkundigen Kritiker, der die Großen seiner Zeit oft hellsichtig erkannte, hätte man erwarten sollen, daß er, der deutsche Patriot, den wichtigsten zeitgenössischen deutschen Dramatikern als Direktor eine Heimstatt gab. Nichts davon. Kein Lessing (außer einer nichtigen Bearbeitung), kein Goethe, nicht einmal der allenthalben erfolgreiche »Götz von Berlichingen«, kein neuer Schiller, obwohl »Kabale und Liebe« längst ein Zugstück war, »Fiesko« und »Don Carlos« in Schubarts Amtszeit schon vorlagen; »Die Räuber« waren in Stuttgart in einer gezähmten Fassung von Plümicke vor drei Jahren bereits einstudiert und wurden von Schubart nur wiederaufgenommen. Kein einziger Molière, kein französischer Klassiker, kein deutscher Stürmer und Dränger, ein einziger Shakespeare, wenn man die zeitübliche Verballhornung der »Widerspenstigen« (»Die bezähmte Widerbellerin«) als Shakespeare-Tribut werten will.

Man darf gewiß nie vergessen, daß für einen Theaterdirektor jener Zeit die großen Klassiker eben noch keine waren, und daß keiner auf die Kassenmagneten verzichten konnte, so vergessenswerte Namen sie auch trugen. Möllers »Graf von Waltron«, Schikaneders »Grandprofos«, die Rührstücke von Iffland und Friedrich Ludwig Schröder, den bahnbrechenden Mimen und Rollenschreibern der Epoche, Bretzners allbeliebtes »Räuschgen« (als Mozarts »Entführung aus dem Serail« in den Theaterolymp entrückt), dazu Dutzende Nichtigkeiten an Lustspielen und Schwänken, das war die gängige Theaterware. Selbst der große Prinzipal Goethe in Weimar mußte mit ihr auskommen. Um so mehr der kleine Theatermann Schubart. Er versuchte öfter, das Neueste vom Tage zu bieten und erkannte frühzeitig den Kassenfüller Kotzebue, von dem er binnen zwei Jahren gleich fünf Stücke spielen ließ.

Seine Vernachlässigung der wirklich bedeutenden Theaterdichtung ist nur aus seiner frühzeitigen Resignation zu erklären. Anderwärts war man da viel fortschrittlicher und wagemutiger. Selbst der dauernd auf dem Hochtrapez des Unternehmerrisikos balancierende Schikaneder brachte mehr hochwertige Stücke, und am Nationaltheater im nahen Mannheim spielte man damals vier Shakespeare, Corneille, Molière, Voltaire und die ganze junge deutsche Garde, die später zu Klassikern aufstieg.

Positiver ist die Bilanz des Musiktheaterdirektors Schubart zu werten. Da tat der kulturpolitische Patriot wenigstens einiges fürs deutsche Singspiel. Die italienischen – und auf italienisch gesungenen – Opern der Salieri, Paisiello, Piccini oder Sarti, die Poli dirigierte, standen immer noch höher im höfischen Kurs; das drückte sich auch in den Gehältern aus: Schubart bekam alle Jahre hindurch 600 Gulden, Poli mehr als dreimal soviel, nämlich 2000. Aber der Anteil der Opera seria und buffa ging fortan zurück, der des deutschsprachigen Musiktheaters stieg. Eine allgemeine Zeitentwicklung, zu der auch Schubart beitrug. Einige Opern von Paisiello, Piccini, Anfossi und Martin y Soler riß er an sein Ressort, indem er sie auf deutsch spielen ließ. Drei Singspiele von Johann Adam Hiller, vier von Karl Ditters von Dittersdorf, drei (wiederaufgeführte) Melodramen von Georg Benda, die Oper »Armida« von Rudolf Zumsteeg zeugen für Schubarts vaterländische Repertoirepolitik, dazu mehrere Uraufführungen schwäbischer Landeskinder, wie Christian Ludwig Dieter, Jakob Friedrich Gauss und sonstiger deutscher Kleinmeister. Alles Eintagsfliegen. Das Musiktheatergenie der Zeit, Mozart, vernachlässigte er hingegen. Nur »Die Entführung aus dem Serail« und »Figaros Hochzeit«, auf deutsch gegeben, erscheinen in den vier Jahren des Theaterdirektors Schubart. Kein »Don Juan«, keine »Così fan tutte«. Der Vorstadtprinzipal Schikaneder hingegen hielt zeitweise sechs Mozart-Opern im Repertoire! Schubart konnte sich damit ausreden, daß Mozart in Stuttgart einfach »nicht ging«, nicht einmal »Figaro« – was sicher der unzulänglichen Wiedergabe anzulasten ist.

Besonders in der ersten Zeit hatte sich Schubart ums Publikum bemüht. Die Reklame, die er durch Rezensionen von Aufführungen »seines« Theaters in der »Chronik« betrieb, mußte er bald einstellen, sie erregte böses Blut. Hingegen machte er bis gegen Schluß durch werbende Voranzeigen auf Premieren aufmerksam. Sie tragen den Stempel seines persönlichen impulsiven Stils, mischen manchmal sogar Tadel ins Lob und zeichnen sich durch so aufschlußreiche Zeugnisse zeitgenössischer Wertung aus, wie die Ankündigung von Mozarts »Figaro«: ». . . Er hat in diesem Stück gezeigt, daß seine Muse größerer Produkte fähig ist, als bloß für den Flügel zu arbeiten.« Auch um bessere Sichtverhältnisse im Theater zeigte sich der neue Direktor besorgt, wenn er die Damen im Publikum in einem »lammfrommen Ansuchen« öffentlich aufforderte, »durch hohen Kopfputz, große Hüte und schattende Federbüsche dem betrachtenden Zuschauer hinter ihnen nicht die Aussicht zu nehmen«.

Bewirkt hat Schubart in seinen vier Jahren als künstlerischer Hoftheaterdirektor insgesamt nicht viel. Das Theater blieb nach ihm, was es vordem gewesen: Provinz. Als er nach seinem Tode durch den wendigen Theaterpoeten Johann Friedrich Schlotterbeck ersetzt wurde, nahm das kaum einer recht wahr. Der alte Schlendrian ging eben weiter.

Da Schubart das Theater bald mit der linken Hand, wenn überhaupt, leitete und da auch das Hauptgeschäft, die Chronik, nach dem Zeugnis von Gattin und Sohn nur zwei Vormittage in der Woche in Anspruch nahm, hätte er Muße genug gehabt zum Dichten und zum Komponieren. Wußte er nicht mehr viel zu sagen, war das alte Feuer am behaglichen häuslichen Herd zum Flämmchen verflackert, ließen seine Kräfte überhaupt nach? Jedenfalls verstummte der Musiker jetzt fast ganz. Was von ihm an Kompositionen erschien, war bloße Edition von bereits Vorliegendem.

Auch der Lyriker Schubart mußte in seinen Stuttgarter Jahren die Freunde enttäuschen, die von ihm erwarteten, jetzt, in der Freiheit, werde seine Muse einen herbstlichen Frühling feiern. Weder konnte sich seine dichterische Produktion an Umfang und Qualität mit der des Aspergs messen, noch enthüllte sie neue Züge.

Gerade sein Bestes und Eigenstes, die volkstümliche Lyrik, vernachlässigte er jetzt so gut wie gänzlich. Was an Liedern in der neuen Chronik erschien, das populäre »Provisorlied« etwa, war schon vorher gedichtet. Natürlich durfte man von dem gezähmten Hofbeamten einen neuen rebellischen Wurf wie die »Fürstengruft« nicht erwarten. Ein Vierzeiler mit höhnischen Untertönen – wie alles Neue zuerst in der Chronik veröffentlicht – hieß schon viel wagen:

Fürsten

Ihr Fürsten, einstens im Gedränge
Der unzählbaren Menschenmenge,

Wird mancher unter euch noch an der Seite stehn,
Die ihr mit Hohn – als Bettler habt gesehn.

Den »guten Fürsten« wird nun mehr Lorbeer gewunden denn je.
In phraseologischen Huldigungsgedichten auf Leopold, Friedrich Wilhelm, Karl Eugen und Franziska, auch auf Ziethen und
Franklin; bisweilen eingebettet in Konfessionen wie den
umfangreichen Halleluja-Betpsalm in freien Klopstock-Rhyth-
men »Das Rufen der Völker«. Aber selbst der im Kerker so
inbrünstig gepflegten geistlichen Lyrik war Schubart müde
geworden. Ein frommes Neujahrslied zum Jahr 1788 betet mit
einfältig-sympathischer »Kinderherzlichkeit« und fleht zum lieben Gott:

> Gib Fürsten, die dein Ebenbild
>   Durch Unrecht nie entweihn:
> Sie seien Väter, streng und mild
>   In ihrer Kinder Reihen.
> Verleih der lichtbedürft'gen Welt
> Aufklärung, wie sie *dir* gefällt.
>   Erhör' uns, lieber Gott.

Strenge und milde Fürsten, die rechte, gottgerechte Aufklärung –
mehr ist nicht von alter Rebellenkeckheit geblieben. Viel jedoch
von der bitteren bis begeisterten Liebe zur echten alten deutschen Art. Die neue Liebe zu den freiheitlich so aktiven Franzosen verträgt sich mit immer neuen Warnungen vor »Deutscher
Nachäfferei«. Die Freiheit, die Schubart meint, soll deutsch sein –
und dabei doch recht bieder, keinesfalls im Widerstandskampf
errungen:

> *Freiheit*

> Nur wahre Freiheit sucht der große,
> Der biedre weise Mann.
> Jedoch der Strudelkopf, der Thor, der Zügellose
> Legt sich durch Widerstand
> Selbst Sklavenfesseln an.

Aber Vorsicht! So ganz zahnlos war der einstige Rebell Schubart nun auch wieder nicht geworden. In dem Gedicht »An die Freiheit« findet sich, literarisch erstmals, das Gegenbildpaar von den Hütten und den Palästen, das zwei Generationen später, durch den viel unerbittlicheren Georg Büchner, eine kriegerisch-revolutionäre Fanfare wurde:

> Einst weiltest du so gern in Deutschlands Hainen,
> Und ließest dich vom Mondeslicht bescheinen,
> Und unter Wodanseichen war
> Dein unentweihtester Altar.
> . . .
> Dann flogst du zu den Schweizern, zu den Briten;
> Warst seltner in Palästen, als in Hütten;
> Auch bautest du ein leichtes Zelt
> Dir in Kolumbus neuer Welt.

Der »wahre Patriot« war auch in des späten Höflings Schubart Feder kein Fürstenknecht, sondern:

> Wen Völkerquäler nur durch Tyranneien zwingen,
> Den blanken Freiheitsdolch in kühner Faust zu schwingen:
> Wer Herrn und Bürger liebt und mehr als Alles – *Gott*:
> Nur der ist freier Mann, nur der ist Patriot.

Und in dem Gedicht »Der sterbende Patriot« schwang sich Schubart gar zu alter, durch Wiederholungen des verzweifelten Kehrreimes

> Totengräber, schaufle mir ein Grab.
> Immer tiefer
> Sinkt mein liebes Vaterland hinab

verstärkter, höchst suggestiver Wortmusik auf.

Auch blitzen Erinnerungen an den frechen Ulmer Chronik-Epigrammatiker in einigen Vierzeilern auf. Reichsstadtverfall wird verblödelt:

Befehl der Reichsstadt B.

Kund und zu wissen ist:
Ihr Bürger, macht die Straßen rein
Von allem Koth und Mist;
Sonst legt der Magistrat sich drein!

Der Schlußvers ist ein geflügeltes Wort geworden. Oder diese
Entlarvung modischer Nachplapperei:

Toleranz

Der dicke Franz nahm eine Hur' ins Haus.
Sein Nachbar Melcher sprach:
Ei Franz, jag doch das Mensch hinaus!
Im ganzen Dorf spricht man dir Uebels nach.
Hm, sprach der aufgeklärte Franz,
'S ist dummes Volk, weiß nichts von Toleranz.

Das kann man als Zeugnis für den konservativer gewordenen
Stuttgarter Schubart, aber ebensogut auch für gesunden Menschenverstand nehmen. Sicher kam ihm, dem allezeit freundlichen, der Freundschaft Bedürftigen das Gedicht »Freundschaft«
von Herzen. Seine sieben begeisterten Strophen heben so an:

Freundschaft, Himmelstochter,
Komm und höre mich!
Im geweihten Liede
Göttin, sing ich dich.

... »Deine Zauber binden wieder« ist man, fast unwiderstehl-
lich, versucht weiterzusingen. Schillers »Ode an die Freude« war
Schubart wohlbekannt, und lange bevor Beethoven sie vertonte,
fühlte sich der Musiker Schubart selber dazu angeregt. Das teilte
er seinem Sohn am 7. März 1789 mit. Es ist unbekannt, weshalb
er von diesem Vorhaben abließ; es hätte über den persönlichen
Kontakt hinaus eine schöpferische Brücke zwischen Schubart
und Schiller geschlagen.

Das Beste kommt beim Lyriker Schubart stets aus dem persönlichen Erlebnis. Immer öfter suchten ihn in den Stuttgarter Jahren Gedanken an Vergänglichkeit und Tod heim. Da gelangen ihm Strophen von ungekünstelter Unmittelbarkeit, die aus einem sonst von konventionellem christlichen Pathos überbordenden Gedicht (»Aufruf«) herausragen:

Dann steht die Uhr von kleinen Erdentagen,
Die kurze Zeit ist ausgereift;
Und eine Uhr fängt an zu schlagen,
Die ohne Ende läuft.

»An die Todten« wendet sich der Dichter mit Wortmusik:

Liebe Todten, alle meine Brüder,
Schlummert süß, wir alle leben wieder!
Nicht durch Monde wandelbar
Geht dann auf das Jahr.

Wenige Wochen vor seinem – ungeahnten – Tod fühlte sich Schubart, auf Salomons und Klopstocks Spuren, lebensmüde (»Der Greis«):

Die bösen Tage sind kommen;
Da sind sie nun, die Jahre,
Von denen ich sagen muß:
Leer sind sie von Freuden!
Sonne, Licht, Mond und Sterne
Dunkeln um mich; ich sehe nur Wolken,
Und höre nur rasselnden Regen.

Zwei Erzählungen aus den späten Jahren sind erwähnenswert. »Simon von Aalen, eine Familiengeschichte« (1787 entstanden) deshalb, weil sie von der strotzenden Fabulierlust Schubarts zeugt. In den Annales suebici fand er auf lateinisch die dürre Anekdote von einem Aalener Bürger, der durch die Anrufung des Heilands Räubern entkommt. Die abenteuerliche personenreiche Geschichte, die Schubart daraus machte, läßt bedauern, daß er sein erzählerisches Talent so selten in planende Zucht nahm – aber er war eben ein lyrischer Sprinter, zu impulsiv und ungeduldig selbst für einen novellistischen Mittelstreckler.

Folgendes begibt sich zwischen Aalen und dem fernen Java: Der Schusterjunge Pechmelcher, der von dem Aalener Tuchmacher Simon eine Ohrfeige bekommen hat, wirft ihm wütend einen Stein an den Kopf, tötet ihn unbeabsichtigt und wird im Ludwigsburger Zuchthaus eingesperrt. Über die verwaiste Familie Simons bricht Unglück über Unglück herein. Der Sohn Kasper wird Einbrecher, bereut aber, flieht nach Holland und wird von Menschenhändlern nach Batavia verkauft. Seinem Bruder Balthes geht es noch schlimmer: Er endet als Mörder auf dem Rad. Kasper, im Grunde ein guter Mensch, arbeitet sich in Batavia abenteuerlich empor und besucht als reicher Mann die alte Heimat. Bei Aalen rettet ihm ein Schäfer das Leben – es ist niemand anderer als jener einstige Schusterjunge Pechmelcher, der seine Strafe verbüßt hat. Kasper verzeiht ihm, stiftet seiner Geburtsstadt große Summen, kehrt nach Batavia zurück und stirbt dort als hochgeachteter »Schwabenapostel«.

Fast alles an der Geschichte ist Schubarts freie Erfindung. Daß er zum Schluß eine Huldigung an die Bürger von Aalen (»Deutschheit, redlicher Sinn, schwäbische Herzlichkeit«) einbaute, behütete ihn nicht davor, daß man dort die Erzählung mit Befremden aufnahm: Die Familie Simon lebte ja noch. Das Motiv der ungleichen Brüder, das hier nur angedeutet ist, dominiert ganz in Schubarts letzter Erzählung »Marx, der Strahlbue« (1789/90).

Der reiche Bierbrauer Wunibald Hopfer in Augsburg hat zwei Söhne: Den biederen Jakob, den er »dummer Jakel« nennt, und den hochbegabten Marx. Der ist sein Liebling. Er kann Klavier und Zither spielen, singen und französisch reden, alles fliegt ihm zu. »Das ist ein Genie«, sagt der stolze Vater. Aber als Student in Erlangen verkommt Marx zu »schändlichster Liederlichkeit«, der Vater muß seine Schulden bezahlen – da ließ der Autor Autobiographisches einfließen – und verarmt ganz. Jakob, nun ein braver Gastwirt und Ehemann, hilft dem Vater, der bald in seinen Armen stirbt. Der genialische Marx ist inzwischen von Stufe zu Stufe gesunken, bis ins Gefängnis. Als »jämmerlicher Menschenfigur« auf einer Bettelfuhre begegnet ihm Jakob, mitleidig nimmt er sich seiner an: »Wer seid Ihr, Freund?« Die Erkennungsszene faßt Schubart spontan in einen dramatischen Dialog:

> *Der Fremde:* Ein Scheusal – dem das Leben Qual, der Tod – Eingang in die Hölle ist.
> *Jakob:* Ihr ringt mit der Verzweiflung. Seid Ihr ein Christ? . . . Was seid Ihr für ein Landsmann?
> *Der Fremde:* Dort, wo der Perlachturm sich türmt – nicht weit davon ist die Stätte meiner Geburt.
> *Jakob:* Dein Vater?
> *Der Fremde:* Wunibald Hopfer.
> *Jakob:* Also Marx, mein Bruder?

Laut aufschluchzend und sanft bringt Jakob den verlorenen Bruder nach Hause, wo Marx noch einige Monate »mit der büßenden Angst des Sünders« lebt und dann in christlicher Reue stirbt, ein zehnstrophiges Lied auf den Lippen. Viermal hat nun Schubart das Thema der ungleichen Brüder variiert. Daß Schiller es in seine »Räuber« übernahm, geschah nicht zufällig. Es lag literarisch in der Luft. Die Schauspiele »Julius von Tarent« von Leisewitz und »Die Zwillinge« von Klinger lebten ebenfalls davon, Schiller wandelte es später in seinem Letztdrama »Die Braut von Messina« nochmals ab. Schubart tut dies in »Marx« sozusagen mit verkehrten moralischen Fronten: Jetzt ist nicht mehr der genialische »Strahlbue«, der Bruder Leichtfuß mit dem guten Herzen in der Brust der Held, sondern der Unscheinbare, der Biedere, der allzeit Fromme. Die am Ende dick aufgetragene christliche Moral entspricht ganz der Mentalität des alternden Schubart.

Der Autor nannte die Erzählung im Untertitel »Eine Geniegeschichte«, ohne Zweifel demonstrativ. Also spiegelt sie auch die Wandlung des Genie-Begriffes in seiner Spätsicht. Genie – das Wort wurde nie so inflatorisch gebraucht und mißbraucht wie in jener stürmenden und drängenden Literaturepoche. In seinen Memoiren nahm es Schubart in Anspruch, um schon sein kindliches Musiktalent, mehr konnte es ja nicht sein, zu kennzeichnen. »Sonderlich äußerte sich in mir ein so glückliches musikalisches Genie...« Das kann man noch ganz konventionell bewerten. Etwa so, wie man im Französischen damals und noch viel später von einem begabten Menschen sagte: »Il a du génie...« – da war er noch lange kein Voltaire. In Schubarts üppigster voraspergischer Zeit wurde »Genie« zum Siegel für Außerordentlichkeit, für literarischen Fortschritt, für Ausbruch aus bürgerlicher Enge und Konvention. Die Kraft- und Saftsprache des Chronisten wimmelt von Wortzusammensetzungen mit »Genie«. Das war dazumal so etwas wie ein Parteiabzeichen. Die Stürmer und Dränger, auch der Karlsschüler Schiller, benützten es so überbetont und überreichlich, daß der Gesinnungsfreund Stäudlin, um sich gegen die Diffamierung wegen »anakreontischen Liebesgetändels« zu wehren, den Jungstürmer Schiller mit einem satirischen Gedicht bedachte:

> Ich bin ein Kraftgenie,
> Ein Lieblingssohn der Phantasie!
> Seit Vater Lohenstein verblich,
> Ging nie ein Geist hervor wie ich.

Der Vergleich mit dem längst verblaßten Stern der deutschen Barockdichtung sollte das Neueste vom Tage als bloße Tagesmode verspotten. Das war es aber in Wirklichkeit keineswegs. Vielmehr führt, bei allem rhetorischem Mißbrauch von Kerl-Kraftprotzerei und Genie-Titulierung, eine tragfähige Brücke in die Zukunft der deutschen Literatur: in die der wirklichen Genies der Weimarer Klassik wie in die der Romantik. »Lieblingssöhne der Phantasie« waren sie schließlich alle. Auch der zwiespältige Schubart, selbst wenn er in der vorzeitigen Altersresignation seinen Genie-Enthusiasmus moralisierend in Frage stellte.

Zweihundert Jahre später ist die Nachwelt schon gar nicht bereit, dem Dichter Schubart die Auszeichnung »Genie« zuzubilligen; eher versucht man es mit dem Verlegenheitsadjektiv »genialisch«. Nun stellte der Dichter nur einen Teil, allenfalls ein Drittel, der komplexen Persönlichkeit Schubarts, neben dem Musiker und dem Journalisten. Seine außerordentliche Popularität zu Lebzeiten und noch Jahrzehnte nach seinem Tod verdankte er seiner Mehrfachbegabung. Seine volkstümlichsten Lieder wurden ja mit seinen, des Dichters, Melodien gesungen und als Volkslieder noch im 19. Jahrhundert, also im Verständnis der Zeit anonym, in Brentanos-Arnims »Wunderhorn« und in die grundlegende Sammlung von Erk-Böhme aufgenommen.

Dennoch bleibt eine umfangreiche, nur aufs Wort gestellte literarische Produktion: Von den Aberhunderten höchstpersönlich formulierten Chronik-Aufsätzen abgesehen die Prosa-Erzählungen und die Flut nichtvertonter Gedichte. Nicht weniger als 812 hat S. Nestriepke* titelkundig gemacht, und darin sind die zweifelhaft zugeschriebenen nicht enthalten.

Die Wertung dieser zwischen Geschwätzigkeit, sprachlicher Kühnheit und Musikalität schillernden lyrischen Fülle stellt größere Probleme als die der Schubartschen Prosa. Als Erzähler ist der Autor unbedeutend – nicht als Anreger: Ist es so wenig, daß er Schiller den Stoff zum jugendlichen Geniewurf der »Räuber« lieferte?

Auch der Lyriker Schubart erscheint als Anreger, als Vorwärtsblicker wichtiger denn als Vollender. Er war seinem Jahrgang nach ein Mann des literarischen Übergangs und verdankte Vorgängern viel. Dem vergötterten Klopstock vor allem, dessen hohem Ton er zeitlebens nacheiferte; auch den ganz gegensätzlichen Anakreontikern huldigen eine Menge Gedichte, in denen es von Chloe, Cypria, Amor und dem ganzen mythologischen Inventar der Schäferpoesie wimmelt. Noch mehr geistliche Strophen zeugen von der natürlichen und, im Asperg-Gefängnis, zerknirschenden Religiosität des Dichters; auch von der kraftgenialischen Wildheit der Stürmer-und-Dränger-Zeitgenossen findet man Spuren.

Alle diese Vorbilder wirkten auf Schubart ein, keine literari-

---

* S. Nestriepke, *Schubart als Dichter*, Pössneck i. Thür. 1910, S. 136–211.

sche Richtung der Zeit kann ihn als Partisanen in Anspruch nehmen. Von allen unterschied er sich durch Eigenes: Durch den Realismus erlebter Dichtung. Seiner Begabung im Versemachen, zumal im Reimen, fiel es spielend leicht, Gedichte aus dem Ärmel zu schütteln (schwerer schon, kritisch wegzulassen). So konnte er es, wenn ihm danach war, auf geistlich oder auf weltlich hundertfach. »Ich habe zwei poetische Pferde im Stall stehen, einen Postgaul und ein Flügelroß«, sagte er einmal salopp. Der Pegasus lahmte oft auf seinen klopstockischen Höhenflügen, der erdgebundene Gaul viel seltener. Schon gar nicht, wenn er im Ländle blieb, bei Jörg oder der Bauernlisel, bei schwäbischen Schulmeistern oder Bettelsoldaten, bei kleinen Leuten also. Unter ihnen fühlte sich Schubart wohl. Er fühlte mit ihnen, er wußte, wie sie dachten und sprachen. Wenn er Lieder dichtete, so brauchte er nicht nachzuahmen wie als Anakreontiker, als Klopstockianer oder als geistlicher Büßer.

Was er kannte und was ihm am Herzen lag, geriet am besten. Nicht nur im Sinne von Volkstümlichkeit. Je einfacher, je ungekünstelter seine Liedstrophen, desto fortschrittlicher erscheinen sie heute in ihrem künstlerischen Stellenwert. Der Sesenheimer junge Goethe revolutionierte die parfümierte Rokoko-Lyrik seiner Zeit – Schubart nahm den neuen Ton natürlicher Empfindsamkeit, ohne je Goethes Rang nahezukommen, schon um ein paar Jahre vorweg. Die Stürmer und Dränger wiederum übertraf er, bevor der Kerker ihn vom lebendigen Strom der Literatur abschied, in seinen besten Gedichten an Realitätssinn. Daß er der unbestritten Erste der schwäbischen Dichter seiner Zeit war, würde bei deren damaliger Zurückgebliebenheit noch nicht allzuviel bedeuten. Aber er war, dank der Verbreitung der »Chronik«, wo ja die meisten seiner Gedichte erschienen, und dank dem durchschlagenden Erfolg der Akademie-Ausgabe mit der Poesie des Eingekerkerten, viel mehr als ein Heimatdichter.

Den Begriff gab es damals noch nicht; Schubart erfüllte ihn dennoch durch den Realismus seiner Lieder, die, ohne den Dialekt zu gebrauchen, unverwechselbar in Schwaben wurzeln (wie auch Schubarts Erzählungen). Das erlebte Mitgefühl mit den Ärmsten, die freiheitliche Empörung, die selbst durch Kerkermauern tönt, der lebenslange, erst im vorzeitigen Alter gedämpfte Grundton humaner Rebellion lassen Schubart als einen der ersten deutschen politischen Schriftsteller erscheinen. Ein Plebejer im persönlichen Habitus wie im literarischen Stil, ob nun der Lyriker oder der Publizist sich bestätigte, und insofern ein Vorahn der um Jahrzehnte Jüngeren: Büchners und Herweghs.

Auch wenn alles dieses Vorwärtsweisende sich bei Schubart nur getrübt, verkapselt in biedermännische, ja reaktionäre Konventionshüllen, verwirrend und gespalten äußert, die Wirkung auf Zeitgenossen und auf Nachgenerationen noch war gewaltig. Sie hätte es nicht sein können ohne die außerordentliche Kraft des Kommunikationswerkzeugs – der Sprache. Fast alles, vom Charakter der Person bis zu dem seiner Schriftstellerei, mutet uns heute zwiespältig, gebrochen, fragmentarisch, unvollkommen an: äußerst relativ. Absolut großartig und kühn erscheint hingegen die sprachschöpferische Potenz des Dichters Schubart, in Versen wie in Prosa.

Wie sehr er Luther und Klopstock, zweien der produktivsten Anreicherern der deutschen Sprache, verpflichtet war, haben wir schon beim Chronikschreiber untersucht. Der Lyriker Schubart übertraf diesen noch an novatorischer Phantasie.

Nur inbrünstige Liebe zur deutschen Sprache (deren antifranzösischen Fanatismus die Zeitlage entschuldigt) konnte eine so bunte, derbe und zarte, üppig wuchernde Ausdruckslandschaft ins Wort rufen. Der junge Chronikschreiber in Augsburg rühmte die deutsche Sprache, weil sie, die zu Hofe und bei allen Höflingen verachtete, mit Klopstock »wie Posaunenschall tönen, wie die Kriegstrompete schmettern« könne, zugleich aber, dank Wieland, »griechischen Wohllaut« verströme. Der alternde Stuttgarter Chronist pries 1789 ebenso begeistert seine »herzvolle, starke, hochtönende, freie, Mark und Bein zerteilende« Muttersprache. Solches Bekenntnis war dazumal, angesichts der französelnden deutschen Höfe und ihrer nachäffenden literarischen Gesellschaft seiner Zeit voraus.

Manche seiner Wortschöpfungen sind so wagemutig, daß nicht einmal die Brüder Grimm sie später in ihrem Wörterbuch registrierten. Schubarts Leser nahmen sie an – ein Indiz für die Autorität des Dichters Schubart. Höchst Banales des nachempfindenden altmodischen Anakreontikers sprach immerhin ältere Leser an: Da klang süßes Lerchenlied, da blinkten Thränen, da säuselte der Zephir, da war von wiegenden Winden und schwanken Kähnen die Schreibe. Man könnte die Liste, bei über 800 Poemen, seitenlang fortsetzen. Aber mehr analysierende Seiten wären nötig, um Schubarts eben *nicht* konventionelle, ihm eigene Wort- und Sprachschöpfungen zu werten. Wir müssen uns mit Stichproben begnügen:

Mondglanzdüfte – Totenbeingedüft – Wasserfluthgericht – Wetterwolkenzug (da wirkten Klopstocks neuartige Wortzusammensetzungen herein) – murrendes Fagott – eiskaltes Sie – seidener Schurke – der wollige Schnee – das krachende Feuer des Dornstrauchs – die Nationenruthe (schlechter Fürsten) – Fesselgeklirr – kalte Thränen von Stein – durchächzte Jahre – durchlauchtige Gerippe – Geistgebete – Flammengedanken – Süßling, Witzling, Siechling – gebürgt (= gebirgig) – körnicht – meine Zähne, die Mühlenmägde – Harfe, darin der Holzwurm nistet – der Hektik fauler Eiter – röchelndes Weh – Strahlentritt – Gluthgebet – blitzgeschwingt – nervenschraff –; genügt die zufällige Aufzählung? Wir glauben: sie müßte es, um dem unvollkommenen Lyriker Schubart, alle ephemere Popularität mißachtend, dennoch einen Platz an der Seite der großen deutschen Sprachkünstler einzuräumen.

In den Stuttgarter Jahren war er ganz seßhaft und reisefaul geworden. Mit Ausnahme eines Besuches seiner früheren Lebensstationen. Diese Fahrt nach Geislingen, Ulm und Aalen, die er mit der Frau, mit der Tochter Julie und ihrem Kammermusikus Kaufmann schon im November 1787 unternahm, wurde eine wahre Triumphreise. Sie spiegelte die Popularität des Dichters und das Mitgefühl mit dem Märtyrer vom Hohenasperg wieder. In Geislingen mußte er Hunderte Hände Bekannter aus den alten Schulmeistertagen drücken, viele ehemalige Schüler waren angereist, um ihn zu feiern. In Ulm empfing ihn der Bürgermeister an der Spitze der Stadthonoratioren, die alten Freunde Miller und Capoll umarmten ihn »und Hundert andere aus dem Wirbel gemeiner Bekanntschaften«. Alle kamen auch zu dem Konzert, bei dem sich Schubart als Pianist, Julie als Sängerin und Kaufmann als Cellist produzierten. Am bewegtesten zeigte sich der Dichter vom familiären Wiedersehen in der Kindheitsstadt Aalen.

»Hochschallend empfing mich mein Bruder, und auf der ersten Treppe der Kanzlei harrte meiner – eine 73jährige Mutter, beinahe vor Entzücken zusammensinkend, ihren schon hingeschäzten, tausendmal beweinten e r s t e n Sohn wieder in den Armen zu haben. ›O lieber Christian, daß ich dich nur wieder sehe! – O nun will ich gerne sterben!‹ – sagte die ehrwürdige Alte in einem Tone, drin das einfältigste zarteste Mutterherz wiederhallte ... Meine Mutter schlich um mich herum und küßte, was sie von mir erhaschen konnte. – In Aalen widerfuhr mir die höchste Ehre, die sich da denken läßt: Der Magistrat bewirthete mich köstlich in der Post, wo ich und das Julchen sangen und Kaufmann auf dem Violonzell spielte. Das Posthauß war gedrängt voll, auch auf der Straße war Menschengewimmel ... Ich trank mit dem Senat und der Geistlichkeit – nicht kärglich aus dem Wonnebecher, sondern reichlich, wie es Gott gab ...« (an Ludwig, 11. November 1787; die Mutter überlebte Christian um dreizehn Jahre).

Den Rest seines Lebens verbrachte Schubart ganz in der Enge Stuttgarts. Nie wieder ging er auf Reisen. Er trank auch weiterhin reichlich. Nicht, wenn er am nächsten Vormittag die »Chronik« zu diktieren hatte, so diszipliniert war er überraschenderweise geworden. Aber oft becherte er, »nach seinem eigenen Ausdruck«, wie Ludwig berichtet, »daß ihm die Haare rauchten«. Seiner ohnehin anfälligen Gesundheit bekam das nicht gut. Ludwig fand den Vater bei einem Besuch im Jahre 1790 »so stark, aufgedunsen und roth im Gesichte«, daß er erschrak. Schubart machte sich selber keine Illusionen: »Es geht dem Grabe zu, Bäuche sind Magazine des Todes ...« Immer öfter kamen ihm Todesgedanken. Verwandte und Freunde starben um ihn herum: Der Bruder Konrad, der Schwager Bühler in Geislingen, der Zechbruder Baur, den er gerne mochte. Als er an seinem 52. Geburtstag von seinen Lieben und von Freunden besonders herzlich und ehrenvoll gefeiert wurde, weinte er, wie Ludwig schreibt, »wie ein Kind und sagte zu seiner Gattin mit Zuversicht und tiefer Rührung: ›Dieß ist mein letzter!‹«

Es *war* sein letzter Geburtstag. Schubart wurde immer dicker und träger. Die »Chronik« diktierte er noch mit unverminderter Pflichttreue. Ums Hoftheater kümmerte er sich fast gar nicht mehr, unerledigte Korrespondenz häufte sich. Immer blieb er der um die Zukunft seiner Kinder besorgte Vater. Ein bisher unveröffentlichter Brief*, irrtümlich mit »den 31. April 1790« datiert, an Anton von Klein in Mannheim bezeugt dies, und auch Schubarts unwandelbare Verachtung des landesfürstlichen Sklavenhalters: »Mein Wunsch ist es schon lange gewesen, daß mein Julchen auf einem so herrlichen Theater, wie es das Mannheimer ist, ihre gewiß seltnen Talente ausreifen lassen könnte. Allein Sie kennen ja unsern despotischen Herzog, der pro captatione benevolentiae verlangt, daß man für geringen Sold und Lohn lebenslänglich sein Sklavenjoch trage.«

Im Herbst 1791 wurde er »von einem Schleimfieber befallen, das damals in Stuttgart herrschte«. Nach einem Rückfall rief man den Sohn herbei. Er traf nach acht Tagen ein und fand den Vater auf dem Sterbebett, »keuchend und phantasierend«.

Schubart starb am 10. Oktober 1791 morgens zwischen acht und neun Uhr. Helene stürzte sich unter Tränen über ihn: »Du warst Liebe, ganz Liebe...« Am 12. Oktober bestattete man ihn auf dem Hoppenlau-Friedhof, wo viele namhafte Schwabensöhne begraben liegen. Sein Grab ist unbekannt.

Die Witwe Helene überlebte ihren Gatten um fast achtundzwanzig Jahre. Sie war nicht dazu begabt, Hüterin seines Erbes zu werden. Das überließ sie dem gebildeten Sohn.**

---

* Christian Friedrich Daniel Schubart, *Briefe*, hrsg. von Ursula Wertheim und Hans Böhm, München 1984, S. 319.
** Ludwig Schubart gab 1793 den von ihm aus Notizen zusammengestellten zweiten Teil der Autobiographie heraus, 1798 als dritten Teil »Schubarts Charakter«, 1802 eine Gedichtauswahl, 1806 die fragmentarischen »Ideen zu einer Ästhetik der Tonkunst«. Gut gemeinte, pietätvolle Beiträge zu Schubarts Nachleben. Das Wesentlichste, nämlich eine systematische Sammlung und Herausgabe des gesamten Nachlasses, blieb der Sohn schuldig.

Ludwig, der vorübergehend preußischer Legationssekretär in Ansbach geworden war, kehrte 1792 nach Stuttgart zurück, führte die Chronik weiter und schlug sich als Schriftsteller durch. Er war nicht unbegabt, aber mit seiner jakobinerfreundlichen Gesinnung hatte er es in der immer reaktionärer werdenden Residenz schwer. Er starb als Junggeselle 1811. Seine Schwester

Ludwig Schubart
Nach einem Kupferstichportrait (gez. und
gestochen von C. W. Bock)

Julie, mittelmäßig als Hofopernsängerin und Schauspielerin, war schon 1801 im Tod vorangegangen. Mit deren Tochter lebte Schubarts Witwe zur Miete in Tübingen, bis die Enkelin heiratete und Helene ganz allein dastand. Sie war völlig verarmt. Ihr Ehegatte hatte in der Hanauer Witwenkasse brav für ihre Versorgung eingezahlt, war aber um »etliche Wochen« zu früh gestorben, um ihr die erstrebten 200 Gulden Jahrespension zu sichern. Des sterbenden Schubart Vertrauen auf herzogliche Gnade und Großmut trog: Weder Karl Eugen nach Franziska rührten einen Finger. Helene mußte froh sein, auf ihre alten Tage im Stuttgarter Pfleghaus für Hofdiener unterkriechen zu können. Dort beendete sie ihr kummervolles Leben im Jahr 1819.

Wäre sie literarisch interessierter gewesen, so hätte sie die Freude erlebt, daß viele Gedichte und Lieder ihres Mannes immer noch in Tausender Landsleute Munde waren. Und hätte es damals schon GEMA-Tantiemen gegeben, sie wäre eine reiche Erbin geworden.

Der literarische und musikalische Nachruhm Schubarts verblaßte rascher als die Lebenskraft seiner zu Volksweisen zersungenen Lieder. Mit seinem abgöttisch verehrten Klopstock teilte er das Schicksal des Pioniers, des Wegebahners, den Jüngere überholen – auf gebahntem Weg, aber mit überlegenem Genie, sofern man die Formel diskutabel findet, daß Genie ein Produkt aus (der rechten) Zeit und (der außerordentlichen) Kraft ist. Schubarts künstlerische Kraft war noch dazu, im Gegensatz zu der grandios-einseitigen Klopstocks, durch Zersplitterung vermindert. Zersplitterung im Künstlerischen, durch das temporäre Schwanken zwischen Lyrik, Musik und Journalistik, Zersplitterung schon gar im Charakterlichen. Nicht nur die – von ihm hellsichtig erkannten und bewunderten – späteren Klassiker Goethe und Schiller stellten ihn in den Schatten; auch die folgende Generation der Romantiker, in deren mondbeglänzten Zaubernächten er vorgeschwelgt, deren blaue Blume er vorgeträumt, deren blauäugiges geistiges Vaterland er in vaterländisch düstersten Tagen vorersehnt hatte, verbannte ihn in die zweite Reihe an literarischem Ansehen.

Es bedurfte einer Schubart-Renaissance. Sie kam ziemlich spät. Erst als man, überdrüssig der harmonischen Klassiker-Ideale, die Reize des Zwiespältigen, Unvollkommenen, Ahnenden, psychologisch fesselnd Frustrierten neu entdeckte, wuchs das Interesse an Schubart. Zieht man aus der gebrochenen menschlichen Persönlichkeit und der fragmentarischen Leistung ein Fazit, so scheint es, daß der unzulängliche, unklassische, seherische Dichtermusiker und Publizist Christian Friedrich Daniel Schubart heute eigentlich als ein erstaunlich moderner Mensch und Künstler vor uns steht. Gewissermaßen als ein junger Mann mit Zukunft.

ZEITTAFEL

1739 24. März Christian Friedrich Daniel Schubart in Obersontheim geboren.

1740 Übersiedlung nach Aalen.

1753 Schüler des Lyceums in Nördlingen.

1756 an der Schule »Zum Heiligen Geist« in Nürnberg.

1758 Theologiestudent in Erlangen, Schuldhaft.

1760 Rückkehr nach Aalen, Hilfsprediger, Hauslehrer.

1763–69 Lehrer in Geislingen.

1764 10. Januar Eheschließung mit Helene Bühler.

1766 17. Februar Sohn Ludwig geboren, »Die Baadkur«, »Zaubereien«.

1767 »Todesgesänge«, Tochter Julie geboren.

1769–73 Organist und Musikdirektor in Ludwigsburg, Herausgeber von Klopstock-Dichtungen, Privatlehrer.

1773 Gefängnishaft wegen »Ärgernisses«, Entlassung aus dem Dienst und Ausweisung aus dem Herzogtum Württemberg.

1773–74 in Heilbronn, Mannheim, Schwetzingen, München auf Suche nach einer Anstellung.

1774–75 als Journalist in Augsburg, ab 31. März 1774 »Deutsche Chronik«, Gedichte, Lieder. Ausweisung aus der Stadt.

1775–77 Herausgeber der »Deutschen Chronik« in Ulm. »Zur Geschichte des menschlichen Herzens«. Die Ur-Story von Schillers »Räubern«.

1777 23. Januar Entführung auf Befehl des Herzogs Karl Eugen im Kloster Blaubeuren. Über ein Jahr Einzelhaft im Kerkerturm auf dem Hohenasperg.

1778 3. Februar in bessere Gefängnisse überstellt. Besuche Lavaters und Phil. Matthäus Hahns. »Leben und Gesinnungen« einem Zellennachbarn diktiert.

1780 Hafterleichterung, sogenannte »Festungsfreiheit«. »Die Fürstengruft«.

1781 Besuch Schillers. Viele Lieder und Balladen, auch in den folgenden Jahren.

1782 Tod des Festungskommandanten Rieger. Scheeler bis 1784 neuer Kommandant, nach dessen Tod Schüler. »Die Forelle«. Klaviersonaten.

1784 »Ideen zu einer Ästhetik der Tonkunst« diktiert.

1785 Erstes Wiedersehen mit Frau und Kindern auf dem Hohenasperg. »Musikalische Rhapsodien«. In Stuttgart »Sämtliche Gedichte« erschienen (2. Band 1786).

1786 Hymnus »Friedrich der Große« gewinnt einflußreiche Freunde, besonders am Berliner Hof.

1778 Februar »Kaplied«. 11. Mai Entlassung und Anstellung als Theaterdirektor und Hofdichter in Stuttgart. Ab Juli Neuerscheinen der »Vaterländischen Chronik«.

1791 »Leben und Gesinnungen« erscheint mit dem 1. Band. 10. Oktober Tod Schubarts, Begräbnis auf dem Hoppenlau-Friedhof. Nach seinem Tod: 1793 geht die Chronik ein. 1801 stirbt die Tochter Julie Kaufmann. 1811 stirbt der Sohn Ludwig. 1819 stirbt Helene.

WERKVERZEICHNIS

(Eine kritische Gesamtausgabe fehlt bis heute)

1. GEDICHTE UND GESAMMELTE SCHRIFTEN

Christian Friedrich Daniel Schubarts sämtliche Gedichte. Von ihm selbst
herausgegeben, 2 Bde., Stuttgart 1785/86.

Christian Friedrich Daniel Schubart; Gedichte, herausgegeben von seinem
Sohne Ludwig Schubart, 2 Bde., Frankfurt a. M. 1802.

Christian Friedrich Daniel Schubart; Gesammelte Schriften und Schicksale,
8 Bde., Stuttgart 1839/40. Foto-Reprint Hildesheim 1972. (Die
umfangreichste Werkausgabe, enthält auch die Prosaarbeiten)

Chr. Fr. D. Schubarts Gedichte, historisch-kritische Ausgabe von Gustav
Hauff, Leipzig 1884.

Schubarts Werke in einem Band, hrsg. von Ursula Wertheim und Hans
Böhm, Berlin und Weimar 1959 (auch Prosaschriften).

Christian Friedrich Daniel Schubart, Strophen an die Freiheit, hrsg. von
Peter Härtling, Stuttgart 1976.

*Christian Friedrich Daniel Schubart, Gedichte. Aus der »Deutschen
Chronik«,* hrsg. von Ulrich Karthaus, Stuttgart 1978.

2. PROSA, MEMOIREN, BRIEFE

Deutsche (Teutsche) Chronik 1774/77, Foto-Reprint mit Nachwort von
Hans Krauss, 4 Bde., Heidelberg 1975.

Vaterländische Chronik, Vaterlandschronik, Chronik, Stuttgart 1788/91.

Schubarts Leben und Gesinnungen. Von ihm selbst, im Kerker aufgesetzt,
2 Bde., Stuttgart, 1791/92.

Christian Friedrich Daniel Schubart, Ideen zu einer Ästhetik der Tonkunst,
hrsg. von Ludwig Schubart, Neuausgabe Wien 1806, Leipzig 1977.

C. F. D. Schubart's Leben in seinen Briefen, hrsg. von David Friedrich
    Strauß, 2 Bde., Berlin 1849 (mit ausführlicher Biographie).
Rudolf Krauss, *Schubart und seine Tochter Julie,* o. O. 1901.
Neue Briefe von Schubart I (an seine Gattin), Euphorion 8, 1901.
Neue Briefe von Schubart II (an seinen Sohn Ludwig), Euphorion 8. 1901.
Schubart. Dokumente seines Lebens, hrsg. von Hermann Hesse und Karl
    Isenberg, Berlin 1926.
Christian Friedrich Daniel Schubart: »Briefe«, hrsg. v. Ursula Wertheim
    und Hans Böhm, München 1984.

3. KOMPOSITIONEN

(Es gibt keine Gesamtausgabe. Die erhalten gebliebenen Lieder, Vokal-
und Klavierkompositionen sind besonders in den hier angeführten
Sammlungen enthalten, mit Fremdkompositionen vermischt).
Menuetto und Trio für Klavier in H. Phil. Bossler, *Neue Blumenlese für
    Klavier-Liebhaber,* Speyer 1782.
Etwas für Klavier und Gesang von Schubart (3 Klaviersonaten für zwei
    Hände, Vierhändigsonate in C-Dur), Winthertur 1784.
Gesang und Spiel von C. F. D. Schubart für C. L. v. Buttlar, 1783 auf dem
    Hohenasperg von Schubart und zwei Kopisten geschrieben. Enthält
    57 von Schubart vertonte Lieder.
Musikalische Rhapsodien, 3 Hefte, Stuttgart 1786. (Darin u. a. die
    Klavierkantate »Die Macht der Tonkunst«.)
*Ludwigsburger Handschrift, Liedersammlung für Philippina Freyin, im Mai
    1783* (Privatbesitz). 15 der darin enthaltenen 76 Schubart-Lieder
    wurden von Wilhelm Krämer bearbeitet und im Druck
    herausgegeben (Herrenberg 1875).
Notenhefte von J. J. Wagner (Manuskript Ulm 1839, enthält 23 Lieder
    von Schubart).
Treize Variations pour le Clavecin ou Pfte, par Msr. Schubart, Speyer 1788.
Rondo für Freudenfeste, Kantate für gemischten Chor, Sopran, Alt,
    Tenor, Bass, Orchester und Orgel, Manuskript, wahrscheinlich aus
    der Aalener Zeit.
Psalm 118, Cantata für Vokalquartett, Orchester und Orgel,
    Manuskript, wahrscheinlich aus der Geislinger Zeit.

BIBLIOGRAPHIE

1. GESAMTDARSTELLUNGEN

Konrad Gaiser, *Christian Friedrich Daniel Schubart. Schicksal/Zeitbild,* Ausgewählte Schriften, Stuttgart 1929.

Gustav Hauff, *Christian Friedrich Daniel Schubart in seinem Leben und seinen Werken,* Stuttgart 1885.

Karl Maria Klob, *Schubart. Ein deutsches Dichter- und Kulturbild,* Ulm 1908.

Ludwig Schubart, *Schubarts Leben und Charakter von seinem Sohne Ludwig,* Erlangen 1798 (auch in den *Gesammelten Schriften* von 1839/ 40 enthalten).

2. AUFSÄTZE ÜBER SCHUBARTS GESAMTPERSÖNLICHKEIT

Otto Borst, *C. F. D. Schubart,* in: Die heimlichen Rebellen, Stuttgart 1980.

Peter Härtling, *Ein Rebell im Rokoko,* in: Der Monat 20, 1968.

Gustav Hauff, *Einleitung* zu: Chr. Fr. D. Schubarts Gedichte, Leipzig 1884.

Balthasar Haug, *Schubarts Charakter,* Ulm 1771.

Hermann Hesse, *Nachwort* zu: Schubart. Dokumente seines Lebens, Berlin 1926.

Ulrich Karthaus, *Nachwort* zu: Gedichte – Aus der »Deutschen Chronik«, Stuttgart 1978.

Peter Lahnstein, *Schubarts Leben,* in: Bürger und Poet, Tübingen 1966.

Robert Prutz, *C. F. D. Schubart,* in: Menschen und Bücher, Leipzig 1862.

Wilfried F. Schoeller, *Schubart. Leben und Meinungen eines schwäbischen Rebellen,* Berlin 1979 (mit Auswahl von Gedichten und Prosa).

David Friedrich Strauß, *Schlußkapitel* in: C. F. D. Schubarts Leben in seinen Briefen, Berlin 1849.

Gerhard Storz, *Ch. F. D. Schubart,* in: Figuren und Prospekte, Stuttgart 1963.

Adolf Wohlwill, *Zur Schubart-Biographie,* in: Euphorion 16, 1906.

3. SPEZIELLE DARSTELLUNGEN

Walther Bacmeister, *Die Tragödie Hohenasperg,* in: Schwäbische Heimat 17, 1966.

Baur und Schubart. Schieferdecker und Poet, Stuttgart 1851, Nachdruck Stuttgart 1978.

Ludwig Belschner, *Ludwigsburg in zwei Jahrhunderten,* Ludwigsburg 1904.

Karl Biedermann, *Deutschlands politische, materielle und soziale Zustände im 18. Jahrhundert,* Leipzig 1880.

Max Biffart, *Geschichte der württembergischen Veste Hohenasperg und ihrer merkwürdigen Gefangenen,* Stuttgart 1858.

Karl Birnbaum, *Psychopathologische Dokumente,* Berlin 1920.

Theodor Bolay, *Der Hohenasperg,* Bietigheim 1972.

Horst Brandstätter, *Asperg. Ein deutsches Gefängnis,* Berlin 1978.

Charles Burney, *Tagebuch einer musikalischen Reise,* 2. Bd., Hamburg 1773.

Georg Fehleisen, *Schuldiktate Schubarts während seiner Wirksamkeit an der Geislinger Schule 1763–69,* Tübingen 1929.

Max Friedländer, *Das deutsche Lied im 18. Jahrhundert,* Stuttgart–Berlin 1902.

Konrad Gaiser, *Schubart als Studiosus in Erlangen,* in: Sonntagsbeilage des Schwäbischen Merkur Nr. 578, 1927.

J. P. Gloekler, *Schwäbische Frauen,* Stuttgart 1865 (über Helena Schubart).

Herbert Günther, *Künstlerische Doppelbegabungen,* 2. Aufl., München 1960.

Ernst Häussinger, *Neue arch. Funde zu Schubarts kompositorischer und konzertanter Tätigkeit,* in: Baden-Württemberg, H. 4, 1965.

ders., *Eine neu aufgefundene Schubart-Kantate,* in: Schwäbische Heimat 17, 1966.

ders., *Christian Friedrich Daniel Schubart und das deutsche Klavierlied,* Manuskript 1973.

Reinhard Hammerstein, *Chr. F. D. Schubart,* Diss., Freiburg 1940.

Herzog Karl Eugen und seine Zeit, Stuttgart 1903–1905.

Ernst Holzer, *Schubart als Musiker*, Stuttgart 1905.

ders., *Schubartiana*, in: Staatsanz. f. Württ. 1899.

ders., *Schubartstudien*, in: Mitteilgn. d. Ver. f. Kunst u. Altertum in Ulm u. Oberschwaben, H. 10, 1902.

Justinus Kerner, *Das Bilderbuch aus meiner Knabenzeit*, Stuttgart 1886.

Rudolf Krauss, *Schubart als Stuttgarter Theaterdirektor*, in: Württ. Vierteljahrsh. f. Landesgesch. N. F. 10, 1901.

ders., *Das Stuttgarter Hoftheater*, Stuttgart 1908.

Hermann Kretzschmar, *Geschichte des deutschen Liedes*, Leipzig 1911.

Wilhelm Lange-Eichbaum, *Genie, Irrsinn und Ruhm*, München-Basel 1967.

Ernst Otto Lindner, *Geschichte des deutschen Liedes im 18. Jahrhundert*, Berlin 1971.

Erhard Meissner, *Christian Friedrich Daniel Schubart – Freiheitskämpfer oder Untertan?*, Ellwanger Jahrb. 1977/78.

Günther Müller, *Geschichte des deutschen Liedes*, München 1925.

Wilhelm Müller, *Die literarische Kritik in Schubarts deutscher Chronik*, Diss., München 1910.

Eugen Nägele, *Aus Schubarts Leben und Wirken. Mit einem Anhang: Schubarts Erstlingswerke und Schuldiktate*, Stuttgart 1888.

Siegfried Nestriepke, *Schubart als Dichter*, Pössneck 1910.

Karl Pfaff, *Beiträge zur Charakteristik Herzogs Karl Eugen von Württemberg*, in: Württ. Jahrbücher f. Statistik u. Landeskunde, Jg. 1863, Stuttgart 1865.

Friedrich Pressel, *Schubart in Ulm*, Ulm 1861.

Ludwig Salomon, *Geschichte des deutschen Zeitungswesens I*, Leipzig 1905.

Erich Schairer, *C. F. D. Schubart als politischer Journalist*, Diss., Tübingen 1914.

Johannes Scherr, *Deutsche Kultur- und Sittengeschichte*, Leipzig 1902.

Otto Schimpf, *Schubart und das deutsche Lied*, Diss., Marburg 1950.

Theodor Schön, *Die Staatsgefängnisse auf dem Hohenasperg*, Württ. Neujahrsblätter, Stuttgart 1899.

Robert Schollum, *Schubarts und Schuberts »Forelle«-Vertonungen*, in: Musikerziehg. XXVIII, 1974/75.

Ulrich Bertram Staudenmayer, *Ein schwäbischer Rebell*, Heidenheim 1969 (mit Auszügen aus »Leben und Gesinnungen«).

David Friedrich Strauß, *Nachlese zu Schubart*, in: Kleine Schriften, Berlin 1862.

Adolf Wohlwill, *Beiträge zur Kenntnis C. F. D. Schubarts*, in: Arch. f. Litt. Gesch. 6, Leipzig 1877.

4. ROMANHAFTE UND FIKTIVE DARSTELLUNGEN

Albert Emil Brachvogel, *Schubart und seine Zeitgenossen*, Roman, Leipzig 1864.

Werner Dürrson, *Schubart, Christian Friedrich Daniel*, Frankfurt a. M. 1980.

ders., *Schubart-Feier. Eine deutsche Moritat*, Stuttgart 1980.

Oskar Foerster, *Der Gefangene vom Hohenasperg. Leben und Schicksal C. F. D. Schubarts*, Düsseldorf 1954.

Utta Keppler, *Botschaft eines trunkenen Lebens. Das tragische Schicksal des Dichters C. F: D. Schubart*, Stuttgart 1972.

Heinrich Lilienfein, *In Fesseln frei*, Roman, Stuttgart 1938.

Heinz Rainer Reinhardt, *Ich, Schubart, ein Genie*, Heilbronn 1964.

Eduard Thorn, *Genius in Fesseln. C. F. D. Schubarts Leben*, Geislingen 1950.

VERZEICHNIS DER ABBILDUNGEN

NAMENVERZEICHNIS

333